누구나 성경을 쉽고 기쁘게 읽는 창의적 방법

# 성경이 해답이다

성경을 입체적으로 봉독해야 보이고 들린다

# 성경이 해답이다

**초판 1쇄 발행**   2022년 2월 21일

**지은이**      박원규
**발행인**      송정금 이요섭
**편 집**       이경완
**디자인**      이명애

**펴낸곳**      엎드림 출판사
**등 록**       제2021-000013호
**주 소**       17557 경기도 안성시 공도읍 심교길 24-5
**전 화**       010-6220-4331

**값** 15,000원
**ISBN** 979-11-977654-0-7   03230

# 성경이
# 해답이다

누구나
성경을 쉽고
기쁘게 읽는
창의적 방법

성경을 입체적으로 봉독해야 보이고 들린다.

**박원규** 지음
**이동원** 추천

엎드림
출판사
UP DREAM

하나님께 깊은 감사와 뜨거운 사랑의 고백을 드리고 싶습니다.

세상에 가장 어리석은 종에게 책을 쓸 수 있는 환경과 기회를 주시고 무엇보다 책의 모든 내용을 하나님이 직접 관여해 주시고 지혜와 영감을 주셨음을 감사드립니다.

성경을 많이 읽었지만 잘 보이지 않았습니다. 그러다가 성경을 읽을 때 "입체적으로 봉독"하자 명확히 보이고 들리기 시작했습니다. 삼위일체 하나님의 역사가 보이고, 불행과 실패로 고통 당하는 사람들이 불쌍하게 보이고, 인생의 해답이 보이고, 천국과 지옥이 보이고, 심판과 상급이 명확히 보이고 성령의 음성이 들리기 시작했습니다.

성경을 읽을 때 "입체적으로 봉독" 하면서 열등감은 사라지고, 믿음과 소망과 사랑과 감사가 샘솟기 시작하고, 형용할 수 없는 기쁨으로 충만하게 되었습니다.

그러자 성경을 입체적으로 봉독해야 함을 사람들에게 전하고 싶은 열망과, 하나님의 특별한 섭리로 한국에 온 탈북민들을 훈련하여 북한 선교를 준비해야 할 사명감이 제 가슴을 뜨겁게 했습니다. 천국가는 그날까지 이

4

열망과 사명으로 살고 싶습니다.

　이 지면을 빌려서 감사를 드리고 싶은 분들이 많습니다만 저를 낳아 길러 주시고 종의 길을 가게 하신 어머님과 아버님께 깊은 감사를 드리며 40년 동안 목회의 멘토 역할을 해 주신 신순철 목사님과 부족한 종의 졸작에 추천서를 보내 주신 이동원 목사님과 이현모 교수님께 깊은 감사를 드립니다.

　그리고 육신적으로 힘든 상황에서도 변함없는 뜨거운 사랑으로 헌신해 준 아내에게 진심으로 감사를 드리며 세상에 둘도 없는 내 사랑하는 딸 민원이와 큰 꿈을 가슴에 품고 목회에 길을 가는 아들 민우와 며느리 수나에게 감사와 사랑을 전하고 싶습니다.

"깨달은 진리, 확신하는 진리, 전하고 싶은 진리"를 생각하며
박원규 목사

그리스도인에게 성경은 삶의 모든 것입니다. 그러나 성경을 한 번도 통독하기 어려운 것이 난제입니다. 통독 자체보다도 어떤 전망을 가지고 읽을 것인가가 문제입니다.

그런데 박원규 목사님이 이런 문제에 도우미를 자처하셨습니다.

그는 "성경을 입체적으로 봉독하는 창의적 방법"으로 성경에 접근할 것을 요청합니다. 우리는 성경에 여러 전제를 가지고 접근할 수가 있습니다. 신앙 고백적 접근도 필요하고 구속사적 접근도 중요합니다. 저자는 이런 입장들을 포괄하면서 성경 전체의 조망을 시도합니다.

심지어 성경과 함께 읽었으면 하는 고전들까지 열거합니다. 그야말로 저자의 주장처럼 입체적 접근을 시도합니다. 저자의 안내를 따라 성경을 여는 분들이 많아지면 그리고 입체적으로 성경을 봉독하는 분들이 많아진다면 한국교회는 큰 영적 유익을 경험하게 될 것입니다. 한국 교회가 특정한 프로그램에 매달리기 보다 더 성경으로 돌아올 때 우리는 진정한 영적 부흥을 맛보게 될 것입니다.

저자의 고백처럼 성경이 해답입니다. 성경을 읽을 때 입체적으로 봉독함

6

으로 영적으로 크게 성숙할 것을 기대하며 천거합니다. 목회자와 평신도 모두에게 소중한 영적 혜택이 임할 것입니다.

지구촌 목회리더십센터 대표
이동원 목사

모든 그리스도인 삶의 중심은 성경이다. 믿음과 이적과 표적과 체험, 이 모든 것들은 성경의 말씀에 근거해서 이루어지는 부차적인 것들이다. 한국교회는 많은 경우 전통적으로 신앙생활의 중심을 교회에 두고 있는 것 같다. 그러나 신앙생활 중 교회 생활은 아주 중요한 부분이지만 실제 부분적인 것일 뿐이다. 오히려 신앙생활이란 성경에서 하나님의 뜻을 읽고 알아서 이를 순종하는 것이다. 이 신앙생활을 돕기 위해서 교회 생활과 다양한 훈련과 모임들이 필요한 것이다. 그런데 한국 교회는 기도의 힘을 자랑하지만 말씀에 대한 깊이는 생각보다 얕은 것을 발견하게 된다.

저자는 선교지에서 사역하면서 이 성경의 중요성을 누구보다 깊이 통감하고 있다. 그 안타까운 심정을 이 책의 곳곳에서 발견하게 된다. 단순히 안타까워할 뿐 아니라 사역자로서 저자는 실제로 깊이 있게 성경을 읽을 수 있는 지침서를 제공함으로 돕고자 하는 뜻을 이 책에 담고 있다. 많은 사람들이 성경 통독에 도전하지만 어느 정도 시간이 지나면 방향을 잃고 단순히 목표 달성을 위한 인내의 경주처럼 되곤 하는 것을 보게 된다. 이는 제대로 성경이 담고 있는 거대한 핵심 이야기의 흐름을 놓치게 되기 때문이기도 하고, 각 성경이 담고 있는 중심 의도를 전혀 모른 채 읽어 가기 때문이기도 하다. 때로는 성경이 단순한 이야기책이나 교훈집이 아니라 역사를 담고 있는 실제적 책이라는 사실을 실감하지 못하고 통독하기도 한다. 성경을 깊이 있게 읽기 위해서는 전문가가 아닌 한 잘 구성된 지침서가 필요하다. 이 책은 이런 지침서로서 적절한 내용을 제시하고 있다.

작업자가 좋은 결과를 얻기 위해서는 좋은 도구를 가지고 일을 시작해야 한다. 이 책은 성경을 깊이 있게 읽기 원하는 분들, 또 성경의 흐름을 이해하면서 통독하기를 원하는 분들에게 좋은 지침서의 역할을 하고 있다. 성경과 이 지침서를 함께 놓고 성경 속으로의 여정을 출발하시기를 적극 권면한다.

한국침례신학대학교
이현모 교수

저자를 40년 동안 삶과 사역을 곁에서 지켜보았고, 저자의 목회 멘토로서 그가 얼마나 형용할 수 없는 역경 속에서도 굴하지 않고 기도와 말씀에 전무해 왔는가를 잘 알고 있다. 또한 얼마나 뜨거운 사명감을 가지고 이 책을 썼는가를 잘 알기에 기쁜 마음으로 추천해 주고 싶다.

 "성경이 해답이다" 라는 책은 저자의 삶과 믿음과 사명을 녹여 선교지에서의 형용할 수 없는 어려운 사역 중에 심혈을 기우려 한국 교회의 미래와 그리스도인의 풍성한 삶을 위해 "성경을 입체적으로 봉독해야 할 필요성"을 역설하였다

 제1부에서는 성경을 쉽고 즐겁게 봉독하는 창의적 방법을 제시하여 성경을 처음 읽는 사람들에게 좋은 안내서가 되리라 생각하며 제2부에서는 성경을 입체적으로 봉독할 때의 유익에서는 그리스도인이 꼭 숙지해야 할 신앙의 핵심을 서술했다.

 제3부의 성경을 입체적으로 봉독해야 보이고 들린다 에서는 성경을 하나님의 말씀으로 믿고 기도하여 성령의 조명으로 봉독해야 함을 서술하면서 성경을 상고하고 묵상하며 암송하는 유익한 방법을 제시했다. 무엇보다

하나님의 교육법인 하브루타를 통해 그리스도인들 가운데 말씀으로 교제하고 평생 동역자를 만들어 가는 창의적 방법을 제시하고 자신의 성령 행전을 기록할 것을 권면하고 있다

제4부에서는 성경66권의 개관과 내용 분해를 통해 성경 전체를 구속사적인 관점에서 봉독할 수 있도록 하여 성경 전체를 체계적으로 깊이 있게 상고하고 묵상하는데 도움이 되리라 생각한다.

저자는 성도들에게 고기를 잡아 먹여 주는 사역이 아니라, 고기 잡는 법을 가르쳐 주는 사역이 되어야 함을 체득하고 성경을 입체적으로 봉독하는 창의적 방법들을 제시하여 그리스도인들에게 큰 도움이 되리라 생각하여 기쁜 마음으로 추천한다.

수도교회
신순철 목사

# 서문(序文)

▼

▼

▼

▼

성경에 해답이 있습니다. 성경을 입체적으로 봉독해야 보이고 들립니다.

저는 40여년의 목회사역을, 담임목사로, 신학교 교수로, 선교사로, 사역하였습니다. 사역기간 동안 저의 마음 속에 계속 거룩한 부담을 갖게 하는 것이 있었습니다. 독수리가 두 날개로 날아야 하늘에 왕자가 될 수 있듯, 그리스도인은 신앙생활과 성경 봉독을 병행해야 권능의 삶을 살 수 있는데 신앙생활은 나름 열심히 하지만 성경을 봉독하지 않는 것이었습니다. 성도들에게 성경 봉독을 권하면 성도들은 이구동성으로 성경을 읽고 싶지만 성경이 너무 어렵다는 것이었습니다.

제 고민과 기도제목은 성도들에게 어떻게 하면 성경을 쉽고 기쁘게 읽게 할 것인가? 또한 어떻게 하면 성경을 통해 인생의 수많은 걸림돌의 문제들이, 도리어 디딤돌이 되어 하나님의 축복 속에 승리의 삶을 살게 할 것인가? 하는 것이었습니다.

_____ 성경이 해답이다

40여년의 목회 사역 기간에 제 자신이 성경을 수없이 읽고 또 연구하면서 "누구나 성경을 쉽고 기쁘게 읽는 창의적 방법"을 찾게 되었습니다. 또한 "성경을 입체적으로 봉독"해야, 삼위일체 하나님의 섭리가 보이고, 성령의 음성이 들린다는 사실을 체득하게 되었습니다. 이 사실을 그리스도인들에게 꼭 알리기를 간절히 원하게 되었습니다.

성경은 조금씩이라도 매일 읽어야 합니다. 왜냐하면 나를 향한 하나님의 뜻과 약속과 계획과 섭리를 성경말씀을 통해서만 알 수 있을 뿐 아니라, 하나님은 말씀을 통해 치유하시고, 약속하시고, 인도하시고, 능력을 주시고, 소통과 공감을 이루시며, 사랑을 나누시기 때문입니다.

그런데 성경을 읽되 어떤 방법과 어떤 태도로 읽느냐가 아주 중요합니다. "독서백편의자현"(讀書百遍義自見)이란 말처럼, 세상의 모든 책들은 백번 정도 읽으면 뜻을 알 수 있습니다 그러나 성경은 많이 읽는다고 깨닫는 것이 아니고, "성경을 읽을 때 입체적으로 봉독"해야 함을 깨닫게 되었습니다.

입체적(立體的)이란 어떤 사건이나 인물을 주관적 관점이 아닌, 그 사건이 일어난 시대나, 문화나, 상황적 배경과, 한 인물의 성장과정이나, 영적관계나, 하나님의 주권적 섭리 등 다양한 관점에서 이해하고 포착하는 방법을 말하는 것입니다. 봉독(奉讀=read with reverence)은 성경은 하나님의 말씀이기 때문에, 하나님을 대하듯 공경하는 마음과 하나님의 뜻과 섭리를 헤아려 순종하려는 마음으로, 성경을 읽는 태도를 말하는 것입니다. 성경은 하나님께서 어제나 오늘이나 영원토록, 동서고금에 모든 사람들에게 동일하게 하신 말씀입니다.

그런데 과거에 모든 사람에게 하신 하나님의 말씀 "로고스(logos)"를 "입체적으로 봉독"할 때 오늘 나에게 말씀하시는 "레마(rhema)"로 역사 됩니다. 헬라어 "로고스(logos)"와 "레마(rhema)"를 번역가들은 동일하게 말씀(word)으로 번역하고 있습니다. 그러나 로고스(logos)와 레마(rhema)는 엄청난 차이가 있습니다.

로고스(logos)와 레마(rhema)를 알기 쉽게 물로 비유하면 "세상에 있는 모든 물"을 로고스(logos)라 할 때 "마셔서 나의 것이 된 물"을 레마(rhema)라 할 수 있습니다. 그러니 "모든 사람에게 중요한 물"로써의 로고스(logos)가 "나에게 필요한 생명수" 레마(rhema)가 되도록(요일2:27) "성경을 입체적으로 봉독"해야 보이고 들립니다. 상식적으로, 교양으로, 내가 읽고 싶은 부분만, 세상 책을 읽듯 해서는 깨달을 수 없고 예수님도 볼 수 없고 성령의 음성도 들을 수 없습니다.

성경을 입체적으로 봉독해야 하나님의 사랑이 보이고, 내 죄가 보이고, 영혼의 신음 소리가 들리고 성령의 음성이 들립니다. 사람은 눈으로 보고 귀로 들려야 믿고 의식이 변하고 삶이 변하게 됩니다. 바울사도는 예수님을 보았고 예수님의 음성을 들었습니다. 바울 사도는 보고 들었기 때문에 생각이 변하고 삶이 변하게 되었습니다(행 9:1-22). 예수님의 십자가와 부활의 사건을 귀로만 들을 때는 믿음이 요동하지만, 십자가와 부활을 눈으로 본 사람은 믿음과 소망이 요동하지 않습니다.

벧전 1:23에 "너희가 거듭난 것은 썩어질 씨로 된 것이 아니요, 썩지 아니할 씨로 된 것이니 살아 있고 항상 있는 하나님의 말씀으로 되었느니라" 했으니 성경을 읽지 않고 교회 생활은 할 수 있지만, 거듭날 수는 없습니다.

또한 딤전 4:5에 "하나님의 말씀과 기도로 거룩하여 짐이라"라 했으니 거듭난 그리스도인이라 할지라도 성경을 읽지 않는다면 거룩한 삶(=성스럽고 위대한 삶)은 결코 살 수 없습니다. 말씀이 충만해야 성령이 충만하고, 성령이 충만해야 성령의 열매가 맺혀지고, 성령의 은사가 나타나 선한 영향력을 끼치고, 권능의 삶을 살 수 있습니다.

나와 항상 함께 하시고, 모든 환난에서 지켜 주시고, 인도하여 주시고, 지혜와 능력을 주시고, 나를 변함없이 영원히 사랑해 주시는 예수님을 성경을 통해서만 직접 만날 수 있습니다. 다른 사람들을 통해 간접적으로 듣는 말씀이 아니라, 성경을 통해 예수님에게 직접 들어야 합니다. 그래야 반복되고 강조되는 말씀, 말씀하실 때의 상황과 분위기, 예수님의 억양, 표정, 제스처를 상상할 수 있고, 말씀을 듣는 대상자들의 반응과 삶의 변화를 통해 영감과 지혜를 얻을 수 있습니다. 세상의 모든 책들은 우리에게 어떻게 살아야 할 것인가는 말하지만 우리가 어떤 존재이며, 죽음 후에 어디로 가는가를 정확하게 말하지 못합니다. 우리가 누구인지를 바르게 모르는데 어떻게 행복하고 성공적인 인생을 살 수 있겠습니까? 우리가 어디로 가는지를 모르는데 어떻게 바르게 살 수 있겠습니까?

사람들은 누구나 이 답을 얻지 못하는 한 참된 행복과 성공을 이룰 수 없습니다. 그런데 이 해답은 세상 어디에도, 어떤 책에도 없습니다. 하나님의 말씀인 성경(=예수)안에 인생의 모든 문제의 해답이 있습니다.

내 생각이나, 사람들의 말이나, 세상의 통념이 아닌 성경(예수)을 통해 내가 누구인가? 나는 무엇을 위해/어떻게 살아야 하는가? 나는 죽음 후에 어디로 가는가? 라는 해답이 보이는 날, 우리 인생에 "코페르니쿠스적 대 전환" 이 일어나게 될 것입니다. 예수님의 십자가와 부활이 보이면 "산 넘어 산" 인 인생을 혼자서 고통 가운데 걸어가는 것이 아니라, 주님과 함께 사랑을 나누며 기쁨으로 순례하게 될 것입니다.

　마지막에 있는 "후기"를 꼭 읽어 주시기를 간절히 소망합니다.

1부

# 성경을 쉽고
# 기쁘게 봉독하는
# 창의적 방법

하나님은 '출애굽한 후 광야에서 고난의 여정을 보내는 선택된 이스라엘 백성들'(오늘날 구원받은 성도들)에게 "너를 낮추시며 너를 주리게 하시며 또 너도 알지 못하며 네 조상들도 알지 못하던 만나를 네게 먹이신 것은 사람이 떡으로만 사는 것이 아니요 여호와의 입에서 나오는 모든 말씀으로 사는 줄을 네가 알게 하려 하심이니라"(신 8:3)고 하나님의 말씀을 매일 읽어야 함을 말씀하셨다.

예수님께서도 "사람이 떡으로만 살 것이 아니요 하나님의 입으로부터 나오는 모든 말씀으로 살 것이라"(마 4:4)고 친히 말씀하셨다.

그리하여 성도들은 성경 읽기를 결심하고 성경을 읽기 시작하지만 중간에 걸리고 막히는 데가 많아 한두 달도 채 못되어서 중도 하차한다. 예를 들어 창세기부터 출애굽기 24장까지는 그럭저럭 잘 읽어 나간다. 그러나 출애굽기 25장에 들어서면 꽉 막힌다. 장은 몇 규빗이고 고는 몇 규빗이고…. 갑자기 성막의 설계도가 등장하기 때문이다. 성막을 짓는 재료들도 등장한다. 낯선 내용들에 머리가 지끈지끈 아프다가 제사법이 나오는 레위기에 도달하면 더 혼란스러워진다.

레위기 늪에서 겨우 빠져나와 보지만, 민수기에 이르면 사람 숫자 세기에 질린다.

연초에 각오를 단단히 하더라도 억지로 한번 통독하고 나면 다시는 보고 싶지 않다. 그렇게 성경은 장식용이 되고 예배용이 되고 만다.

성경을 쉽고 기쁘게 읽을 수 있는 창의적 방법이 있다

## 첫째, 성경을 유튜브 "성경 듣기"를 따라 "소리 내어" 봉독한다

성경을 읽을 때 사탄의 방해로(눅 8:12) 잡념이 생기고, 읽어 의미도 알 수 없고, 읽고 난 후 무엇을 읽었는지도 모르겠고 성경 읽는 것이 시간 낭비 같고 다른 책을 읽고 다른 일에 투자하는 것이 더 효율적이라는 생각이 든다.

성경을 봉독할 때 분석하고 이해하려 하지 말고 유튜브의 "성경 듣기"를 따라 "소리 내어" 그냥 계속 읽어야 한다.

책은 "눈으로 읽는" 묵독과 "소리 내어 읽는" 낭독이 있다. 묵독보다 낭독은 뇌의 여러 영역을 쓸 뿐 아니라 특히 뇌 중에서 창조 영역을 사용한다. 그래서 지혜로운 옛날 선비들은 천자문을 배울 때 소리 내어 낭독했다. 낭독의 효과는 시각, 청각, 입 운동 등 많은 자극이 동시에 이루어져 쉽게 뇌를 활성화시킨다. 낭독할 때의 효과를 몇 가지만 살펴보자

1. **집중력이 향상된다.** 소리 내어 읽는 낭독은 집중력을 높여준다. 눈으로만 책을 읽으면 눈에만 신경이 집중되지만 소리 내어 책을 읽으면 모든 감각기관을 사용하게 된다. 눈으로 보고 귀로 듣고, 입으로 읽는 과정에서 단어 하나하나 문장 한 줄 한 줄에 집중하게 되어 책의 내용을 보다 잘 이해할 수 있게 된다.

2. **기억력이 높아진다.** 일본 도쿄 대학교의 가와시마 료타 교수는 어떤 행동이 뇌 활성화에 영향을 주는지 연구하다가 "소리 내어 읽기"의 중요성

을 발견하였다. 소리 내어 읽기를 할 때 생각하기, 글쓰기, 묵독을 할 때보다 월등히 많은 뇌신경 세포가 반응한다는 사실을 발견했다. 캐나다 워털루대 콜린 매클라우드 교수는 95명을 대상으로 소리 없이 읽기, 남이 읽어주는 것 듣기, 자신이 읽고 녹음해 듣기, 직접 소리 내어 읽기로 나눠 실험한 결과 소리 내어 읽었을 때 무려 27%이상 기억력이 높았다고 한다(유튜브: 낭독의 효과, 귀인초 사례 참조).

3. **문해력을 높여준다.** 문해력이란 글을 읽고 의미를 파악하고 이해하는 능력이다. 더 나아가 글을 이용해 문제를 해결하는 능력 까지를 모두 포함하고 있다. 책을 소리 내어 읽을 때 전두엽이 크게 활성화된다. 소리 내어 읽는 사람은 읽기 과정을 생산적이고 효율적으로 활용할 수 있어 글의 의미를 파악하기 위한 두뇌 활동이 활발하다. #유튜브: EBS 당신의 문해력을 참조

4. **읽기 유창성(流暢性)이 향상된다.** 읽기 유창성의 사전적 의미는 "물 흐르듯이 거침이 없고 빠르고 정확하게 글을 읽어 내는 능력"을 말한다. 읽기 유창성이 떨어질 경우 "책을 읽고 있긴 하지만 읽고 있지 않은 상태, 즉 눈이 글자를 보기만 할 뿐 정보가 뇌로 전달되지 않아 머리속에 아무것도 남지 않는 경험을 하게 된다. 이 경험이 계속될 경우 책을 읽고 나서 내용 파악이 되지 않고 "어렵다. 모르겠다"라는 반응이 나타날 수 있기 때문에 학습에 어려움이 생긴다.

책을 "소리 내어" 읽을 때 두뇌는 문자 해독(시각 피질)과 내용 이해(청각 피질)라는 두 가지 정보처리를 동시에 진행된다. 큰 맥락에서 학습 발달을 살펴보면 보고(눈)-듣고(귀)-소리 내어 읽기(입)-쓰기(손) 과정 순으로 발달된다. 결국 읽기 유창성이 좋기 위해서는 잘 보고, 잘 듣는 과정이 가장 중요하다. 이유는 정확하게 보고, 들을 수 있어야 인식을 빠르고 정확하게 할 수

있고 이런 기초가 탄탄하게 잡혀 있어야 정보를 효율적으로 처리할 수 있기 때문이다.

유튜브 "성경 듣기"를 들으면서 "소리 내어" 읽어야 집중될 뿐 아니라 뇌에 입력이 된다. 뇌에 입력된 말씀이 성령의 역사로 생각나고 지혜와 약속으로 다가오고 능력의 말씀으로 사람의 가슴을 움직이는 생명의 언어가 되게 한다. 영어를 배울 때 선생님이 "소리 내어" 읽어야 한다고 끊임없이 강조하는 이유가 있다. "소리 내어" 읽은 낭독이 속으로 읽는 묵독 보다 기억에 백배의 효력이 있기 때문이다

성경이라는 밥상에는 다양한 부류의 사람들을 위해 다양한 영의 음식들이 있다. 어린 아이는 처음에 엄마가 먹여주는 음식을 그냥 먹기만 하면 된다. 엄마는 자녀에게 필요한 음식을 알아서 주신다. 자녀의 소화 능력에 따라 필요한 야채, 생선, 육류를 때를 따라 음식의 영양가를 분석해서 우리 몸에 유익한 음식만 주신다.

마찬가지로 거듭난 하나님의 자녀에게 성령님께서는 영적 상태에 따라 원하는 만큼 필요하고 유익한 영의 양식만 주신다. 성령께서 연결시켜 주시고, 통합시켜 주신다

콩나물 시루에 물을 주면 물은 다 빠져 버리지만 콩나물은 자라는 것처럼 성경을 읽을 때 이해가 잘 안 되는 것에 마음을 쓰지 말고, 이해가 잘 되는 것에 초점을 맞추고 눈에 보이는 대로 귀에 들리는 대로 그냥 읽으면 된다.

태어난 어린 아이에게 "엄마가 책을 읽어 주면" 어린 아이는 모르는 기억들이 자녀의 뇌에 입력되었다가 어느 날 갑자기 말이 터져 나와 상상하지 못하는 말들을 쏟아내는 것을 발견하게 된다. 우리 안에 계신 성령님께서 우리가 봉독하는 말씀들을 어느 날 기억나게 하시고 가르치시고 서로 연결시켜 통합시켜 주신다

성경을 이해하려 하지 말고, 쉬운 성경들을 비교하면서 무조건 읽어라. 예수님께서 제자들에게 말씀하신 것처럼 우리 안에 임재하여 계신 성령님께서 "가르치고 생각나게 하시고"(요 14:26) "진리 가운데로 인도하시고, 장래 일을 알게 하여"(요 16:13) 주시므로 무조건 매일 30분-1시간씩 유튜브의 "성경 듣기"을 따라 "소리 내어" 읽기를 강권한다(부록4, 성경 봉독 실천 프로그램 A. B. C.을 보라).

## 둘째, 성경 전체의 개관을 미리 숙지하면서 봉독한다.

"퍼즐 맞추기"에서 수많은 퍼즐 조각들을 앞에 놓고 씨름할 때, 상자 겉면에 있는 완성된 그림을 먼저 보면 큰 도움을 얻을 수 있다. 퍼즐의 전체 그림을 모르는 상태에서 조각을 맞추면 험난한 도전이 될 것이다. 그렇지만 미리 완성도를 보고 퍼즐을 맞춘다면 우리는 퍼즐의 한 조각 한 조각에 의미를 부여할 수 있을 것이다.

그리스도인에게 성경은 방대한 규모의 퍼즐 맞추기와 같다. 그러나 대부분의 사람들은 파노라마처럼 펼쳐진 전체 그림을 보지 않고 단지 수많은 조각만을 보고 흥미를 잃고 힘들어 한다. 성경은 창조부터 모든 것의 완성에 이르기까지 계속해서 하나님의 구속에 관해 말한다. 하나님의 절대 주권 하에 역사가 진보되어 가고, 성경이 기록되었기 때문에 구속사적 관점에서 성경을 보아야 성경을 잘 이해할 수 있다. 그러기 위해서는 성경 각 권의 개관(槪觀)을 알아야 한다. 성경 66권 각 권의 개관(槪觀)(=전체를 대강 추려서 살펴봄)를 먼저 숙지하면서 성경을 읽으면 도움이 될 것이다(4부. 성경 66권 개관을 참조할 것).

## 1) 구약의 줄거리: 오실 메시아

구약성경은 역사서 17권(창세기, 출애굽기, 레위기, 민수기, 신명기, 여호수아, 사사기, 룻기, 사무엘 상, 하, 열왕기 상, 하 역대상, 하 에스라, 느헤미야, 에스더)와 시가서 5권(욥기, 시편, 잠언, 전도서, 아가서)와 예언서 17권(이사야, 예레미야, 예레미야 애가, 에스겔, 다니엘, 호세아, 요엘, 아모스, 오바댜, 요나, 미가, 나훔, 하박국, 스바냐, 학개, 스가랴, 말라기)로 구성되어 있다.

구약 39권의 내용을 요약해 보자. 하나님은 사랑의 대상인 사람을 지으시고 이 땅에 하나님의 나라를 이루기 위해 에덴 동산을 만드셨다. 그런데 얼마가지 못해 에덴 동산에서 사탄의 집요한 간계로 인간은 타락한다(창 3:1-6). 결국 구약 성경은 인간의 타락으로 이 땅에서 하나님 나라가 사라지고 세상 나라가 시작됨에 따라 "하나님이 한 사람(아브라함)을 택하고"(창 12:1-3), 한 민족을 만들어 이스라엘로 칭하여 이 땅에 하나님 나라를 다시 만들고 회복해 나가시는 이야기다.

이러한 이야기를 통해 우리에게 주시려는 구약의 메세지는 오실 메시아, 예수 그리스도에게 모든 초점이 맞춰져 있다. 하나님의 아들 예수님의 오심을 설명하기 위해서 구약이 존재하는 것이다. 구약에 신약이 어떻게 예표되어 있는지 살펴보자.

창세기 아담과 하와가 뱀(=사탄)의 유혹으로 말미암아 선악과를 따먹고 타락했을 때 하나님이 뱀(=사탄)을 저주하면서 '내가 너로 여자와 원수가 되게 하고 네 후손도 여자의 후손과 원수가 되게 하리니 여자의 후손은 네 머리를 상하게 할 것이요 너는 그의 발꿈치를 상하게 할 것이니라'(창 3:15)고 했다. 뱀을 저주한 말씀이지만 이것은 사람에게 하신 큰 축복의 약속이기도 하다. 앞으로 사단의 세력을 완전히 멸하실 예수 그리스도가 여인의 후손으로 오실 것을 예언하고 있기 때문이다. 그래서 이 말씀(창 3:15)을 "원 복음"

26

또는 "에덴 복음" 이라고도 한다. 그러니까 구약의 전 과정은 뱀(=사탄)의 머리를 완전히 상하게 할 메시아 예수를 보내시겠다는 창세기 3장 15절의 약속을 성취해 나가는 과정이다.

출애굽기  어린 양 예수의 피와 인도와 능력으로 선택된 백성이 구원된다.

레위기  죄인이 거룩한 하나님과 어떻게 교제할 수 있는가를 제사법을 통해 설명한다.

민수기  놋 뱀을 바라보는 자가 구원을 얻는 것처럼 예수만 믿으면 구원받는다.

신명기  축복과 저주를 몸으로 다 이루실 분이 예수이심을 증거한다.

여호수아  약속의 땅으로 인도할 지도가가 예수이심을 말하고 있다.

사사기  진정한 사사는 오실 예수 뿐임을 증거한다.

사무엘서, 열왕기, 역대기  하나님 나라 왕으로, 다윗의 자손 예수를 증거한다.

예언서들  모든 환난과 질병과 죄악 된 삶에서의 구원(救援)은 어떤 나라나 권력이나 물질에 있지 않고 오직 예수만이 구원 주(救援主) 임을 증거한다.

### 2) 신약의 줄거리: 오신 메시아

신약의 구조는 크게 역사서와 서신서로 나눌 수 있다. 신약의 역사서는 마태복음, 마가복음, 누가복음, 요한복음의 사복음서에 사도행전까지 합해서 총 5권이다. 그 외 나머지 22권은 모두 서신서이다.

서신서는 바울 서신(로마서 / 고린도전서 / 고린도후서 / 갈라디아서 / 에베소서 / 빌립보서 /골로새서 / 데살로니가 전서 / 데살로니가 후서 / 디모데 전서 / 디모데 후서 / 디도서

/ 빌레몬서) 등 13권과 일반서신(히브리서 / 야고보서 / 베드로전서 / 베드로후서 / 요한일
서, 요한이서, 요한삼서 / 유다서)와 예언서 요한계시록으로 나뉜다.

그러면 신약의 줄거리는 무엇인가? "아브라함과 다윗의 자손 예수 그리
스도의 계보라"(마 1:1)로 시작되는 복음서는 모든 율법과 선지자들을 통해
하나님이 하신 약속(구약) 그러니까 아브라함과 다윗 언약을 통해 약속하신
메시아가 오셨음을 선포한다.

신약은 보이지 않던 아버지 하나님의 형상과 사랑이 예수님의 탄생과
3년의 공생애를 통해서 나타나는 과정이다. 십자가의 대속과 부활과 승천
을 통해 성령님을 이 땅에 보내심으로 교회가 탄생하고 모든 족속으로 제
자를 삼아 나가는 예수님의 복음이 계속되고 있음을 보여준다. 이것이 신약
의 역사서(4복음서와 사도행전)의 줄거리이다.

그렇다면 실제로 신약에서 말씀하시는 핵심메시지는 무엇인가?

예수님이 [1. 주 2. 예수 3. 그리스도]이시라는 것이다.

1. 주(主)란 예수님이 하나님이라는 뜻이다.

2. 예수는 "그가 자기 백성들을 그들의 죄에서 구원할 자라는 것이다"(마 1:21)

3. 그리스도란 예수가 "왕, 제사장, 선지자로 기름부음 받은 자" 즉 메시
아라는 뜻이다. 예수님이 하나님이시며(요 10:30/요 1:18), 예수님 만이 우리
를 죄에서 구원할 수 있는 분(행 4:12)이며 예수를 [주 예수 그리스도]로, 우
리의(왕/제사장/선지자)로, 영접하는 자는 하나님의 자녀가 되어(요 1:12) 영생
을 얻을 뿐만 아니라 이 세상에 사는 동안 "예수님이 친히 우리 안에 성령
으로 오셔서 우리와 함께 하시고"(요 14:16-17), 우리와 사랑의 삶을 사시겠다
는 것이다.

거듭난 하나님의 자녀들이 서로 사랑하며 악한 세상에서 승리할 수 있
도록 '하나님의 가족'(엡 2:19)이 거할 '그리스도의 몸'(엡 1:22-23)인 교회를 이

땅에 세우시고 예수님이 왕으로, 제사장으로 선지자로 통치하신다는 것이다. 또한 죽음은 끝이 아니라 새로운 시작이며 천국에 가서 받을 심판과 상급을 말하고 있다.

## 셋째, 사복음서를 연대기적 순서로 통합하여 봉독한다

자동차를 운행하려 할 때 자동차의 부속품을 다 알고, 회로와 엔진과 연결된 기능들을 다 알고 운행하지는 않는다. 자동차 운행에 필요한 가장 중요한 기능들, 핸들 사용법, 윈도 브러시, 라이트, 백 밀러, 브레이크, 기아 작동법 등 기본적인 기능들을 먼저 배우고 운행을 시작한다. 그 후, 자동차 운행시에 얻어지는 즐거움을 맛보면서 자동차 부속품들을 알아가고 더 세부적인 기능들을 숙지하게 된다. 아마 자동차 부속품을 모두 알고, 회로나 엔진에 대해 모두 알아야 자동차를 운행할 수 있다고 하면 자동차를 운행할 수 있는 사람은 극소수 밖에 없을 것이다.

구약 성경은 오실 메시아를 말씀하시고, 신약 성경은 오신 메시아를 말씀하고 있다. 세상적인 빈약한 표현이지만 구약 성경은 결혼하여 사랑을 나눌 사람의 스펙을 통해 듣는 것이고 신약 성경은 결혼하여 사랑을 나눌 사람의 실체를 만나는 것이다. 결혼할 사람의 스펙을 통해 알아보는 것도 필요하지만 결혼할 사람을 직접 만나 사랑을 나누면서 알아보는 것이 쉽고 정확할 것이다. 또한 배우자로 확신이 생길 때까지 반복하여 만나야 하는 것처럼 오신 메시아에 대한 말씀인 신약 성경을 반복하여 읽어야 한다.

쌀 포대를 풀려고 할 때 처음 매듭부터 풀려고 하거나, 매듭의 중간에서 풀려고 하면 더 꼬이고 풀리지 않는다. 그러나 매듭 끝부분을 붙잡고 풀면 쉽게 풀린다. 성경에서 예수님의 십자가의 의미와 부활하신 사실은 매듭의 실마리와 같다.

이 진리를 알고 믿으면 모든 것이 쉽게 풀린다. 그러면 하나님의 사랑을 믿게 되고 예수님의 은혜를 알게 됨으로 성경의 수많은 난해한 부분들이 이해가 되고 믿어진다. 또한 사랑의 감격 속에 기쁨으로 성경을 읽고 큰 위로와 소망을 얻게 되며 자존감을 회복함으로 위대한 꿈을 꾸게 된다.

### 1) 공관복음을 연대기적으로 기록한 누가 복음을
### 먼저 봉독한다 (부록1 참조).

사복음서는 '예수님의 일생'을 네 사람이 보고 기록한 것이다. 그래서 마태, 마가, 누가 복음을 공관(共觀)복음이라고 한다. 각각의 저자가 성령의 감동으로, 각자의 상황 속에서 예수님 사건을 함께 보고 기록한 복음이라는 뜻이다. 그러기에 내용상으로는 거의 같은 내용을 네 번이나 읽는 것 같지만, 읽고 나도 먼지 모르게 산만하고 헷갈린다. 이 복음서는 읽고 읽어도 한 줄로 연결이 안된다. 예수님의 일생과 사역이 일어난 순서대로 기록되어 있지 않기 때문에 잘 정리가 안 되는 것이다.

마태복음 읽고, 마가 복음 읽고, 누가복음 읽고…… 이렇게 한 권씩 읽는 방법으로는 예수님의 행적 전체가 눈에 들어오지 않는다. 마태복음에 있는 내용이 요한 복음에는 없고, 마가복음에 있는 내용이 누가복음에는 없고, 이런 식으로 기록되어 있다. 또한 순서가 왔다 갔다 하기 때문에 4복음서를 읽어도, 많이 아는 것 같으면서도 혼란스럽고 가슴에 선명하게 와 닿지 않는다. 그러나 예수님의 행적을 시간과 장소를 따라 정리해 읽으면 예수님의 생애와 사역이 한 눈에 보이고 예수님의 계획과 뜻을 선명하게 알게 된다. 물론 시간적으로 정확하지 않은 사건들이 많지만 큰 줄기의 흐름을 따라갈 수 있다. 씨줄과 날줄이 겹쳐지며 옷감이 짜지는 것처럼 예수님의 스토리도 언제 일어난 일이며(시간 개념), 그 장소는 어디인가(공간 개념)를 살펴 정리한 후 읽어야 한다.

공관 복음 중 가장 연대기적 시간 순서로 기록된 누가복음을 기본 축으로 하여 공관 복음을 먼저 정리하여 읽는다. 그리고 나서 가장 연대기적 순서로 예수님의 신성을 증명한 요한복음과 병행하여 읽어야 한다 (부록1 참조).

먼저 사복음서를 시간적으로 앞선 내용부터 순서대로 정리하였다. 누가복음은 예수님은 하나님임과 동시에 온전한 사람으로서 인류의 구주가 된다는 사실을 증거하기 위해 기록한 책으로 "예수님의 삶과 사역에 대해 깊이 연구"(눅 1:1-4)하여 예수님의 삶과 사역을 연대기적 방법으로 서술한 책이다. 사복음서 통합 순서(부록1참조)를 보면서 [맨 앞 줄]에 [*]로 표시된 누가복음을 중심으로 [맨 앞 줄]에 있는 복음서를 봉독 하면서 예수님 사역의 흐름을 읽힌다.

[*]로 표시된 복음서만 반복하여 읽은 후 [다른 복음서의 내용]과 비교하고 싶을 때 [두 세번째 줄]에 있는 [#]로 표시된 "예: #[마태복음 5:1-7:29]"를 비교하며 읽어라.

시간과 공간의 연대기적 방법으로 누가 복음과 요한 복음을 머리 속에 순서대로 정리하여 예수님의 삶과 사역을 영상화 하라. 마태복음은 "교훈 중심", 마가복음은 "사역 중심" 으로 기록하여 순서대로 그림화 하는 것이 어렵고 혼란스럽다.


**2) 누가복음을 봉독한 후 요한 복음을 봉독한다** (부록1 참조).

복음서마다 예수님에 대한 관점과 그 생애를 소개하는 방식이 달라 예수님의 생애를 통합적으로 이해하는 데 어려움이 있다. 요한복음에 네 번의 유월절이 기록된 것을 통해 예수님이 3년의 공생애를 보내셨다는 것을 알 수 있는데(공관 복음서에는 예수님의 예루살렘 상경을 한 번만 기록했다) 요한복음을 기반으로 여러 복음서의 내용을 종합하면 다음과 같은 흐름을 추정해 볼 수 있다.

a. 예수님은 공생애 첫 해를 시작하실 때 제자 넷을 부르시고 (요 1:43-51) 가나에서 이적을 베푸신다(요 2:1-12).

b. 예수님의 공생애 첫 유월절(유대력으로 1월 14일, 이후 7일간 무교절)을 지키러 예루살렘에 올라가신다(요 2:13). 이때 성전에서 장사하는 자들을 내쫓으시고 여러 표적을 보이신다. 바리새인 니고데모는 조용히 예수님을 방문한다(3장). 명절이 끝나고 예수께서는 유대 땅을 다니시며 침례를 베푸신다. 그 후 사마리아를 거쳐 갈릴리로 돌아가시는데 이때는 추수하기 넉 달 전쯤 되는 때였다(요 4:15). 보리 추수는 유월절 전후로 시작된다. 그러니까 예수께서 유월절에 예루살렘에 올라오신 후 유대 땅을 다니시다가 갈릴리로 돌아가시던 때가 유월절 넉 달 전이라면 유대 땅에 8개월 정도 다니신 것을 알 수 있다. 이후 갈릴리에서 사역하신다.

c. 예수님의 공생애 둘째 해 가버나움을 중심으로 갈릴리 지역에서 사역하시다가, 두 번째 유월절에 예수님은 다시 예루살렘에 올라가신다(요5:1). 여기서 안식일에 베데스다 연못에서 38년 된 병자를 고치시는데 이때부터 유대인들의 박해가 시작된다. 예루살렘에서 돌아오신 후 열 두 제자를 임명하시고, 갈릴리 지방을 중심으로 많은 자들에게 가르치시고 능력을 베푸신다. 날이 갈수록 백성들 사이에 예수님의 명성이 높아진다.

d. 예수님의 공생애 셋째 해 갈릴리 지방에서 사역하시는 중 유월절이 가까웠을 때 오병이어의 이적을 베푸신다(요6:1-15). 예수님의 병 고치고 귀신을 쫓아내는 권능과 오천 명을 먹이시는 이적을 체험한 백성들은 예수에게로 구름처럼 몰려든다. 예수께서는 세 번째 유월절에는 예루살렘에 올라가

지 않으신다. 이때부터는 제자들과 갈릴리 주변 이방 땅(두로, 시돈, 데가볼리, 가이사랴빌립보 등)을 다니시며 제자들을 훈련하시다가 초막절(유대력으로 7월 15일부터 7일간)에 예루살렘에 은밀히 올라가신다(요 7:10). 예루살렘에서 가르치고 능력을 행하시니 유대인들이 경계하며 예수님을 돌로 치려 한다. 수전절(유대력으로 9월 25일)에 성전 안에서 유대인들의 질문에 답하시는데 이때도 그들이 돌로 치려 하므로 요단강 너머 베뢰아 지방으로 건너가셔서 베뢰아 지역에서 약 3개월 정도 전도하신다.

e. 예수님의 네 번째 유월절에 다시 요단강을 건너 여리고를 거쳐 예루살렘으로 올라가신다. 예루살렘에서 고난 받으시고 십자가에 달리신 후 삼일 만에 부활하신다. 처음 막달라 마리아에게 보이신 후 40일 동안 제자들에게 나타나셨다가 죄책감에 빠진 베드로를 용서하시고 사명을 주신다(요 21:15-19). 요한복음은 예수님이 하나님의 아들이시며, 하나님이심을 가장 상세하게 기록한 복음서이다. 연대기적 순서(부록1)대로 맨 앞 줄 [*]의 순서를 머리에 읽히며 요한 복음만 읽는다.

예수님께서 "너희가 성경에서 영생을 얻는 줄 생각하고 성경을 연구(상고)하거니와 이 성경이 곧 내게 대하여 증언하는 것이니라"(요 5:39)고 말씀하신 것처럼 성경은 매 권마다 예수 그리스도가 누구인가를 말씀하고 있다. 그러므로 ① 예수님이 누구이며 ② 예수님이 왜 오셨으며 ③ 어떤 말씀을 하셨으며 ④ 어떤 기적을 행하셨으며 ⑤ 어떤 삶을 살았으며 ⑥ 어떤 것을 약속하셨는가 ⑦ 예수님의 죽음, 예수님의 부활에 대해 자세히 읽어라.

성경을 읽는 핵심은 예수님을 [주 예수 그리스도]로 만나는 것이다. 예수님을 만나면, 하나님의 사랑을 알게 되고 나를 알게 된다. 예수님이 누구인가를 알고 믿어지면 기쁨이 샘솟고, 소망이 생기고, 평안을 얻게 되고, 자유를 누리게 된다. 반면, 예수님이 누구인지를 알지 못하고 믿어지지 않으면 성경을 읽을수록 따분하고 머리만 아프고 시간 낭비로 여겨진다. 예수님을 아는 만큼 하나님의 위대함과, 크신 사랑과, 주권적 섭리를 믿고 알 수 있다. 또한 예수님을 알아야 "성령님을 간절히 사모"(행1:14)하고 권능의 삶(2:1-4)을 산다.

구약의 예언서를 보면, 구약의 결론은 오실 메시아의 증거로 끝나지 않고, 십자가의 죽음과 부활로 말미암아 우리 안에 오실 성령님을 증거하고 있다(겔 36:26-27).

구약 성경은 에스겔서 36장 26-27에 "또 새 영을 너희 속에 두고 새 마음을 너희에게 주되 너희 육신에서 굳은 마음을 제하고 부드러운 마음을 줄 것이며, 또 내 영을 너희 속에 두어 내 율례를 행하게 하리니"라고 했다. 부활하신 주님의 승천으로 말미암아 오실 성령님은 성도들의 돌 짝 밭 같은 마음을 옥토 밭으로 만드실 것이며, 우리는 그때 비로서 말씀을 믿고, 말씀에 순종할 수 있게 된다는 것이다.

구약의 "그 예언"(겔 36:26-27)을 신약에서 예수님이 십자가와 부활을 통해 완성하신다(요 16:7). 맨 처음 누가복음을 '통합 도표'를 따라 읽었듯이, 요한복음을 '통합 도표'를 따라 여러 번 반복하여 읽어 [예수님의 삶과 사역이 연대기적으로 내 머리 속에 완전히 영상화 되면] 성경 봉독은 아주 쉽고 즐겁게 된다(부록 1 참조)

넷째, 사도행전과 서신서를 연결시켜 봉독한다.

사복음서가 지나가면 사도행전이 나온다. 주님이 부활하시고 승천하신 후 주님의 약속대로 보혜사 성령께서 오셨다(행2:1-4). 성령의 역사로 교회라는 새로운 '하나님의 나라'가 역사 속에서 탄생하였다.

구약의 이스라엘이 '하나님 나라'라는 유형적인 공동체였듯이, 신약에

와서는 성령의 사역으로 '교회'라는 공동체가 생긴 것이다.

이 새 이스라엘, 교회 공동체가 어떻게 만들어져 나갔는가를 기록한 것이 사도행전이다. 마치 구약에서 '이스라엘'이라는 하나님 나라가 생겨나는 과정이 [첫째: '국민 만들기' 둘째:'주권 만들기' 셋째:'영토 만들기']라는 틀에 의해 착착 진행되듯이 신약에서도 '교회'라는 하나님의 나라는 어떻게 국민들이 만들어지며, 어떤 지역으로 전파되어 나가는지를 사도행전에 기록하고 있다. 사도행전을 읽으면서 서신서와 함께 읽어, 기록한 때의 상황과 기록자의 심정을 생각하며 기록한 순서대로 읽으면 성경을 읽는데 도움이 된다(4부. 66권 개관 참조).

---

## 사도행전을 읽을 때

① 사도행전1:1-15:35까지 읽고 표시한 후 갈라디아서를 읽는다.

② 사도행전15:36-18:11절을 읽고 표시한 후 데살로니가 전, 후서를 읽는다.

③ 사도행전 18:12-19:10절을 읽고 표시한 후 고린도전서를 읽는다.

④ 사도행전 19:11-19:22을 읽고 표시한 후 고린도후서를 읽는다.

⑤ 사도행전 19:23-20:3A절을 읽고 표시한 후 로마서를 읽는다.

⑥ 사도행전 20:3b-28:31 읽고 표시한 후 골로새서 ➡ 빌레몬서 ➡ 에베소서 ➡ 빌립보서 ➡ 디모데 전서 ➡ 디도서 ➡ 디모데 후서를 표시한 후 순서대로 읽는다.

⑦ 이제부터는 공동서신과 요한 계시록을 읽는다. 읽는 순서는 다음과 같다. 히브리서 ➡ 야고보서 ➡ 유다서 ➡ 베드로전·후서 ➡ 요한1, 2, 3서 ➡ 요한계시록이다.

※서신서는 사도행전에 표시한 후 [성경 목록 순서]대로 읽어도 어려움이 없다.

## 다섯째, 구약 성경을 쉽고 기쁘게 봉독하는 창의적 방법

한국을 알고자 할 때 먼저 시대(고조선, 삼국시대, 고려, 조선, 일제, 대한민국)를 구분하고 시대 시대에 있었던 큰 사건(전쟁, 재난, 광복, 통일)과 역사적 인물들, 문화적 변화, 경제적 성장, 지정학적 위치, 교육수준, 지하자원, 국민성 등을 살펴보면 한국에 대한 이해를 쉽게 할 수 있고 앞으로의 미래를 예측할 수도 있다. 그런데 시간과 공간의 연대기적 방법으로 정리되지 않고, 삼국시대와 고려시대와 조선시대가 뒤섞이고, 어느 시대에 왕인지, 어느 시대 사건인지, 어느 시대 상황인지 알 수가 없다면 한국을 알기 어렵고, 알려고 하면 할수록 머리가 아플 것이다. 마찬가지로 구약 성경은 시간과 공간의 연대기적 방법으로 정리되어 있지 않고 문화적 양식에 따른 분류이기 때문에 많이 혼란스럽고, 책을 읽으면 머리가 아프다.

그래서 구약 성경을 알려면 먼저 시대를 구분하고, 시대에 일어났던 사건과 그 시대의 왕과 인물들을 시간과 공간의 연대기적 방법으로 정리하여 읽어야, 일목요연하게 머리에 정립이 되고 역사 속에 있었던 상황을 파악함으로 교훈을 받고 지혜를 얻게 된다.

구약 39권은 기본적으로 역사서 17권, 시가서 5권, 예언서 17권으로 나눌 수 있다. 시간이 흐르면서 생긴 틀이기도 하지만 공교롭게도 문학적 양식에 따른 분류이기도 하다. 역사는 시간을 타고 흘러간다. 이 역사서 17권의 책들은 앞에 있을 책인지 뒤에 놓일 책인지 아주 분명한 순서가 있다. 그 역사서 17권은 구약의 근간이다. 특히 역사서 17권 가운데서도 주류(mainstream, 뼈대)가 있다.

그 주류의 11권이 구약의 뼈대이다. 성경을 읽을 때는 먼저 뼈대가 되는 11권을 읽고 성경의 구조와 흐름을 잡아 나가는 것이 중요하다. 그 외 6권은 뼈대를 보조하는 것이므로 이 부분은 나중에 읽어도 된다. 하나님이 어떻게 섭리해 나가시는가를 보여주기 위해 역사서라는 빔(beam)을 박아 놓고 거기에 시가서와 예언서를 걸쳐 놓은 것과 같다. 역사서를 보충하기 위해서 시가서와 예언서가 옆에 있다고 생각하면 된다. 구약 성경의 역사서와 시가서와 예언서는 서로 통하지 않는다. 예를 들면 "역사서 부류인 에스더서"와 "시가서 부류인 욥기"는 전혀 상관이 없다. 또 "시가서 부류인 아가서"를 읽다가 "예언서 부류인 이사야"를 읽으면 전혀 연결이 되지 않는다. 상관이 없는 이야기이기 때문이다.

예언서 17권(이사야-말라기)은 ① 분열왕국시대와 ② 포로시대와 ③ 포로귀환시대에 살던 선지자들의 예언이다. 분열왕국시대의 역사와 포로시대와 포로귀환시대의 역사 자체를 모르면 선지자들의 예언은 더 더욱 이해할 수 없다. 대선지서들과 소선지서들 속에는 분열왕국시대와 포로시대가 각각 섞여 있어서 더욱 혼란스럽다. 그러므로 문화적 유형으로 되어 있는 역사서 17권, 시가서 5권, 예언서 17권 등 세 부류의 책을 [역사적인 시대 순서]에 의해서 때로는 문화적 유형, 때로는 시간 순서, 때로는 책의 분량 등 여러 가지 조건에 의해 분류되어 있는 구약 성경을 시간과 공간의 연대기적 방법으로 시가서와 선지서를 정리하여 성경을 읽어야 이해하기 쉽고, 하나님의 마음과 섭리를 알 수 있고 하나님의 인도와 도움을 받을 수가 있다.


여섯째, 구약 성경을 연대기적 순서로 봉독한다.

구약 성경은 시대 구분을 통해 1) 창조시대 2) 족장시대 3) 모세시대 4) 정복시대 5) 사사시대 6) 단일왕국시대 7) 분열왕국시대 8) 포로시대 9) 포로귀환시대 10) 침묵시대로 나눌 수 있다.


1) 창조시대  창조 시대를 기록한 창세기 1-11장을 읽는다.

2) 족장시대  족장 시대에 기록한 창세기 12-50장을 읽고 동시대에 쓰여
진 [욥기서]는 주류가 아니므로 다음에 읽는다.

3) 모세시대  모세시대에 기록한 출애굽기, 레위기, 민수기, 신명기 중
[레위기와 신명기는 중요한 책이지만 주류가 아니므로 건너뛰고] 출애굽기
와 민수기만 읽는다.

레위기는 레위 지파들이 성막에서 하나님을 섬기고 제사하는 방법이 기
록된 규례다. 레위기는 만들어 놓은 성막을 중심으로 하나님을 어떻게 섬겨
야 하는지, 또 사람들 간에는 어떻게 살아야 하는지에 대한 지침서다. 레위
기에는 제사 법, 생활 법, 절기 등이 기록되어 있다. 시간적으로 볼 때는 출
애굽기 속에 들어 있는 일이다. 그러니까 어떻게 보면 출애굽기의 부록이라
고 볼 수 있다. 레위기는 시간이 흘러가는 책이라고 보기보다는 "레위 지파
제사장들"(오늘날의 성도 벧전2:9)이 알아야 할 내용들을 간추려 놓은 법전이다.

신명기는 출애굽 후 이스라엘 백성들이 광야를 지나서 시내 산에 들어
가 훈련 받고 약속의 땅에 들어가기 전까지의 회고록이며 율법을 설명하
는 책으로 '신명(神命)'이라는 말 자체가 하나님의 명령을 풀이해 준다는
뜻이다.

4) 정복시대  정복 시대를 기록한 여호수아를 읽는다.

5) 사사시대  사사기와 룻기 중 사사기만 읽는다. [룻기는 주류가 아니므
로] 건너간다.

6) 단일 왕국 시대  사무엘 상, 사무엘 하, 열왕기상 1장에서 11장까지를
읽는다.

7) 분열 왕국 시대  열왕기상 12-22장과, 열왕기하 1-25장을 읽는다.

a. 열왕기상, 열왕기하는 성경에서 가장 읽기가 어려운 곳이다.

예를 들면 열왕기하 16장 1절에 "르말랴의 아들 베가 십 칠 년에 유다 왕 요담의 아들 아하스가 왕이 되니" 이렇게 나온다. 분열왕국을 이야기하면서 반드시 (북)이스라엘 왕이 누구일 때 (남)유다에서는 누가 왕이고, (남)유다 왕이 누구일 때 (북)이스라엘 왕이 누구라고 말한다.

게다가 오늘날 사용하는 '(남)유다' '(북) 이스라엘'이란 말이 언급되지 않는다. 또한 성경은 왕 이름을 1세, 2세처럼 친절하게 알려 주지 않는다.

예를 들면 여로보암 왕이라는 말이 열왕기 상에 여러 번 등장한다. 다윗이 블레셋으로 망명했을 때 블레셋의 아기스 왕이 의심했다고 했는데 두 번째로 도망갔을 때는 매우 환대했다고 나온다. 이것은 한 사람의 마음이 변해서 그런 것이 아니라 두번째 언급된 왕은 아기스 왕 2세를 말하는 것이다.

열왕기상·하는 죄가 초점인 책이다. 이해가 되지 않아도 그냥 읽어라 대부분의 신학자들은 열왕기 상 하의 저자를 '예레미야'로 추정한다.

b. [역대상]은 [사무엘상·하]의 보조서이다

'에스라'가 다윗 왕의 통치를 하나님이 어떻게 평가하셨는지를 보여주고 다윗을 통한 하나님의 신정정치의 영화를 회상함으로써 여호와의 신앙을 회복하도록 썼다.

c. [역대하]는 분열 왕국 시대의 남 유다 만을 다룬 [열왕기상·하]의 보조서이다.

역대기는 (남)유다의 역사만을 기록했다. 역대기 상 하의 저자는 '에스라'로 추정한다. 역대기는 에스라 선지자를 통해 70년 만에 포로에서 귀환한 유다 백성들에게 그들의 정체성을 알려 주려고 했다. 그들의 조부모도 다 죽었지만 '왜 우리가 70년 동안 바벨론에서 포로 생활을 해야 했는가?'과

연 우리는 누구인가?' 하는 이야기를 들려준다. 그래서 '우리는 아브라함과 다윗의 후손이다. 더 나아가서 하나님이 직접 지으신 아담의 후손이다'라는 사실을 상기시키고 강조한다.

그러면서 하나님이 유다 왕국의 다윗에게 주신 영원한 다윗 언약, 그러니까 다윗의 왕위가 영원할 것이며 그를 통해 메시아가 올 것임을 전해주는 이스라엘 전 역사의 중요한 보조서 이므로 열왕기 상하와 역대상 하를 통합하여 읽고 에스라와 느헤미야를 읽는 것도 좋다. 그러나 성경을 처음 읽을 때는 역대 상 하를 읽지 않아도 된다.

8) 포로 시대  포로 시대에 해당하는 역사서는 없다: 분열왕국 시대 다음이 포로시대이다. 결국 선지자들의 예언을 듣지 않은 이스라엘 백성들은 "내가 너희를 세계 열방 중에 흩어지게 할 것이며"(렘 34:17)라고 한 대로 흩으셨다. 이스라엘 백성들에게 지금도 늦지 않았으니 돌아오라는 하나님의 부르심에 응답하지 않았고 결국은 바벨론에 포로로 끌려 간다. 그러면 이스라엘 사람들의 포로 생활과 그때 하나님이 하신 일을 어떻게 알 수 있을까?

하나님은 [포로시대에는 다니엘과 에스겔이란 선지자]를 보내셔서 이스라엘 백성들과 함께 포로생활을 하면서 하나님의 뜻과 계획과 약속을 말씀하셨다.

9) 포로 귀환 시대  포로 귀환 시대의 역사서인 [에스라와 느헤미야]를 읽는다 이스라엘 백성들은 포로로 끌려갔지만 예레미야 선지자가 예언한 대로 70년 만에 예루살렘으로 귀환한다. 하나님은 이스라엘을 끝까지 버리시지 않았다. [에스라와 느헤미야]는 이스라엘 백성이 포로에서 귀환하여 무너진 성전을 다시 짓고 없어진 율법과 말씀을 다시 회복하는 내용을 전한다. 포로귀환 시대에 유대인으로 바사 왕국의 왕비가 된 에스더의 이야기가 나온다.

이 [에스더는 뼈대가 아니기 때문]에 옆으로 빼놓는다. 당시 선지자는 학개, 스가랴, 말라기이다. 학개와 스가랴는 포로에서 귀환해서 성전을 건축하고 성벽을 재건하는 일을 독려했다. 말라기는 이들보다 80년 후에 일어나 예수님 오시기 400년 전까지 살면서 예배의 회복을 외쳤던 선지자다.

10) **침묵 시대** 말라기부터 예수님이 오시기까지 하나님이 침묵하셨던 시기를 침묵시대라 한다. 하나님께서 이 땅에 말씀 주시기를 그치셨다고 해서 침묵 시대라고 이름을 붙인 것이다

이제 구약의 뼈대는 창세기를 비롯한 11권으로 이어진다는 것을 알았다. 구약의 뼈대가 되는 11권의 주류 역사서를 중심으로 순서대로 읽으면서 봉독하기를 권한다. 이 전체의 구조와 흐름을 잡아 놓고 나면 나머지는 그냥 쭉 읽어진다. 이 뼈대를 중심으로 살을 붙여 나가면 구약 39권을 어려움 없이 읽게 된다.

11) 분열 왕국 시대와 선지서를 연결하여 읽어야 한다. 선지서는 역사서와 연결되지 않으면 해석이 되지 않는다. 그러므로 역사서를 읽을 때 선지서를 함께 읽는 것이 좋으며, 사무엘 상 하와, 열왕기 상 하와, 역대기 상 하를 통합하여 선지서와 연결하여 연대기적 방법으로 읽으면 일목요연하여 쉽고 즐겁다. 구약의 가장 난해한 부분으로 처음에는 힘들지만, 즐겁고 유익한 영감의 산실이다.

사무엘서와 열왕기서와 역대서와 선지서의 통합 도표를 참조한다(부록 3 참조).

## 구약 성경을 연대기적으로 읽는 창의적 방법

처음에는 다음 표를 참조하여 역사서 주류11권(예: *창세기//굵은 글씨)를 봉독한 다음 시가서를 읽고 선지서(예: 오바댜-말라기)와 역사서 비주류(6권)를 읽는다.

※ 신·구약 성경 전체를 봉독하는 창의적 방법은 [부록 4]을 꼭 참조한다.

_____ 성경이 해답이다

2부

# 성경을
# 입체적으로 봉독해야
# 하는 이유와 유익

남녀 간에 연애할 때는 사랑의 말, 칭찬과 격려의 말을 하고 단점은 감추고, 장점만 부각하기 때문에 상대를 잘 알지 못한다. 어떤 사람을 매일 같이 수없이 만나도 그 사람의 성장 과정과 가치관, 꿈, 인간관계, 부모, 그리고 그와 함께 봄, 여름, 가을, 겨울을 겪어 보지 않고는 그를 잘 알 수 없는 것처럼 성경을 수없이 읽어도 "성경을 입체적으로 봉독" 하지 않으면 피상적으로 알 뿐 잘 모른다.

남녀 간에 연애할 때 상대방을 아는 것과 결혼해서 아는 것은 너무 다르다. 성경에 접근하는 방법은 두 가지가 있다. 하나는 '종합적 접근 방법'이고 다른 하나는 '분석적 접근 방법'이다. 종합적 접근 방법은 큰 그림을 보는 것이다. 분석적 접근 방법은 자세히 관찰하는 것이다. "성경을 입체적으로 봉독" 하는 것은 종합적인 접근 방법과 분석적인 접근 방법을 병행하여 접근하는 방법이다.

망원경으로 보아야 할 사물이 있고 현미경으로 보아야 할 사물이 있는데 성경은 망원경으로도 보고 현미경으로도 보아야 한다. 흑백 TV로 보는 영화도 있지만, 칼라 TV로 보아야만 감동받을 영화도 있다. "성경을 입체적으로 봉독"하는 것은 망원경과 현미경을 동시에 보고, 흑백과 칼라로 동시에 보는 것이다.

우리는 사람이 쓴 책을 읽는 방식으로는 하나님께서 자신을 계시한 성경 책을 깨달을 수 없고 끊임없이 발생하는 수많은 문제들의 해답을 찾을 수가 없다.

한국어와 미국어는 어순이 다르다. 미국 사람과 교제할 때는 미국 어순으로 소통해야 한다. 성경은 하나님의 언어다. 하나님과 교제하려면 하나님의 방식으로 소통해야 한다 하나님은 하나님의 방식으로, 하나님의 사랑을 우리에게 말씀하시기에 우리도 하나님의 방식으로 하나님과 사랑을 나누어야 소통이 되고 공감될 수 있다.

어떤 사람들은 처음에는 성경을 여러 번 읽었으나 지금은 읽지 않고 있다고 말한다.

연애할 때는 열심히 사랑했는데 결혼해서는 사랑하지 않는다는 말과 같다. 결혼하면 상대방의 꿈, 가치관, 성품, 습관, 표정, 관계, 간절히 원하는 것을 더 알아야 하고 더 사랑하고 존중해야 진정한 행복과 기쁨을 누릴 수 있다. 선무당 사람 잡는다는 말이 있다. 성경을 한 두 번 읽고 다 아는 것처럼 큰 소리치며 사는 어리석은 그리스도인이 많다.

"인생은 사탄과의 영적전쟁이다"(엡 6:12)고 말한 바울 사도는, "구원의 투구와 성령의 검 곧 하나님의 말씀을 가지라"(엡 6:17)고 했다. 성경을 계속 읽어야 하나님의 인도와 도움을 받게 된다. 왜냐하면 하나님은 하나님의 사랑을 성경으로 말씀하시고, 성경으로 약속하시고, 성경대로 성취하신다.

성경을 계속 입체적으로 봉독하지 않고는 하나님의 십자가 사랑을 알수 없고, 예수님의 십자가 은혜를 믿을 수 없고 성령님의 십자가 능력을 힘입어 살 수가 없다.

성경을 읽을 때 "성경을 입체적으로 봉독"하면

첫째 성경이 하나님의 말씀이라는 확신을 갖게 된다.

둘째 창조주 하나님의 주권적 섭리를 알게 된다.

셋째 예수님을 [주 예수 그리스도]로 만나 완전한 구원을 받을 수 있다.

넷째 하나님의 영인 성령님의 내주와 충만을 통해 권능의 삶을 살게 된다.

다섯째 하나님과 자신과 이웃과의 관계에 성공자가 되는 비밀을 얻게 된다.

여섯째 삶에서 겪게 되는 수많은 고난이 축복의 과정임을 알게 된다.

일곱째 말씀에 의지하여 기도함으로 수많은 축복을 경험하게 된다.

성경을 입체적으로 봉독할 때의 이유와 유익을 좀 더 상세(詳細)히 살펴보자.

## 첫째 성경이 하나님의 말씀이라는 확신을 갖게 된다.

독서는 인간의 성장과 삶에 큰 영향을 미친다. 우리는 독서를 통해 새로운 분야의 정보를 습득할 수 있다. 독서를 통해 통찰력과 사고력을 키울 수 있다. 또 생각의 폭이 넓어지고 세상을 균형 있게 바라보는 판단력이 생긴다. 자신만의 고정관념에서 탈피하여 다른 사람의 견해도 수용하면서 자신의 가치관을 넓힐 수 있다.

독서라는 간접 경험을 통해 다양한 사람들의 삶을 볼 수도 있다. 또한 새로운 세상이나 사상을 접하는 기회를 얻을 수도 있다. 독서를 통해 풍부한 정서와 감수성을 키울 수 있다. 무엇보다 인간에 대한 이해가 깊어져 인격수양의 길이 된다. 이렇듯 독서는 글과 소통하며 자신의 상황을 돌아보고 자기 자신 뿐만 아니라 자신이 발 딛고 있는 세계에 대해 성찰하게 된다. 그 과정에서 얻은 깨달음을 통해 자신을 뛰어넘는 능동적인 도전을 감행하게 된다. 독서는 생각을 깊고 높고 넓게 하여 상상력과 창의력을 키우는 원동력이 된다. 결국 사고가 확장되며 유연해지는 삶의 비결은 독서라는 것을 깊이 인식해야 한다. 이렇듯 독서는 [사물, 세계, 그리고 자기 자신에 대한 재발견의 행위]다. 사람은 지식과 경험으로 이루어지는데 이 둘은 책과 연결된다.

우리의 지식이 늘어남과 함께 정신이 성장하고 사고가 깊어지는 것이 독서의 결과다. 책을 읽는 노력은 각자가 [나]를 만들어 나가는 최상의 방책이다. 동시에 우리가 더 나은 공동체를 만들기 위해 필요로 하는 가장 핵심적인 수단이다.

"미국의 민주주의"의 저자 알렉시 드 토크빌은 "모든 국민은 자신들의 수준에 맞는 정부를 갖게 된다."고 말했다. 독서 능력의 여부가 국민의 수준을 결정한다. 그 국민의 수준이 다시 정부의 수준을 결정하는 것이라면 독서의 사회적 가치는 아무리 강조해도 지나치지 않다. 그런데 우리가 무엇을 읽느냐에 따라서 한국의 미래가 달라지고 한국교회가 달라진다. 독서는 우리 자신을 바꾸면서 동시에 이 사회를 바꾸어 나가는 힘이다. 이러한 독서의 유익함을 누리기 위해서는 좋은 책을 읽어야 한다. 그렇다면 어떤 책을 읽어야 할까? 인문고전을 읽어야 한다. 인문고전은 수백 년 동안 수많은 사람들의 삶에 지대한 영향을 끼친 문학, 역사, 철학, 책을 말한다

한 시대에 최고의 지성을 가진 천재들이 인간의 희노애락과 삶에 투쟁을 기록하여 인간의 위대함과 악함과 한계를 알도록 하였다. 수많은 사람들의 삶을 위대하게 변화시키고, 감동시키고, 공감을 얻었던 책들이다. 인문고전은 인류의 역사를 새로 쓴 진정한 천재들이 자신의 모든 정수를 담아놓은 책이다. 노벨상 수상자들도 분명 이 시대의 천재들이다. 그러나 불멸의 인문고전을 남긴 진정한 천재들과 비교하면 그들은 기껏해야 머리가 조

금 좋은 사람들에 불과하다. 그렇다면 만일 앞으로 10년 동안 매일 두 시간 이상 위대한 인문고전을 남긴 진짜 천재들에게 개인지도를 받는다면 우리는 어떻게 될까?

위대한 천재들에게 매일 두 시간씩 개인지도를 받는다면 우리는 분명 위대한 삶을 살게 될 것이다. 그런데 인문고전 중에 고전은 성경이다. '사람들이 쓴 책'으로도 사람들이 이렇게 큰 영향을 받고 위대한 인물로 성장할 수 있는데 하물며 '성령으로 감동된 사람들을 통해 하나님이 쓴 책'(벧후 1:21)을 읽으면 어떻게 될까?

성경은 시대 시대에 선한 영향력을 끼쳤던 수많은 사람들의 생각과 언행과 삶에 혁명을 가져왔다. "너희는 여호와의 책에서 찾아 읽어보라 이것들 가운데서 빠진 것이 하나도 없고 제 짝이 없는 것이 없으리니 이는 여호와의 입이 이를 명령하셨고, 그의 영이 이것들을 모으셨음이라"(사 34:16)고 하였다. 천지만물을 창조하고 주권적으로 섭리하며 인간의 생사 화복을 주관하시는 전무후무한 위대한 천재요, 우리를 가장 잘 알고, 우리가 우리를 사랑하는 것보다 더 사랑하시는 하나님께 매일 개인지도를 받는다면 어떻게 되리라고 생각되는가? 성경은 하나님의 말씀으로 검증된 진리다.

## 성경이 하나님의 말씀인 증거

a. 성경 내용의 정직성  성경은 하나님께서 성령의 감동하심을 받은 사람들을 통해 하나님 자신과 그의 피조물에 대해 계시한 책이다(벧후1:21). 구약 성경을 보면 "여호와께서 말씀하시기를"이라는 말이 2천번 이상 나오는데 이것은 성경의 원저자가 하나님이시며 성경이 하나님의 말씀이라는 것을 증거하고 있다. 일반적으로 자기 조상에 대해 기록할 때는 좋은 점만 이

야기하고 그의 업적을 과장하는 것이 보통인데 성경에서는 하나님의 관점에서 인간을 비추어 그가 누구일지라도 그의 삶의 발자취와 언행심사를 가감없이 기록하고 있다.

성경은 이스라엘 백성에게 영웅이요, 모범의 표상인 선왕 다윗의 간음사건을 기록할 정도로 정직하다(예: 아브라함, 롯, 베드로……등도) 이는 성경이 인간을 소개하기 보다는 하나님의 주권적 역사를 기록하기 때문이다.

b. 예언의 성취  성경은 하나님의 약속과 뜻이 선포되고 그 약속이 현실에서 이루어진 사실을 무수히 증명하고 있다. 특히 인간을 구원하기 위해 메시아를 약속하셨고(창 3:15) 그 약속을 예수 그리스도를 통해 신실하게 성취하셨음은 가장 좋은 예이다.

성경은 크게 구약과 신약으로 되어 있는데 구약 39권은 히브리어와 아랍어로, 신약 27권은 헬라어로 기록되어 있다. 여기서 말하는 "약(約)"은 하나님께서 인간에게 하신 약속을 의미한다.

구약은 하나님의 말씀에 불순종한 죄로 타락한 인간을 구속하기 위하여 [오실 메시아]에 대한 내용이다. 신약은 구약에서 약속하신 [오신 메시야]가 3년 6개월 동안 증거하신 복음과 그의 제자들을 통해 복음이 어떻게 이방 세계로 확장되어 갔는가를 보여주고 있다. 구약과 신약은 하나의 책으로 신약은 구약의 약속 안에 포함되어 있고, 구약은 신약의 약속 안에 설명되고 있다.

c. 성경 내용의 통일성  구약 성경의 완성 시기는 B.C. 1400년이고 신약 성경의 완성시기는 A.D. 90년경이다. 성경은 1500년 이상에 걸쳐 다른 문화적 형태로 다른 언어, 다른 사회적, 다른 역사적 배경에서 기록되었으나 그 내용의 중심은 인간을 창조하시고 사랑하시며 구원하시려는 하나님의 주권적 섭리가 기록되어 있다. 성령의 감동을 입은 40여명의 각각 다른 사

람들이 약1500년 동안 각기 다른 시대, 다른 장소에서 여러 가지 목적으로 기록했지만 처음부터 끝까지 예수 그리스도를 통한 구원(救援)에 관한 통일된 주제를 다르고 있다.

성경 기록자 40여명의 직업은 사사, 왕, 제사장, 족장, 목자, 서기관, 의사, 어부 등 다양한 직업과 다양한 삶을 살았다. 그럼에도 예수 그리스도를 통한 구원을 말하는 한 가지의 통일성을 가진다는 것은 성경이 곧 하나님의 말씀임을 증거하는 것이다.

d. 성경의 불멸성  베스트셀러라 하더라도 그 수명을 100년을 유지하는 책은 거의 없다. 아무리 훌륭한 작가가 쓴 책이라 해도 성경만큼 많은 사람에게 읽히고 있는 책은 전세계 어디에도 없다. 로마의 디오클레시안 황제(A.D283-316)는 기독교 건물을 파괴하며, 기독교 군인들을 강등 시키고 수많은 그리스도인을 죽인 박해자이다. 그는 당시 세계에 있던 모든 성경을 거두어서 불태웠다.

그는 성경을 태우고 "기독교는 멸절 되었다" 라고 말하였으나 성경은 하나님의 말씀으로 더 많이 보급됨으로 성경의 생명력을 증거하고 있다.

e. 성경의 끊임없는 새로움  성경은 반복해서 읽어도 새로운 깨달음을 얻을 수 있다. 지난 2000년 동안 수많은 성경 연구가들이 성경과 관련한 서적을 저술하고, 설교했는데도 성경의 내용은 고갈된 적이 없으며 지금도 새로운 발견이 계속되고 있다. 이는 하나님의 말씀이 아니면 불가능한 사실이다. 성경의 샘은 언제나 같지만 그 속의 물은 언제나 새로운 생수로 창조되어 샘솟는다. 성경은 과거의 책이 아니라 오늘의 책이며 죽은 말씀이 아니라 살아 역사하는 말씀이다. 성경은 하나님의 실체다. 성경을 통해 하나님과 새로운 사랑을 나누기에 날마다 새롭고, 날마다 하나님의 지혜와 능력을 얻게 된다.

A.D. 412년 어거스틴(Augustine)은 친구에게 "나는 어린 시절부터 백발 노인이 되기까지 모든 여가 시간을 지칠 줄 모르는 열정을 가지고 성경을 상고하여 성경에서 많은 것들을 발견하여 왔지만 지금도 날마다 그 속에서 새로운 보화를 발견하며 발전하고 있다"고 편지를 보냈다.

f. **성경의 영향력** 나무가 어떤 나무인지 구분이 가지 않을 때는 그 열매를 보면 알 수 있듯 지구상에 존재하는 수많은 국가와 사람들에 의해 [성경이 하나님의 말씀]이라는 사실이 열매로 검증되었다. 아니, 누가 검증해 주지 않아도 성경에 나온 말씀은 진리다.

성경이 어떤 책인가는 성경을 읽은 사람의 삶과 생각의 변화를 보면 알 수 있다. 시대를 움직였던 세계적인 철학자, 인류역사에 커다란 발자취를 남긴 세계적 과학자 등 수많은 사람들은 성경을 봉독하는데 힘썼다. 인생의 의미와 희망과 용기를 주었던 세계적인 문학가, 삶의 질곡을 진실과 성실로 극복하고 위대한 삶을 살았던 인생의 스승들은 모두 하나님의 말씀인 성경을 통해 자신의 오늘이 있었음을 고백하고 있다.

성경이 들어간 나라마다 문화가 발전했다. 악질 깡패를 변화시켜 그리스도의 종으로 만들고, 환경과 사람을 변화시키고 사회와 국가를 변화시키고 악을 선으로, 가난을 부요(富饒)로 변화시켜 왔다. 성경이 들어간 곳은 개인이나 사회나 국가에 인간의 존엄과 평등과 자유가 확장되고 인류 역사의 발전을 가져왔다. 역사상 가장 존경받는 위대한 인물들은 모두 성경을 삶의 최고 가치로 여겼다. 미국 국민들에게 가장 존경받는 대통령들도 성경을 통해 하나님의 실존과 사랑과 능력과 약속의 신실함과 영원함을 알고 확인하며 살았다.

조지 워싱턴은 "성경이 아니면 세계를 다스릴 수 없다"고 했고, 토마스 제퍼슨은 "미국은 성경을 반석으로 삼아 서 있는 나라다" 라고 했다. 아브라함 링컨은 "성경은 하나님께서 주신 가장 귀한 선물이다"라며 전쟁터에서도 애독하여 격무 중에서도 신 구약 성경을 265번이나 읽었다. 데오도르 루즈벨트는 "어떤 방면에서 일하는 사람이든 그가 자신의 생을 참되게 살기를 원한다면 성경을 봉독하길 권한다" 고 말했다. 뿐만 아니라 성경은 정치 경제 문화 예술 모든 분야에도 지대한 영향을 끼쳐왔다. 렘브란트, 미켈란젤로, 다빈치, 라파엘로와 같은 화가들은 모두 성경에서 영감을 얻은 화가들이다. 베토벤, 모차르트, 하이든, 바흐, 헨델과 같은 음악가들도 모두 성경에서 영감을 얻은 음악가들이다. 모차르트는 모든 작곡을 다 마쳤을 때에 자신의 이름을 사인하지 않고 오직 하나님의 영광이란 뜻의 약자로 사인을 했다고 한다.

한 조사에 의하면 세계에서 가장 큰 영향을 끼친 100명 가운데 90명이 성경을 애독한 사람이라고 한다. 이렇듯 성경은 사람을 지혜롭게 만들고 마음의 뜻과 생각을 형성한다. 칸트는 "성경이 있다는 것이 인류 최대의 축복이다"라고 하였다. 성경을 읽는 것이 복이며 성경이 하나님의 말씀인 것을 믿고 아는 것이 축복이다. 하나님의 말씀인 성경 속에 진리가 있고 행복한 삶의 원리가 있다. 하나님의 말씀인 성경을 읽을 때 하나님을 알게 되고, 그 때에 비로소 우리는 자신의 존재가치를 알게 되며 삶의 분명한 목적을 발견하게 된다. 성경이 인생의 해답이다.

성경이 몇명의 특별한 사람들 만을 변화시킨 것이 아니다. 성경은 인류 역사상 수많은 사람들을 변화시켜 왔다. 성경이 들어가는 곳에서는 가정이 변하고, 사회가 변하고, 나라가 달라졌던 것을 역사가 증명해 주고 있다. 이러한 사실들을 통해 우리는 성경이 인류 역사를 움직여 왔던 것을 인정하지 않을 수 없다. 우리는 성경을 통해서만 우주 만물을 창조하신 분이 누구인가를 알 수 있고, 우주 만물을 다스리시는 절대주권자가 누구인가를 알 수 있다. 우리는 성경을 통해서만 죽음이 끝이 아니라 영원한 세계의 시작임을 알 수 있다. 성경은 수 세기 동안 셀 수 없을 만큼 수많은 사람들과 국가와 역사가 하나님의 말씀으로 검증한 진리다. 이 검증된 진리를 믿지 않는 한 행복할 수 없다. 성경을 하나님의 말씀으로 믿는 만큼 행복하고, 성경을 하나님의 말씀으로 믿고 순종하는 만큼 성공적인 삶을 살게 된다. 성경에는 인생에서 발생하는 모든 문제들의 해답이 있다. 성경이 해답이다. 우리는 성경을 입체적으로 봉독할 때 [성경이 하나님의 말씀]이라는 확신을 갖게 된다.

## 둘째 창조주 하나님의 주권적 섭리를 알게 된다

하나님은 사람의 눈에 보이지 않는다. 그것은 하나님이 존재하지 안 해서가 아니라 하나님이 영(spirit)이시기 때문이다(요4:24). 그러기에 하나님은 우리 육의 눈으로는 결코 볼 수 없다. 그러나 그 분이 존재하고 계신다는 사실은 인류 역사가 증명하고 있으며, 의심 많은 도마처럼 확인하려 했던 수많은 사람들과 검증된 진리인 성경에 의해, 증명되어 왔다. 또한 영안(靈眼)이 열리면 하나님을 볼 수 있다.

사람의 눈에는 육안(肉眼)이 있고(사물을 분별하는 눈) 지안(智眼) 도 있고(과학자의 눈, 예술가의 눈처럼 자기 분야를 지식적으로 분별할 수 있는 눈) 영안(영적 역사를 볼 수 있는 눈)도 있다. 영안(靈眼)은 성경을 통해 거듭난 자의 눈을 말한다.

예수님이 니고데모에게 말씀하신 것처럼 오직 거듭나야만 하나님 나라를 볼 수 있고, 하나님의 역사를 볼 수 있고, 하나님을 볼 수 있다(요 3:3-8). 성령님이 내 눈을 열어 주셔야 만 하나님을 볼 수 있다. 신앙이란 사람의 눈으로는 보이지 않는 하나님을 영(靈)의 눈으로 보면서 하나님 앞에서 하나님과 함께 사는 삶이다.

## 하나님은 어떤 분이신가?

어떤 사람은 인간의 이성에 의한 과학적 증명이 없이는 하나님을 믿을 수 없다고 한다. 그러나 하나님은 지금도 살아 계셔서 자신이 하신 말씀 즉 계시를 통하여 하나님 자신을 우리에게 보여주시고, 그의 말씀을 간절히 듣기 원하는 자에게 성령님을 통하여 말씀한다. 하나님은 모세와 선지자, 또 사도들에게 말씀하신 것처럼 오늘날도 우리에게 말씀하신다. 그런데 문제는 이성적이며 불가지론적인 사고를 가진 사람들은 하나님의 실존을 볼 수 없고 하나님의 음성을 들을 수 없다는 것이다. 우리는 하나님의 실존과 계획과 섭리를 알아야 한다.

### a. 하나님을 알아야 하는 이유

인간은 자신을 창조한 하나님을 알 때 비로서 행복을 얻게 된다. 하나님을 아는 것은 돈이나 명예보다도 더욱 중요한 인생의 목표다.

제임스 패커는 자신의 책 "기독교를 아는 지식"에서 "하나님을 안다는 것은 인간을 존귀하게 하는 것이며, 인간의 참된 목적이며, 궁극적 성취"라고 했다. 인간에게 가장 중요한 일이란 이 세상의 어떤 것보다 이 세상을 창조, 섭리하시고 우리 삶을 주관하시는 하나님을 바로 아는 것이다(호 6:6).

### b. 하나님을 어떻게 알 수 있나?

천지를 창조하신 하나님을 어떻게 알 수 있을까? 사람들은 세상의 많은 종교를 통하여 신을 만나려고 시도했다. 종교적인 인간은 그 마음이 본능적으로 신을 향하여 열려 있으며 그의 존재를 인정하고 있다. 그러나 죄를 범한 인간은 신을 바르게 이해하지 못하고, 신을 보이는 어떤 형상으로 만들어 섬기게 되었다. 그러나 인간이 만든 종교에 의해서는 하나님을 진정으로 알 수 없다.

이성과 자연의 원리와 현상을 통하여 하나님의 존재하심을 간접적으로 어느 정도는 알 수 있으나, 창조주 하나님을 인격적이며 구원을 주시는 분으로 깨달을 수 없다. 하나님은 하나님을 알도록 두 가지 방법으로 자신을 계시하여 주셨다.

일반 계시(=자연계시)와 특별 계시다. 계시에 대한 국어 사전적 의미는 '사람의 지혜로는 알 수 없는 진리를 신(神)이 깨우쳐 알게 하는 것'이라고 하였다. 즉 계시(啓示)란 신이 가르쳐 주지 않으면 전혀 알 수 없는 것을 말한다. 하나님께서는 우리에게 진리를 보여주는 방법으로 두가지를 사용하고 있다. 그것은 일반계시와 특별계시로 분류한다.

### ① 일반계시

일반계시란 특별계시보다 앞서서 적용되는 보편적 계시를 말하며 사람에게 구두로 전달되는 것이 아니라 우주적 현상과 자연적 현상을 통하여 나타나는 것이다. 이것은 하나님께서 우주를 창조하시고 모든 만물을 지으신 까닭으로 일어나는 현상으로 모든 사람이 볼 수 있지만 모든 사람이 느끼고 깨닫는 것은 아니다.

성경은 "하늘이 하나님의 영광을 선포하고 궁창이 그 손에서 하신 일을 나타내는 도다"(시 19:1)고 했고 "하나님의 영원한 능력과 신성이 그가 만드신 만물에 분명히 보여 알려졌나니 그러므로 그들이 핑계하지 못할지니라"고 했다(롬 1:19). 그러나 일반계시(=자연계시)만으로는 인간이 하나님을 올바르

성경이 해답이다

게 이해할 수 없고, 인간의 구원의 문제를 해결해 주지 못한다. 일반계시는 인간이 죄인이라는 사실을 알려 주지 못하며, 죄인이 어떻게 구원을 받고 영생을 얻을 수 있는지 말하지 못하며, 인간이 어떻게 창조주 하나님과 바른 관계를 회복할 수 있는지에 대해서 그 방법을 제공하지 못한다.

성경은 이런 자연계시의 불완전함은 죄 때문이라고 말한다. 인간의 죄가 자연의 현상에 나타난 오묘한 계시를 바르게 이해하지 못하게 하며, 심지어 인간을 잘못된 방향으로 이끈다. 성경은 최초 인간이었던 아담이 하나님의 계명을 어기므로 말미암아 죄가 세계에 들어왔다고 말한다. 따라서 일반계시의 한계를 극복하기 위해서는 필연적으로 특별한 계시가 있어야 한다.

② 특별 계시

일반계시가 자연 속에 하나님의 섭리와 조화가 조명되어 있다면, 특별계시는 하나님의 말씀 즉 성경을 통하여 조명되어 있고 성령을 통하여 깨닫게 하는 구원자를 위한 특별한 은혜의 계시를 말한다. 특별계시는 일반계시를 벗어난 전혀 다른 것이 아니다. 일반계시를 깨닫지 못하는 여호와의 백성들에게 특별한 계시를 통하여 일반계시를 깨닫게 하는 상호 보완적인 관계가 두 계시(啓示)간에 작용하고 있다. 구약성경에서 특별계시가 하나님의 현현하심과 간접적인 관여로 나타났다면, 신약 성경에서는 예수님을 통하여 구체적이고 직접적으로 보여주셨으며, 현재에는 신 구약 성경 66권 말씀대로 늘 우리 곁에서 성령으로 역사하고 있다.

특별계시의 핵심은 하나님의 아들이신 예수 그리스도가 인간의 죄 때문에 오셨다는 것을 말씀한다. 성경의 중심은 바로 사랑의 주님이신 예수 그리스도다. 우리는 성경을 통하여 하나님을 알 수 있다. 왜냐하면 하나님 자신이 자기에 대하여 기록한 책이기 때문에 성경을 통해서만 창조주 하나님을 바르게 알 수 있다. 그런데 성경은 우리가 어떻게 하나님을 알 수 있는 가에 대한 답으로 믿음을 말한다. 우리는 하나님을 알기 위해서 왜 이성을 강조하지 않고 믿음을 강조하고 있는지에 대해서 의아하게 생각할 수 있다. 그러나 영이시며 무한(無限)한 하나님을 '허물과 죄로 죽은'(엡 2:1) 인간의 이성으로는 알 수 없기 때문에 믿음이 필요하다. 따라서 이때의 믿음은 어떤 비역사적이며 비현실적인 가상세계의 존재를 가정하고 받아들이는 것이 아니다. 실제로 존재하시고 세계를 통치하시며 지금도 인간에게 말씀하시는 살아 계신 전능한 하나님을 우리가 가시적으로 이성적으로 파악할 수 없기 때문에, 그의 존재와 주권과 섭리하심을 믿음으로 받아들이는 것이다. 믿음이란 이성의 한계를 넘어 영적 세계에 계신 하나님을 받아들이는데 필요한 수단이며 도구다. 눈이 나쁜 사람이 안경을 써야 잘 보이듯이, 마치 박테리아가 안 보이지만 현미경을 통하여 볼 때 그 존재를 알 수 있는 것처럼, 믿음의 방법을 통하여 하나님의 실존적 역사를 알 수 있는 것이다.

또한 우리는 예수 그리스도를 통해서 하나님을 알 수 있다. 하나님은 성부 하나님, 성자 하나님, 성령 하나님으로 존재하신다. 성자 하나님이신 예수 그리스도는 성부 하나님과 본질 상 완전히 동일하시다. 따라서 그리스도를 본 자는 하나님을 본 것과 같다. 예수의 제자 가운데 빌립이란 사람이 예수께 질문하기를 하나님 아버지를 우리에게 보여주시면 족하겠다고 했을 때 예수께서 빌립에게 "내가 이렇게 오래 너희와 함께 있으되 네가 나를 알지 못하느냐 나를 본 자는 아버지를 보았거늘 어찌하여 아버지를 보이라 하느냐?"(요 14: 8-9)고 말씀하셨다.

또 예수님은 자신과 하나님 아버지는 하나라고 말씀하셨다(요 10:30). 이 말씀은 바로 예수 그리스도가 하나님이신 것을 증명해 주신 것이다. 따라서 예수를 아는 것이 하나님을 아는 것이다. 예수 그리스도를 믿는 것은 이 세상을 창조하신 바로 그 하나님을 믿는 것이다. 하나님과 예수님은 다르지만 같은 분이다.

결론적으로 하나님을 아는 방법은 철학이나 과학 혹은 종교적 수양을 통하여서 아는 것이 아니다. 자연 속에 있는 신비한 원리와 현상을 통해서 창조주이시며 구원자 이신 하나님을 바르게 알 수 없다. 그분을 아는 방법은 성경에서 말씀하시는 [주 예수 그리스도]를 믿음으로써 올바르게 알 수 있다.

하나님 자신이 스스로 나타내는 것을 계시라고 하는데 그 계시는 바로 성경이다. 이 특별 계시인 성경을 통하여 그를 바르게 알고 이해할 수 있고 믿을 수 있다. 그런데 하나님의 말씀을 어떤 관점에서 보는가는 매우 중요하다. 단지 문학서적이나 종교서적으로 보았을 때는 의미가 없지만 하나님이 직접 말씀하신 계시를 수천년 동안 수많은 사람들에 의해 검증된 진리로 믿는 사람은 누구나 영생과 행복이 보장된다. 성경은 "성령의 감동하심을 받은 사람들이 하나님께 받아 말한 것이다"(벧후 1:21) 따라서 인간의 이성을 넘어서는 사건들은 믿음으로만 이해되고 알게 된다.

존 칼빈은 그의 책 〈기독교 강요〉의 첫 장에서 "인간이 하나님을 알지 못한다면 인간은 자신을 알 수 없다"고 했다. 그러므로 나의 존재를 바르게 알기 위해서도 하나님을 올바르게 알아야 한다. 인간은 하나님의 창조와 구속과 섭리를 알아야 자신이 어떤 존재이며, 무엇을 위해 누구와 함께 어떻게 살아야 하며, 어디로 가는가를 알게 되며 그때 비로서 기쁨과 평안과 소망 가운데 살게 된다. 성경을 입체적으로 봉독할 때 창조주 하나님의 주권적 섭리를 알게 된다.

셋째 예수님이 [주 예수 그리스도]임을 알게 된다.

예수님께서는 오늘 날도 사람들에게 "너희는 나를 누구라 하느냐"고 물으신다. 우리는 성경을 통해 그 답을 찾고 정립해야 한다.

### 1) 예수님의 수제자인 베드로

"주는 그리스도시요, 살아 계신 하나님의 아들이시니이다"(마 16:17)고 했고, 예수님의 부활을 목격한 도마는 "나의 주님이시요, 나의 하나님이시니이다"(요 20:28)라고 신앙을 고백했다.

### 2) 부활한 예수를 만나 동행한 바울 사도

골로새서 1장 15-18절에 예수님은 하나님의 형상(15절)이요, 만물의 창조주시요(16절), 만물의 섭리주시요(17절) 교회의 통치자이시며(18절 상), 부활의 주재자(18절 하)라고 성령의 감동으로 신앙을 고백했다. 함께 상고(행 17:11)해보자.

① 예수님은 하나님의 형상이시다(골 1:15)

골로새서 1:15절에 "그는 보이지 아니하는 하나님의 형상이요 모든 피조물보다 먼저 나신 이시니"라고 했습니다. 예수님은 그 "보이지 아니하시는 하나님"(딤전 6:15-16, 히 11:27)을 인간에게 나타내시는 '하나님의 형상'이시다.

고후 4:4절도 그리스도는 "하나님의 형상" 이라고 했다 요한복음 14:9절에서 예수님은 "나를 본 자는 아버지를 보았다"고 하셨다. 그것은 실체, 본성, 그리고 영원성에 있어서 하나님과 그리스도가 완전한 동등성을 갖는다는 것을 의미한다.

성경이 해답이다

골 1:15에 "그는 보이지 아니하시는 하나님의 형상이요"는 예수님은 하나님이시며 보이지 아니하시는 하나님의 모습이라는 말씀이다.

하나님은 눈으로 볼 수 없다. 하나님은 어떤 형체를 갖고 계시지 않는다. 그 분은 완전하시고 순수한 영(靈)이다. 하나님은 인간이 감각(感覺)할 수 없는 영적 존재이시다(요 4:24). 그래서 우리는 그 분이 어떤 존재 방식으로 계신지 전혀 알 수 없다. 우리는 그 분의 형상을 상상할 수 없다. 도대체 하나님이 어떤 성품이신지 어떻게 사시는지 전혀 알 수 없는데 보이지 않는 하나님이 놀랍게도 보이는 방식으로 오셨다.

그 분이 바로 [주 예수 그리스도]이시다. 그래서 예수 그리스도는 보이지 않는 "하나님의 형상"이라고 말씀했다. 보이지 않는 하나님이 눈에 보이는 사람이 되어 오셨기 때문이다. 하나님과 똑 같은 분이 눈에 보이는 사람으로 오셨다. 그래서 예수님을 하나님의 형상이요 보이는 하나님이시라고 고백한 것이다.

요한 사도는 요 1:18에 "본래 하나님을 본 사람이 없으되 아버지 품속에 있는 독생 하신 하나님이 나타나셨느니라"고 했다. 이 세상의 어느 누구도, 하나님을 본 사람은 없다. 또한 하나님을 볼 사람도 없다. 그 분은 영이시며 그 분은 절대 거룩하신 분이기 때문이다. 그런데 하나님이 사람의 모습으로 오셨다. 하나님의 아들께서 보이는 하나님으로 오셨다 그래서 예수님은 '하나님을 보여 달라'는 제자들에게 요 12:45에 "나를 보는 자는 나를 보내신 이를 보는 것이니라"고 말씀하셨다 예수님은 자신이 하나님이심을 선언하셨다(요 14:9). 그리고 모든 사도들도 예수님이 하나님이심을 순교하면서 증거했다.

예수님은 "모든 창조물보다 먼저 나신 자" 다. 여기 "먼저 나신 자"란 모든 창조물이 예수님으로부터 시작되었다는 말씀이다.

② 예수님은 만물의 창조자이시다(골 1:16)

"만물이 그에게서 창조되되 하늘과 땅에서 보이는 것들과 보이지 않는 것들과 혹은 왕권들이나 주권들이나 통치자들이나 권세들이나 만물이 다 그로 말미암고 그를 위하여 창조되었고"(골 1:16)라고 했다. 만물이 그에게서 창조되었다. '그에게'는 그리스도가 창조의 실재적 주역임을 말해 준다. 본 절의 후반부에 나오는 "그로 말미암고 그를 위하여"라는 표현은 이것을 더욱 분명하게 나타내 준다. 그리스도는 창조의 원인이자 목적이시다.

모든 피조물은 그에게서 나왔고, 그를 위하여 존재하며 그를 향하고 있다(요 1:3, 히 1:2) "만물이 그로 말미암아 지은 바 되었으니 지은 것이 하나도 그가 없이는 된 것이 없느니라"(요 1:3) "또 그로 말미암아 모든 세계를 지으셨느니라"(히 1:2)고 했다. "만물이 다 그로 말미암고 그를 위하여 창조되었고'(16절 후반절) 이것은 본 절 초두의 '만물이 그에게 창조되되"란 말에 대한 해석이다. "그로 말미암고"란 말은 그리스도의 전능하신 창조 행위로 말미암아 만물 창조가 실현되었다는 의미다. "그를 위하여"란 말은 만물 창조의 목적이, 만물은 그들 자체의 영광을 위해서 존재케 된 것이 아니라, 주님의 영광을 위하여 창조된 것이다.

③ 예수님은 만물을 통일하고 보존하는 섭리 주이시다(골 1:17).

"또한 그가 만물보다 먼저 계시고 만물이 그 안에 함께 섰느니라"(골 1:17) 그리스도는 만물의 통일의 원리이며 모든 창조물을 유지하는 분임을 말해 준다. "또한 그가 만물보다 먼저 계시고" 15절 끝의 "모든 피조물보다 먼저 나신 자"로 그리스도의 초월적 선재성을 의미하는 바 그가 만물을 창조하시고 그 만물의 발달, 통일, 보존을 섭리하시는 주재자이심을 가리킨다. 그리스도는 온 우주에 혼돈 대신 조화를 가져다 주는 통합의 주체 이신 것이다. "만물이 그 안에 함께 섰느니라" 곧 그리스도의 선재성이 만물에 미치는 결과를 말한다. 만물이 "함께 섰다"는 것은 그리스도께서 초월적으로 먼저 계셨기 때문에 만물이 통일되고 또 보존되고 있다는 것이다.

④ 예수님은 교회의 통치자시다(골 1:18 상)

성경은 교회를 가리켜 "그(주 예수 그리스도)는 몸인 교회의 머리"(골 1:18)라고 한다. 성경은 왜 "교회를 그리스도의 몸"(엡 1:23)이라고 하였을까? 그리고 교회가 어떻게 그리스도의 몸이 될 수 있을까? 먼저 교회가 무엇인지 생각해야 한다. 먼저 우리는 교회라고 하면 보이는 건축 형식의 성전을 생각한다 그러나 실제로 그런 건축 형식의 성전은 교회가 아니다. 하나님께 예배하는 장소에 불과하다. 실제로 교회는 [그리스도에 의해 불러냄을 받아, 예수 그리스도를 주로 고백하므로, 그리스도와 함께 죽고, 그리스도와 함께 살림을 받은](엡 2:5-6) 즉 [그리스도의 생명에 참여하여 그리스도와 하나가 된](갈 2:20) 사람을 말한다.

예수를 주로 고백한 사람이 성경에서 말하는 교회다(마 16:16-18). 바울이 "너희가 바로 하나님의 영이 거하는 성전임을 알지 못하느냐"(고전 3:16)하는 말의 뜻이 여기에 있다. 이런 의미에서 바울은 그리스도에 대해서 그는 "몸인 교회의 머리"(엡 1:22)라고 한 것이다. 몸이 전적으로 머리에 의존되어 있는 것처럼 말이다. 그러므로 이제 우리는 그리스도를 쫓아야 한다. 왜냐하면 육은 죽고 영으로 거듭나 하나님께 대하여 산 자가 되었기 때문이다(롬 6:11). 그런데 아직도 자신의 욕망을 쫓아서 살고 있다. 보는 것에 의존하며 세상의 풍조에 현혹되고 있다. 그것은 우리의 머리 이신 그리스도를 붙들지 않는 까닭이다. "그는 몸인 교회의 머리시라 그가 근본이시요"(골 1:18) 바울은 교회를 몸에 비유하여 설명함으로써 성도들 상호간의 유기체적 관계와 통일성(롬 12:4-5)을 강조하였다.

• 그러면 교회를 가리켜 "그리스도의 몸"(엡 1:23)이라고 한 이유는 무엇인가?

ㄱ) 우리가 우리 몸을 아끼듯 예수께서 교회를 사랑하시기 때문이다(엡 5:29-30).

ㄴ) 성도들은 한 몸에 있는 지체들이 서로 애호함과 같이 화합하여 상부상조하기 때문이다(고전 12:26, 엡 4:16, 엡 5:30).

ㄷ) 사람의 몸이 하나인 것처럼 진정한 교회는 하나이기 때문이다(엡 4:13) .

ㄹ) 교회는 그리스도와 연합되어 동고동락하기 때문이다(딤후 2:11-12, 계 1-9. 3:21).


• 그리스도를 가리켜서 '교회의 머리'(엡 1:22)라고 한 이유는 무엇인가?

ㄱ) 그리스도는 신자들을 대표하는 역할을 하시기 때문이다(롬 5:15-17). 머리는 인격을 대표하는 중요한 부분이다. 하나님께서는 성도들을 그리스도 안에서 보신다.

ㄴ) 그리스도는 성도들의 인도자요, 지휘자이시기 때문이다(히 6:20, 히 12:2).

ㄷ) 그리스도는 교회가 받는 모든 축복의 근원이신 까닭이다(요 1:16, 엡 4:7-8). 그리스도가 아니면 우주 창조가 성립될 수 없음과 같이 그리스도가 없으면 교회도 존재할 수 없다. 교회를 주님의 몸이요, 주님의 머리라고 표현할 만큼 중요하다. 교회가 없이는 완전한 구원을 이룰 수 없다. 하나님은 창조시에는 가정을 주었고, 구원시에는 교회를 주었다. 가정은 작은 교회요, 교회는 큰 가족이다. 교회는 지상에 있는 하나님의 나라다. 하나님은 가정을 통해 사람을 만들고 교회를 통해 그리스도인을 만든다.

성경이 해답이다

⑤ 예수님은 부활의 주재자이시다(골 1:18)

"죽은 자들 가운데서 먼저 나신 이시니 이는 친히 만물의 으뜸이 되려 하심이요" "죽은 자들 가운데서 먼저 나신 자"는 그리스도께서 어떻게 교회의 근본이 되시는 지 그 이법(理法)을 잘 밝혀준다.

"먼저 나신 자"란 말은 [주재자(主宰者)](=어떤 일을 중심이 되어 맡아 처리하는 사람)을 의미하는 바 그리스도께서는 모든 죽은 자들 가운데서 오직 홀로 죽음을 이기셨으며 "사망과 음부의 열쇠를 가지시고"(계 1:18) 성도들을 죽음에서 해방시켜 부활케 하신다(계 20:11-15) "사망이 한 사람으로 말미암았으니 죽은 자의 부활도 한 사람으로 말미암는도다"(고전 15:21) 이런 의미에서 예수님은 부활의 주재자이시다.


### 3) 사도신경(성도들의 신앙고백)

성도들이 예배때마다 사도신경으로 신앙을 고백하는 이유는 사도신경 속에 예수님이 누구이며, 어떻게 오셨으며, 어떤 것을 이루셨으며 무엇을 약속했는가를 축약해 주고 있기 때문이다. 사도 신경은 문자 그대로 믿음의 핵심을 요약해 놓은 것이다.

성경은 방대한 책이기 때문에 성경을 통독하여 내용을 체계화한다는 것은 어려운 일이다. 믿음의 내용을 체계화한 사도신경을 성경 말씀으로 깊이 상고하여 예수가 누구인가를 바르게 알고 예수를 [주 예수 그리스도]로 믿고 섬기며 살아야 한다.

① 예수님은 하나님의 외아들이시다.

사도신경은 예수님에 대해 [그 외아들 우리 주 예수 그리스도를 믿사오니]라고 고백한다. 우리가 예수를 믿는다고 하는 것은 예수님을 하나님으로 믿는다는 뜻이다. 곧 예수 그리스도가 참 하나님이자 참 인간이라고 믿는 것이다. 온전히 하나님으로 믿고, 완전한 사람으로 믿는 것이다. 이 믿음이 기독교 2천 년 전통에 연면(連綿)히 흐르는, 예수를 믿는다고 하는 우리들의 신앙 고백이다.

"그 외아들" "하나님의 아들" "독생자" - 이것은 신학의 상징적 용어다. 신학적으로 하나님과 같다는 뜻으로 쓰인 말이 바로 "하나님의 아들"이다. "외 아들"이란 하나님과 비슷한 분이 아니라 "하나님 자신"이라는 것이다 [예: "또 다른 보혜사"(요 14:16)=예수] "하나님이 세상을 이처럼 사랑하사 독생자를 주셨으니"(요 3:16) 하나님께서는 외아들, 독생자를 주셨다는 말씀을 통하여 우리에게 전달하고자 하는 것은 바로 하나님의 사랑이다. 하나님의 큰 사랑을 이보다 더 강하게, 이보다 더 온전하게 나타낼 수는 없다.

우리가 특별히 인식해야 할 것은 "외아들", "아들"이란 쟁취에서 얻는 신분이 아니다. 빼앗아서 얻는 지위가 아니며, 시험에 합격해서 얻는 것도 아니다. "외 아들"로 태어나서 "외 아들"이요, 아들로 태어나서 아들이다. 이렇듯 예수님께서 하나님의 외아들 되심은 본래적인 것이지 우연적인 것이 아니다. 일시적인 것이 아니라 영원한 것이다. 예수님께서 하나님 되심은 일시적인 것이나 우연한 것이거나 얻어진 신분이 아니다.

"하나님의 아들"이라고 함은 하나님과 같다는 동등성, 동일성을 말하는 것이다. 동시에 아버지와 아들 사이에 존재하는 예속성을 말하고 있다. 같기도 하고 다르기도 하다. 무릇 아버지와 아들은 서로 같은 것 같으면서도 다르다. 아들은 아버지와 무엇이 닮아도 닮았다. 그러나 서로 엄연히 다르다.

하나님께서 그리스도 안에 오셨고 우리를 위하여 고난을 당하셨다. 예수님께서 하나님 되심을 믿을 때에 비로소 그리스도와 나와의 생명적 관계가 바로 맺어질 수 있다. 그것을 믿지 않는다면 예수와 나는 생명적 관계는 맺

성경이 해답이다

어질 수가 없는 것이다. 하나님께서는 하나 밖에 없는 독생자를 주시기까지 우리를 사랑하신다(요 3:16).

사도 바울은 "자기 아들을 아끼지 아니하시고 우리 모든 사람을 위하여 내주신 이가 어찌 그 아들과 함께 모든 것을 우리에게 주시지 아니하겠느냐(롬 8:32)"고 하였다. 바로 이것이다. 외아들을 내어 주시는 거룩한 사랑이 우리에게 무엇을 아끼시겠는가? 내(우리)가 그 사랑을 받았다. 그 사랑 안에 내(우리)가 살고 있다. (내)우리가 처한 이 형편, 이 처지 그대로의 (내)우리를 하나님께서는 독생자를 주신 그 사랑으로 한 결 같이 사랑하신다. 그 사랑 안에 내(우리)가 있다.

② 예수님은 [우리 주 예수 그리스도] 이시다.

우리는 사도신경에서 [그 외아들 우리 주 예수 그리스도를 믿사오니]라고 아들 하나님을 [우리 주 예수 그리스도]라고 지칭한다.

우리/주/예수/그리스도/의 네 단계다. 이 네 단계의 고백에 아들 하나님께 대한 신앙고백의 내용이 총괄적으로 담겨 있다.

ㄱ) 먼저 "우리" 라는 말이다. "우리" 라는 낱말이 매우 중요한 의미를 담고 있다. 기독교는 언제나 "우리" 라는 개념이 "나"라는 개념을 앞선다. 공동체 의식이다. "나"는 같은 신앙을 고백하는 공동체 "우리"의 일원이 된다. 하나님 가정의 한 식구가 되는 것이다.

공동체적 신앙 안에서 유기적으로 연결된다. 그래서 '우리'라고 하는 말이 중요하다. 이방 종교(異邦宗敎), 이방 사교(異邦邪敎)는 어느 한 사람의 체험에서 비롯된 것이다. 그러나 기독교는 사도들의 공동체험으로 이루어졌다. 사도들 전체가 우리에게 증거해준 것이다. 열한제자가 모두 순교를 기꺼이 맞이할 만큼 공통적으로 확실한 체험을 했다. 기독교 신앙의 확실성은 사도들의 공동체적 체험 고백이다. 예수님의 생애, 십자가 사건, 부활을 그들 모두가 똑같이 목격했고 증거해 준다. 예수님의 십자가에 못 박힘과 부활하심과, 부활하신 예수님을 보았노라고 증거한 사람만 해도 열한 제자와 70여 형제와 오백 문도가 엄연히 존재한다. 얼마나 많은 사람들이 복음을 위하여 순교했는가? 이러한 공동체적 체험에 근거해서 교회가 세워졌다. 어떤 한 사람의 고백이 아니다. 우리는 교회 안에서 함께 보편적으로 우리의 신앙을 고백하는 것이다.

ㄴ) 다음은 "예수"를 먼저 생각해 보자. 예수는 "여호와께서 구원하신다"(마 1:21)라는 뜻을 가진 히브리말 "요수아"의 헬라말 표기다. "여호와께서 구원하신다"라고 하는 뜻의 "예수" 그 이름 자체가 예수님의 생애를 함축하고 있다. 우리에게는 예수라는 인물이 실제 존재했다는 역사적 사실이 있다. 초대교회로 돌아가 보면 더 중요한 의미가 되는데 예수님의 인성(人性)을 말하는 것이다. 노스틱주의자들(영지주의자들)은 예수님을 극진히 높인 나머지 예수님께서 볼 수 있는 몸(seeing body)으로 오셨던 것일 뿐 실제로 몸이 있었던 것은 아니라고 주장한다. 특히 예수님께서 십자가에 돌아가신 사건은 완전히 환상으로 돌려버린다.

하나님의 아들이 어떻게 십자가에 달려 죽을 수 있겠느냐, 더구나 당신의 제자에게 팔렸다는 것은 말도 안 된다며 예수님을 지극히 신성시하여 그 신성만 인정하고 인성은 부정한다. 그 때문에 사도 요한은 요한일서 4장에서 예수님께서 육체로 오신 것을 시인하지 아니하는 사람마다 이단이라고 말씀한다. 뿐만 아니라 사도 요한은 또 "우리가 들은 바요, 눈으로 본 바요, 주목하고 우리 손으로 만진 바라(요일 1:1)"고 강조하고 있다. 예수님의 고난이 의미를 가지는 것은 그가 참 육체로 오신 인간이기 때문이다. 마치 도깨비와도 같이 환상으로 나타났다 사라지신 것이라면 예수님의 십자가 고난은 무의미하게 된다. "성육신(成肉身)"은 그리스도 안에서 하나님이 인간이 되었다는 진리이다.

ㄷ) 예수님께 드리는 세번째 고백은 "그리스도"다. "그리스도"는 직명(職名)이다. "예수"는 한 개인의 이름이고 "그리스도"는 그 이름 뒤에 붙는 신분인 셈이다. "그리스도"는 히브리말 "메시아"에서 나온 말이다. 그 옛날 히브리에서는 왕이나 제사장이나 선지자는 다 기름부음을 받았다. 그 때문에 예수님을 일컬어 왕, 제사장, 선지자라 하는 것을 성경에서 볼 수 있다 그러나 "메시아"는 그런 뜻 만을 가진 것이 아니다. 왕이나 제사장이나 선지자를 가리켜 "메시아"라 일컫지는 않는다. "메시아"는 위의 세 직분을 다 통합한 의미의 이상적인 직분이다.

하나님께서 친히 계시하시고(=선지자), 하나님께서 친히 다스리시고(=왕), 하나님께서 친히 속량(贖良)하시고(=제사장), 그 일을 대행하는 하나님의 종말론적 계시자인 예수님이 바로 그 메시아인 것이다. 그리스도는 왕이며 제사장이며, 선지자로 하나님 나라를 친히 다스리신다. 이것이 영원한 '그리스도'께 드리는 우리의 신앙고백이다.

ㄹ) 끝으로 '주'에 대해 상고해 보자. 첫째: 주(主)의 헬라말 "퀴리오스"는 일반적으로 노예가 주인을 향해서, 백성이 왕을 향해서 부를 때에 쓰던 말이다. 우리는 그리스도의 종이다. 그러므로 절대충성을 고백하여 "주"라고 부른다.

둘째: 그리스도께서 만유의 소유주 되심을 의미한다. 그는 역사의 주인이시다. 세계를 다스리시고, 교회의 머리가 되신다. 우리는 다 그의 소유이다. 그래서 우리는 그리스도를 '주'라고 고백하는 것이다.

셋째: 구원의 주가 되신다는 의미다. 우리는 '구원'이라는 말과 함께, '구속'이라는 말도 사용한다. 구속(救贖)이란 돈 주고 산다는 말이다. 그러니까 예수 그리스도께서는 당신의 피 값을 치르시고 우리를 사신 것이다. 우리가

그를 구주라 고백하는 것은 그가 우리를 구속하셨기 때문이다. 우리는 예수님께 대한 추억으로 사는 것이 아니라 예수님의 능력으로 살고 있다. 예수님을 우리의 왕으로, 제사장으로, 선지자로 고백하며 우리의 하나님 되심을 고백한다.

[우리 주 예수 그리스도]가 우리의 영원한 신앙고백이다.

③ 예수님은 [성령으로 잉태하사 동정녀 마리아에게서 나신 분]이다.

사도신경은 [이는 성령으로 잉태하사 동정녀 마리아에게 나시고]라고 고백한다. 이는(=하나님이 인간으로 오신 것은)성령으로 잉태되어 오셨다는 뜻이다. 마태복음은 마리아가 요셉과 정혼하고 동거하기 전에 성령으로 잉태되었다(마 1:18)고 증거한다.

# 인간의 태어남에는 4가지가 있다.

첫째: 남자와 여자 없이 태어남(=아담), 둘째: 남자로만 태어남(=하와), 셋째: 남자와 여자로 태어남(=모든 인간) 넷째: 성령의 역사로 처녀에게서 태어남(=예수님)이 있다. 우리 그리스도인들은 창조와 부활의 능력을 믿는다. 십자가에 못 박혀 죽으신 예수님께서 육체로 부활하심을 믿는다. 창조와 부활의 능력을 믿는 자가 성령께서 역사하시는데 동정녀를 통한 태어남이 어찌 불가능하겠는가?(눅 1:31-37)

신학자 바레트(Barrett)는 "성령의 역사는 언제나 창조적 능력을 동반한다. 그 능력은 크게 둘이 있는데 하나는 창조요 또 하나는 재창조다" 창세기 1장도 천지가 창조될 때에 '하나님의 신(성령)이 수면에 운행하시니라(창 1:2)"고 했다.

말씀을 원문으로 보면 [머라헤페트]인데 '닭이 알을 품고 있다'라는 뜻이다. 품은 채 가만히 있는 것이 아니라 닭이 자신의 체온으로 알을 따뜻하게 감싸면서 이리 굴리고 저리 굴려 병아리로 태어나게 한다.

그리하여 병아리가 태어나는 것처럼, 하나님께서 천지를 창조하실 때에도 하나님의 영이 우주를 감싸서 창조의 역사가 나타난 것이다. 이것이 천지창조에 나타난 성령의 역사다. 한 생명이 중생(=거듭남)하는 데도 성령의 창조적 역사가 있어야 한다. 한 사람이 구원받는 재창조에 성령의 역사가 절대적이다. 우리가 성령의 창조적 능력을 믿을 때에 '동정녀 탄생'을 믿을 수 있을 것이다.

[성령으로 잉태하사, 동정녀 마리아에게서 나시고] 이 두 마디로써 예수께서 사람이시자 하나님이시요, 하나님이시자 사람이시라는 것을 증명해 주고 있다. '동정녀 탄생'은 예수님께서 하나님 되심을 증명해주기 위한 표적이다.

예수님께서 하나님 되심은 침례(세례)를 받으신 후 든지, 십자가에 돌아가신 후 든지, 거룩한 사역을 통해서 얻어진 신분이 아니라, 태어나신 때부터 하나님이시라고 하는 것을 증거해 주기 위한 표적이다.

"예수님은 나실 때부터 근본적으로 하나님이시다"라는 의미에서 "동정녀 탄생"은 매우 중요한 진리요 신앙고백이다. 우리는 언제나 예수님께서 사람이시며 동시에 하나님이심을 믿어야 한다. 이러한 믿음은 무너질 수도 없으며, 무너져서도 안 된다. 예수님께서 하나님이어야만 우리의 죄를 사하실 수 있고, 예수님께서 사람이어야만 우리를 완전히 구속하실 수 있기 때문이다.

#성육신(成肉身)의 목적

하나님의 외아들이 왜 인간의 몸을 입고 인간 역사 속으로 오셨을까? 성육신의 목적은 세가지로 집약할 수 있다.

ㄱ) 하나님은 인간에게 자신을 보여주셔야 했다. 빌립이 예수님을 보

고 '주여 아버지를 우리에게 보여 주옵소서'라고 할 때 주님은 '나를 본 자는 아버지를 보았거늘 어찌하여 아버지를 보이라 하느냐'(요 14:8-9)라고 하셨다. 하나님은 자신을 보여 주시기 위해 인간의 몸을 입고 이 땅에 오셨다. 하나님을 보여주신 것을 계시라고 하는데, 최고의 계시는 바로 성육신 하신 예수 그리스도이시다.

ㄴ) 인간의 죄를 대속하기 위해서는 완전한 사람이어야만 했다. 구약시대는 사람의 죄를 대속하기 위해 양을 잡아 그 피를 뿌리고 속죄함을 받았다. 그것은 한시적이었고 영원히 사람의 죄를 대속하기 위해서는 똑같은 사람의 몸으로 오셔야 만했다.

ㄷ) 사람의 완전한 표본을 보여 주시기 위하여 오셨다. 아담은 불순종의 대표가 되고 예수 그리스도는 순종의 표본이 되셨다. 인간이 되신 그리스도는 인간과 하나님 사이에 "영원한 중보자"(히7:24-25)가 되신다. 예수님은 죄가 없으시다(히 4:15-16).

④ 예수님은 [빌라도에게 고난을 받으사 십자가에 못 박혀 죽으신 분]이다.

사도신경에는 [본디오 빌라도에게 고난을 받으사 십자가에 못 박혀 죽으시고]라고 했는데 예수님은 빌라도에게 고난을 받으실 정도로 나약한 분이었을까?

예수님은 수많은 기적을 행하신 분이다. 장님의 눈을 뜨게 하시고(요 9:1-12), 바다와 폭풍을 잠재우시고(마 8:23-27), 죽은 사람을 살리시고(눅 7:11-17), 다섯 개의 떡과 두 마리의 물고기로 오천 명을 먹이셨다(요 6:1-15). 그 같은 이적을 행하시는 예수님께서, 그 능력은 어디 두시고 그처럼 '빌라도에게 고난을' 받으셔야 했을까? 예수님은 겟세마네 동산에서 내려오시면서 '너는 내가 내 아버지께 구하여 지금 열 두 군단 더 되는 천사를 보내시게 할 수 없는 줄로 아느냐? 내가 만일 그렇게 하면 이런 일이 있으리라 한 성경이 어떻게 이루어지겠느냐'(마 26:53-54)라고 하셨다. 예수님께서는 모든 고난을 피하실 수 있지만 하나님의 뜻에 순종하여 예언을 성취하시기 위해 고난을 피하지 않음을 말씀하셨다. 예수님께서 십자가에 돌아가신 것은 예언의 성취요, 자의적 순종을 통해 하나님의 뜻을 이루신 것이다.

# 십자가에 못 박혀 죽으시고

사도신경에는 [예수님의 십자가와 부활]이란 복음의 핵심을 말씀하기 위해 그 밖의 지엽적인 이야기들은 생략되어 있다. 우리의 신앙은 마땅히 중심되는 예수님의 십자가와 부활에 역점을 두고 고백 되어야 한다. '예수님의 십자가의 죽음과 부활'을 강조하여 말하는 것은 생명 대 생명의 문제이기 때문이다.

'예수님의 십자가의 죽음'의 의미를 바르게 알아야 한다.

ㄱ) 예수님의 십자가의 죽으심은 자연사가 아니다. 십자가의 죽음은 '처형당한 죽음'을 의미한다. 주님께서 우리의 죄를 대신하여 죽임을 당하신 것이다.

ㄴ) 예수님의 십자가의 죽음은 우연사(偶然事)가 아니다. 예수님께서는 오랜 동안 계획하시고 예고하시고 준비하신 뒤에 바로 그 절정에서 십자가에 돌아가신 것이다. 십자가는 수난을 의미한다. 우리의 죄를 구속하기 위한 그 죽음이 얼마나 무거운 고난이었으며, 얼마나 비참하게 돌아가셨는지를 말씀하고 있다.

ㄷ) 예수님의 십자가의 죽음은 안락사가 아니다. "엘리 엘리 라마 사박다니…나의 하나님 나의 하나님, 어찌하여 나를 버리셨나이까"(마 27:46) '내가 목마르다' 하신 예수님의 말씀에서 우리는 그 처절한 아프심을, 그 고통의 절정을 짐작조차 하기 어렵다. "십자가"는 그러한 고난의 사실(寫實)이다. 무슨 말로도, 어떤 일로도 이를 액면대로 설명할 수가 없다.

예수님이 친히 못 박히신 십자가에는 4가지의 영적 의미가 담겨 있다.

첫번째, 십자가는 하나님의 뜻에 순종할 때의 승리를 말한다. '아버지께서 주신 잔을 내가 마시지 아니하겠느냐'(요 18:11)라고 말씀하시며 자원하셨다. 제일 귀중한 의미는 예수님의 십자가는 실패의 십자가가 아니라 승리의 십자가였다는 사실이다.

"통치자들과 권세들을 무력화하여 드러내어 구경거리로 삼으시고 십자가로 그들을 이기셨느니라"(골 2:15) 이렇듯 예수님의 십자가는 승리의 상징이다. 하나님의 뜻에 순종함으로 승리하신 것이다.

두번째, 예수님의 부활과 관련되어 있다. 예수님의 부활을 확증하기 위해서는 예수님의 죽으심을 먼저 설명해야 한다. 예수님의 죽음이 완전한 죽음이어야 예수님의 부활이 완전한 부활이 될 수 있기 때문이다. 예수님의 죽음을 그렇듯 실제적으로 생생하게 설명해야 했던 것은 예수님의 부활이 얼마나 분명한 것인가를 말하기 위함이다. 부활의 능력은 십자가로부터 이루어지기 때문이다.

세번째, 가장 귀중한 것은 속죄의 문제이다. 예수님의 십자가의 죽으심은 바로 속죄 제사라는 것을 잊지 말아야 한다. '피 흘림이 없은 즉 사함이 없느니라'(히 9:22)는 말씀처럼, 대신 죽은 일이 없이는 죄인이 살 수 있는 길이 없다. 의인이 죄인처럼 죽지 아니하고는 죄인이 의인처럼 사는 길이 없다. 예수님께서는 어디까지나 우리의 의롭다 하심을 위하여, 우리의 의를 위하여 십자가에 죽으신 것이다(벧전 2:24).

네번째, 십자가 사건은 십자가 희생을 치르실 정도로 우리를 온전히 사랑하신 것이다. 우리를 의롭다 하시고 스스로는 죄인인 양 죽으셨다. 공의로운 사랑이요 구체적인 사랑이요, 온전한 사랑이다. 이 사랑의 계시를 통하여 우리는 부활을 참으로 이해하게 되는 것이다.

_____ 성경이 해답이다

십자가에 죽으셨다는 것은 곧 예수님께서 우리를 대신하여 제물로 바쳐지셨고, 그로 말미암아 비로소 우리는 하나님의 자녀 되고 하나님과의 바른 관계에 들어가게 되는 것이다. 십자가를 쳐다볼 때마다 우리는 하나님께서 나(우리)를 저 토록이나 사랑하셨다는 것을 생각해야 한다. 십자가를 쳐다볼 때마다 내(우리)가 얼마나 소중한 존재인가를 알고, 또 내(우리)가 얼마나 큰 죄인이었던 가를 생각해야 한다.

⑤ 예수님은 [장사한지 사흘 만에 죽은 자 가운데서 다시 살아나신 분]이다.

사도신경은 [장사한지 사흘 만에 죽은 자 가운데서 다시 살아나시며]라고 고백한다. 우리가 사도신경에서 "빌라도에게 고난 받으시고, 십자가에 죽으시고, 장사한지…" 이렇듯 예수님의 고난을 거듭해서 구체적으로 고백하고 있는 이유는 그 고난이 우리 죄의 구속(救贖)을 위하여 대신 치러 주신 희생이기 때문이다. 그 치러 주신 희생이 얼마나 큰 것인지를 안다면 내 생애, 내 생명의 값이 얼마나 큰지를 깨달을 수 있다. 스위스의 프로테스탄트 신학자 칼 바르트(Karl Barth)는 예수님께서 받으신 고난의 크기를 아는 만큼 우리 죄의 크기를 알 수 있다며, 이 문제를 "아르키메데스의 원리"(Archimedean Method)라는 말로 표현했다.

'액체 속에 있는 물체의 무게는 그 물체가 밀어낸 액체의 무게만큼 가벼워진다.'라는 것으로 이른바 '아르키메데스의 원리'다. 우리는 예수님의 십자가 고난이 얼마나 무거운지를 알면 나의 죄가 얼마나 큰지를 알게 될 것이다. 우리의 죄가 얼마나 크면 예수님께서 십자가에 죽으심으로만 이 죄가 사함 받을 수 있음을 깨닫도록 그리스도의 고난을 거듭해서 구체적으로 고백하는 것이다.

예수 그리스도는 십자가에 죽으시고 사흘 만에 부활하셨다. 부활의 문제는 우리가 일생을 두고 끊임없이 상고(詳考)하고 새롭게 해야 할 신앙의 문제다. 기독교를 가리켜서 한마디로 부활의 종교라고 한다.

모든 종교가 죽음에서 생의 의미를 찾지만, 기독교는 부활에서 생의 의미를 찾는다. 인생이 허무하다고 하는 입장에서 지혜를 찾는 것이 아니라, 영원한 생명에 두고 지혜를 찾는 것이다. 이것이 복음의 진수다. 그러므로 부활의 신앙으로 죽음에 대한 공포로부터 벗어난 사람이 진정 그리스도인이다. 부활을 믿는 사람은 죽음을 생의 한 과정으로 생각한다. [십자가에 못 박혀 죽으시고, 장사한지 사흘 만에 죽은 자 가운데서 다시 살아나시며] 이렇게 긴 설명이 필요한 것은 부활의 진리를 설명하기에 앞서 죽음을 확증할 필요가 있기 때문이다.

죽음이 증명되어야 부활을 증명할 수 있기 때문이다. 완전한 죽음이 있어야 완전한 부활을 말할 수 있기 때문이다. 그런데 성경에는 예수님의 부활 그 자체를 증명하고자 하는 의도가 전혀 나타나 있지 않다. 부활하셨다고만 말씀한다. 왜 그럴까? 부활은 사실(事實)이기 때문이다. 사실을 사실 그대로 이야기하는 것처럼 쉬운 일은 없다. 대개 거짓말이면 으레 설명이 길어지게 마련이다. 예수님은 십자가에 달려 돌아가셨다가 사흘 만에 살아나셨다. 예수님이 살아나지 못하셨다면 우리의 구주가 될 수가 없다. 예수님은 완전한 사람이시기 때문에 우리의 죄를 대속하기 위해 십자가에 돌아가셨다. 또 완전한 하나님이시기 때문에 사망 권세를 깨뜨리시고 부활하셨다.

예수님이 부활하지 못했다면 기독교는 성립할 수가 없다. 예수님이 십자가에 돌아가셨을 때 제자들은 공포에 질려 문을 걸어 잠그고 숨도 크게 쉬지 못했다. 이렇게 나약했던 제자들이 문을 박차고 나가서 예수가 부활했다고 증거할 수가 있었던 것은 예수님이 부활하신 것을 보고 난 후 죽음이 두렵지 않았던 것이다.

초대교회 성도들은 입만 열면 예수가 살아났다고 증거했고 예수 부활을 증거하다가 순교를 당했다. 사람이란 '죽인다' 하면 이실직고하는 법인데, 어느 누가 예수 부활을 보지도 않고 보았다고 거짓 증거하다 순교하겠는가? 다른 제자들의 처참한 죽음을  목도하면서 어떻게 부활을 외치며 순교를 택하겠는가? 예수님의 부활은 역사적 사건이다. 예수님의 부활은 시간과 공간을 초월하는 신비로운 몸으로 다시 사신 것이다. 부활은 인간의 신비이다. 부활은 인간의 이성으로 이해될 수가 없다. 오직 믿음으로만 받아들여질 계시적 사건이다.

예수님께서 부활하신 것은 역사에 있었던 사건이다. 그것을 우리가 믿는다고 하는 것이 중요하다. 예수 그리스도께서 부활하신 역사적 사건도 중요하지만, 그 부활을 믿는다는 믿음의 사건이 더욱 중요한 것이다.

예수님께서 부활하신 역사적 사건이 엄연히 사실인 데도 우리가 그것을 믿지 않는다고 하면 그 부활사건은 우리에게 있어 진리의 사건이 되지 않는 것이다. 그리스도적 부활은 영과 육이 함께 다시 사는 것을 의미한다. 그리스도적 부활만이 부활인 것이다. 그리스도의 부활은 신령한 몸으로의 부활이다. 그런데 그리스도의 부활은 단순히 예수 그리스도 한 분의 부활로 그치는 것이 아니다. 그리스도는 부활의 첫 열매다. 그리스도의 부활로 인하여 우리의 온 생명, 그리스도를 믿는 사람, 그리스도의 생명에 연합한 자들이 다 같이 부활하게 되는 것이다(고전 15:35-49).

⑥ 예수님은 [하늘에 오르사, 전능하신 하나님 우편에 앉아 계신 분]이다.

사도신경은 [하늘에 오르사 전능하신 하나님 우편에 앉아 계시다가]라고 고백한다. "하늘"이라는 말에는 공간적 의미에서 말하는 "하늘"과 차원적 의미에서 말하는 "하늘"이 있다. 공간 개념으로 "하늘과 땅"이라고 말할 때의 "하늘"은 우리가 발 딛고 있는 이 땅과 구별된 저 창공을 가리킨다. 그러나 차원적으로 "하늘과 땅"이라 하면 "땅"이란 눈에 보이는 세계를 말하는 것이고, "하늘" 은 하나님의 세계를 말한다. 공간적 의미의 하늘은 "sky"이고 차원적 의미의 하늘은 "heaven"이다.

똑같이 하늘이라는 말을 쓰지만 "푸른 하늘" 이라고 할 때의 하늘과, 신령상의 "하늘" 은 다르다. 그러므로 그리스도께서 승천하셨다고 하는 문제를 공간적 의미로 해석하려 들면 안 된다.

우리는 부활에 대해서는 이야기하면서도 승천에 대해서는 비교적 덜 이야기하며, 부활절은 있는데 "승천 절" 은 없다. 그런데 사도신경은 "다시 살아나시며, 하늘에 오르사" 라고 부활과 승천을 대등하게 나란히 고백하고 있다. 부활과 승천을 연결하여 생각해야 한다. 부활의 참 뜻과 성격은 승천에서 밝혀진다. 승천은 예수님의 부활이 단순하게 죽었던 모습 그대로의 몸으로 회생(回生)한 것이 아님을 증명하고 있다. 부활은 승천이 있음으로 그 성격이 선명하게 증명된다.

승천은 참 부활의 뜻을 온전하게 일러준다. 지상에서의 생명이, 부활과 함께 하늘에서의 생명으로 그 차원이 옮겨진다. 보이는 생명, 보이는 육체를 가졌던 생명이 십자가에 죽으시고 부활하신 후에는, 이제 보이는 세계와 보이지 않는 세계, 곧 하늘과 땅을 통하는 생명이 되심을 승천이 증명해주는 것이다.

부활은 예루살렘에 있었던 하나의 사건이다. 놀라운 기적이었다 해도 예루살렘에서 일어난 사건이다. 시간과 공간의 어느 좌표에 있었던 하나의 역사적 사건이 우주적 의미를 가지게 된 것은 승천사건이 있기 때문이다.

부활하시고 다시 몇 년을 더 세상에 사셨다면 부활은 의미가 없을 것이다. 승천이 뒷받침함으로써 부활의 성격이 온전해지고 참 의미를 가지게 된 것이다. 승천이 있음으로 부활이라는 역사적인 한 사건이 우주적 사건으로 나타나게 되었으며, 보이는 세계와 보이지 않는 세계를 통하는 하나님의 역

_____ 성경이 해답이다

사로 증명된 것이다. 또한 우리는 세상에서의 예수님의 구속 사역, 다시 말하면 구원 사역과의 관계에서 승천 사건을 생각해 보아야 한다. 예수님은 부활 승천하신 다음에 그 대신으로 우리에게 성령을 보내셨다. 육으로는 승천하시고 영으로 다시 임하셔서 오늘까지 그 역사를 계속 하고 계신다. 그래서 부활사건과 오순절 사건 사이에 승천 사건이 있다. 시간적으로만 중간에 있는 것이 아니라 신학적 의미에서도 두 사건을 통합하는 중간적 위치에 있는 것이다. 그러므로 승천 사건은 그리스도의 구속 사역과 밀접한 관계를 가지고 있는 것이다.

[하늘에 오르사 전능하신 하나님 우편에 앉으신 것]은 세 가지의 중요한 의미가 있다.

첫번째: 승천하셔서 오늘도 우리의 중보자(仲保者)가 되신다.

"그러므로 자기를 힘입어 하나님께 나아가는 자들을 온전히 구원하실 수 있으니 이는 그가 항상 살아 계셔서 그들을 위하여 간구하심이라"(히 7:25)고 말씀하셨다. "대제사장이 되셔서 영원한 중보자" 로 계신다. 하나님 우편에 앉아 계시면서 우리를 대신하여 중보 기도하신다(롬 8:34).

두번째: 만 왕의 왕이 되신다. "모든 무릎을 예수의 이름에 꿇게 하셨다."(빌 2:10) "만 왕의 왕이시므로."(계 17:14) '하나님 우편에 계신다.'(엡1:20-21)라는 말씀들은 곧 그의 권세를 나타내는 표현이다. 전능하신 하나님 우편에 계시다는 것은 하나님의 권능, 하나님의 권세로 계신다는 말씀으로 예수님께서 온 인류의 주관자, 왕이 되심을 의미한다. "하늘과 땅의 모든 권세를 내게 주셨으니"(마 28:18)

세번째: 선지자로 계신다. 요한복음 16장 7절을 보면 예수님의 십자가 죽으심과 부활 승천하심과 성령으로 임하시는 역사를 연결해서 설명해 준

다. "내가 떠나가지 아니하면 보혜사가 너희에게 오시지 아니할 것이요 가면 내가 그를 너희에게 보내리니…"(요 16:7) 예수님께서 십자가에 돌아가시고 부활 승천하신 후에 더는 시간과 공간의 제약 없이 말씀과 성령으로 역사하신다. 그러므로 선지자로 계신다. 성령으로 우리와 함께 하시기 위하여 승천하신 것이다.

⑦ 예수님은 [저리로서 산 자와 죽은 자를 심판하러 오실 분]이다.

사도신경은 [저리로서 산 자와 죽은 자를 심판하러 오시리라]고 고백한다. 초대교회 교인들에게는 부활 승천도 중요하지만 실질적으로는 재림이 더 중요한 의미를 가졌다. 다시 오시는 그리스도가 아니고는 예수를 구주로 고백할 수가 없다.

재림이 없다면 그야말로 괴로운 세상으로부터 도망 가버린 그리스도가 되고 마는 것이다. 세상살이가 괴로워 거처를 옮겨버린 그리스도를 우리의 주로 고백할 수는 없기 때문이다. 하나님 보좌 우편에 계셔서 우리의 중보자가 되어 기도하시고, 오늘도 중보 자 되시고, 다시 오실 그리스도, 여기서 우리와의 관계가 실질적으로 맺어진다. 그러므로 그리스도에 대한 신앙고백은 추상적 진리가 아니며 실제적으로 다시 오시는 [우리 주 예수 그리스도]이시다. 재림의 의미는 너무나 중요하며 '내가 너희를 고아와 같이 버려두지 아니하고 너희에게로 오리라'(요 14:18)는 약속의 성취이다. 예수님의 임하심에는 두 가지 차원의 의미가 있다. 하나는 성령의 오심이요, 또 하나는 승천하실 때의 모습 그대로 구름을 타고 다시 오시는 그리스도다.

이 두 차원의 임하심을 바로 이해하여야 한다. 성경을 보면 여러 곳에 "오신다" 라는 말씀이 나오는데 어떤 때에는 영으로 오심을, 어떤 때에는 재림하여 다시 오심을 말씀하고 있다. 같은 말이지만 그 개념이 다르다. 신학자 칼 바르트도 말한 바 있듯이 예수님께서는 우리 가운데에 세 가지의

_____ 성경이 해답이다

형태로 임하신다. 첫째는 육신을 입으시고 말구유에 오심이요, 둘째는 성령으로 오심이요, 셋째는 영과 육이 합쳐진 완전한 인격으로 오심이다. 완전한 인격은 예수님께서 재림하실 그때의 인격이다. 예수님께서 완전한 인격으로 다시 오시는 것 그것이 재림이다. 예수님에 대한 마지막 신앙고백은 재림이다. 우리가 믿고 있는 확고한 신앙 가운데 하나는 바로 주님의 재림이다. 예수님은 인간을 구원하시기 위해 오실 때는 베들레헴 말구유로 초라하게 오셨다. 그러나 예수님이 세상을 심판하러 다시 오실 때는 심판장으로 위엄과 권위와 영광으로 오신다. "주께서 호령과 천사장의 소리와 하나님의 나팔소리로 친히 하늘로부터 강림하시리니"(살전 4:16)라고 했다.

재림의 목적은 심판이다. 사람은 심판이 없다면 악을 행하면서도 편안히 죽음을 맞이할 수 있을 것이다. 그러나 무서운 심판이 있기 때문에 본능적으로 죽음을 무서워하고 두려워한다. 최후의 심판이 없다면 인간은 누구나 마음껏 즐기고 마음껏 죄 짓고 마음대로 살 것이다. 그러나 '한 번 죽는 것은 사람에게 정해진 것이요 그 후에는 심판이 있으리니'(히 9:27)라고 하셨다. 사도신경은 우리 주님께서 재림하실 때에 심판이 있음을 그리스도에 대한 고백으로 결론하고 있다.

첫째로 심판은 하나님의 공의다. 공의로운 하나님의 역사가 심판으로 나타난다.

둘째로, 행한 대로 갚으시고 심은 대로 거두게 하시는 것은 우주의 이치요 법칙이다. 셋째로, 성경에 말씀하는 심판은 일반적으로 말하는 인과응보(因果應報)가 아니라 그리스도적 복음의 심판을 말한다. 하나님의 공의가 심판으로 나타난다.

기독교는 도덕적인 종교다. 하나님께서 우리에게 복을 주시고자 하실 때에는 반드시 도덕적인 통로를 통하여 주신다. 복을 그냥 주시는 것이 아니라 우리를 복된 자로 만들어 복된 길을 통하여 복을 주신다.

하나님은 공의로우시고 진실하신 하나님이시며, 하나님의 의는 반드시 이루어진다. 그런데 세상 돌아가는 것을 보면 죄인이 더 잘 살고 못된 사람이 출세하기에 우리는 혼돈이 온다. 그러나 그것은 잠깐이며 영원하지 않다.

우리는 흔히 심판을 받는다고 하면 매 맞는 것부터 생각하지만 심판을 받아야 상도 받을 수 있다. 심판의 진정한 의미는 억울함을 당하는 사람들에게 복을 주시자는 것이다. 의롭게 살아가는데도 불구하고 억울한 고생을 하고 있는 사람들에게 보상하려 하는 것이다. 심판이 있어야만 이렇듯 억울하게 산 사람들이 마땅한 상을 받게 되는 것이다. 하나님께서는 의는 의로, 불의는 불의로, 선은 선으로 악은 악으로 반드시 심판하신다. 우리는 심판을 생각할 때에 우리가 죽어 하나님의 심판대 앞에 서는 그 종말론적 심판만 생각한다. 그러나 현재적 심판도 있다. 결국 전부 드러난다. 죄 지은 자는 망한다. 몇 시간, 며칠, 몇 년 후에는 다 알게 된다. 우리가 겸손한 마음으로 보면 이 세상에도 하나님의 공의와 도덕이 행사되고 있음을 발견하게 된다. 심판이란 받을 것을 받지 못하고 누릴 것을 누리지 못하는 것도 심판이다.

우리가 모르는 하나님의 심판이 있다. 겉보기에는 도무지 모른다. 그러나 그 마음속 깊은 곳에서 이미 죄인은 그 죄 대로 당연한 보응(報應)을 받는다. 가난하고 어렵게 사는 것 같아도 마음 편하게 사는가 하면 남 억울하게 하고 잘사는 듯이 보였던 사람은 속이 썩는 고통을 당하고 있다. 남이 모르는 그 마음속 깊은 곳에서 오늘도 무서운 심판을 감당하고 있는 것이다.

예수님께서는 구주로 오셨고, 심판주로 오신다. 우리는 다 같이 주님의 보좌 앞에 나타나게 될 것이다. 따라서 예수 그리스도의 재림과 심판을 믿는 우리들에게는 시간에 대한 분명한 이해가 필요하다. 먼저, 우리들의 개인적인 삶은 단순한 수명이 아니라 장차 주님 앞에 결산할 것을 준비하는 기간이다. 지금 이 시간을 어떻게 살고 있느냐가 장차 영원한 삶을 어떻게 살게 되느냐를 결정하기 때문이다.

십자가에 돌아가신, 사랑이 많으신 예수님께서 어떻게 만민을 심판하신다는 것인가? 그러나 우리는 하나님의 진노가 바로 십자가에 나타났음을 잊지 말아야 한다. 하나님은 자신의 아들을 십자가에 못 박아 죽이시면서까지 공의를 실현하시고 의를 이루시는 하나님이시다. 그러니 이 심판이 얼마나 무서운 것인가를 알아야 한다.

십자가는 하나님의 사랑의 증거인 동시에 심판의 상징이요 예표다. 모름지기 우리는 그리스도께서 심판 자 되심을 깨닫고 믿어야 한다. 우리는 언제, 어디서, 무엇으로, 어떻게 심판을 받을지 모르지만 분명히 심판을 받는다. 죽어서 가는 천국도 있고, 살아서 누리는 천국이 있듯, 죽어서 받는 심판도 있지만 살아있을 때도 심판을 받는다. 성경을 입체적으로 봉독할 때 예수님을 [주 예수 그리스도]로 만나 완전한 구원을 받을 수 있다. *사도신경은 곽선희 목사의 사도신경을 참조했음.

### 넷째: 성령의 역사로 권세와 능력의 삶을 살게 된다.

성경은 "하나님이 나사렛 예수에게 성령과 능력을 기름 붓듯 하셨으매 그가 두루 다니시며 선한 일을 행하시고 마귀에게 눌린 모든 사람을 고치셨으니 이는 하나님이 함께 하셨음이라"(행 10:38)말씀하셨으니 예수님이 공생애 중에 행하신 사역은 성령의 능력으로 하셨음을 말씀하고 있다. 성령의 능력을 아신 예수님은 "그러나 내가 너희에게 실상을 말하노니 내가 떠나가는 것이 너희에게 유익이라 내가 떠나가지 아니하면 보혜사가 너희에게로 오시지 아니할 것이요 가면 내가 그를 너희에게로 보내리니"(요 16:7)라 말씀하셨다. 예수님은 우리의 죄를 구속하기 위해서만 오신 것이 아니라 성령님을 주시기 위해 오셨다. 성령이 아니면 인간은 또 다시 사탄의 종이 되어 하나님의 형상으로 살 수 없고 창조 목적(창 1:28/사 43:7)을 이룰 수 없기 때문이다.

"만군의 여호와께서 말씀하시되 이는 힘으로 되지 아니하며 능력으로 되지 아니하고 오직 나의 영으로 되느니라"(슥 4:6)고 하셨다. 우리는 성령님에 대해 알아야 한다.

### 성령님은 어떤 분이신가?

a. 성령님은 하나님이시다. 예수님께서 부활 승천 직전에 제자들을 모아 놓으시고 마지막 "가장 위대한 명령"(마 28:19)을 하실 때 성령님을 아버지와 아들과 동일한 하나님의 반열에 세워 놓으셨다. 또한 성령님이 하나님이 되신 증거는 성경에서 성령님을 하나님이라고 부르고 계시기 때문이다(행 5:3-4).

성령님께서는 분명히 아버지와 아들과 동일한 권세와 영광을 가지신 하나님이시라는 것을 우리에게 확증해 주셨다. 더욱이 성령님께서 하나님이 되심이 확실한 것은 성령님께서 하나님의 속성을 모두 가지고 계시다는 사실이다. 오직 하나님만이 영원하시고(히 9:14) 전지하시며(고전 2:10) 전능하시고(눅 1:35) 무소부재(시 139:7-8) 하신데 성령님은 이 모든 하나님의 속성을 다 갖고 계신다.

b. 성령님은 인격을 갖고 계신다. 돌이나 나무 막연한 힘 등 과는 우리가 대화를 나눌 수 없다. 왜냐면 그것들은 우리처럼 인격을 소유하고 있지 않기 때문이다. 그러나 성령님은 인격적인 하나님이신 고로 우리의 사정을 낱낱이 아실 뿐 아니라 이해하시고 도와 주실 수 있는 분이다.

사람들은 인격(Personality)과 육체적 형체에 관하여 잘 구별하지 못할 때가 많다. 우리는 인격이라고 말하면 반드시 인간의 육체적 형체를 가져야만 된다고 생각한다. 그러나 실상 인격을 갖기 위해서 반드시 육체적 형체를 가져야만 하는 것은 아니다. 성부 하나님께서 인격을 갖고 계시느냐? 아니면 인격이 없으시냐고 묻는다면 하나님께서는 살아 계신 인격을 갖고 계신다고 동의할 것이다. 그러나 아무도 하나님을 본 사람은 없다. 하나님은 영이시기 때문이다(요 4:24). 하나님은 우리가 생각하는 어떤 육체적인 형체를 갖고 계시지 않는다. 하나님은 천지를 창조하시고 인간을 다스리시니 그 자신이 인격을 가지지 않을 수 없다. 그러므로 육체적인 형체에 상관없이 인격적 속성을 가지고 있으면 인격체다.

성령님은 인간의 눈으로 볼 수 있는 형체는 갖고 있지 않지만 인격이 가질 수 있는 모든 속성을 다 갖고 계시므로 성령님은 인격적인 분이다.

한 인격이 구성되기 위해서는 반드시 사물을 깨달아 아는 "지"와, 희로애락의 "정"과, 사물을 판단하고 그것에 관한 자기의 태도를 결정하는 "의지"가 있어야 한다. 그런데 성령님께서는 지성(고전 2:10)과 감정(엡 4:30)과 의지(고전 12:11)를 갖고 계신다. 하나님의 말씀인 성경은 성령님께서는 우리와 함께 거하시고 또 우리 속에 계시면서 역사하시는 하나님이시며, 지·정·의를 가지신 인격체이신 것을 가르쳐 주고 있다. 한 인격적인 성령님이 "우리와 함께 하심"을 인식하며, 바르게 알아야 한다.

c. 성령님은 하나님의 영(롬 8:9)이요 예수님의 영(행 16:7)이시다.

그리스도인은 성령의 실존과 역사를 인식하며 살아야 한다 바울은 고전 3:16에 "너희는 너희가 하나님의 성전인 것과 하나님의 성령이 너희 안에 계시는 것을 알지 못하느냐" 고후 13:5에 [너희는 믿음 안에 있는가 너희 자신을 시험하고 너희 자신을 확증하라 예수 그리스도께서 너희 안에 계신 줄을 너희가 스스로 알지 못하느냐 그렇지 않으면 너희는 버림받은 자니라]고 하였다.

성령이 우리 안에 임하신 것은 하나님이 내 안에 오신 것이요, 예수님이 내 안에 계신 것이다. 성령님은 예수님께서 2,000년 전에 육을 입고 오셔서 하시던 일을 오늘날 성령 충만한 사람들을 통해서 예수님과 똑같은 권세와 능력으로 사역하시는 분이다. 인격체로 우리 안에 오신 성령님은 예수님이 이 땅에 계실 경우 행하길 원하시는 모든 일을, '성령의 임재'를 인식하고 성령의 인도와 도움으로 사는 사람들을 통해 역사하신다. 우리는 성령님이 하나님에 대해 가르쳐 주시는 것 이상으로 하나님에 대해 알 수는 없다. 또한 우리는 성령님이 예수님에 대해 가르쳐 주시는 것 이상으로는 예수님에 대해 알 수는 없다. 왜냐면 하나님과 예수님에 대해서 가르쳐 주실 수 있는 분은 오직 성령님 한 분이시기 때문이다. 또한 예수님과 같은 삶을 살게 하고 예수님과 같은 능력을 행하게 하실 수 있는 분도 오직 성령님 한 분이시다.

전지 전능한 예수님이 성령님으로 우리 안에 오셨는데 왜 불행한 삶을 살고 있는가?

만약 개성이 강한 여성이 결혼한 후에도 남편의 존재를 의식하지 않고, 옛 삶의 방식으로 혼자서 자기 편리대로, 기분대로, 생각대로, 판단하고, 결정하고, 자기 위주로 생활을 한다면 부부 생활은 불행하고 실패할 것이다. 신앙생활은 예수님 과의 결혼생활이다. 결혼은 가짜 사랑 고백으로도 할 수 있지만 결혼생활은 평생 사랑과 존중의 마음으로 소통과 공감 속에 살아야 행복하고 성공적인 삶을 살 수 있다. 성령님(예수님)은 여러가지 방법으로 사랑을 표현하고, 사람과 상황과 미래에 대해서, 하나님의 계획과 약속에 대해서 우리에게 말씀하신다. 그런데 우리가 성령의 존재와 역사를 무시하고 성령님의 권면을 외면하고 독단적으로 살면 성령님은 침묵하고 인도와 도움을 중단하시고 도움을 요청할 때까지 기다리신다. 그리스도인은 성령님의 인도와 도움이 없이는 살 수 없는 존재임을 자각하고 성령님의 임재와 역사에 마음을 열고, 귀를 열고, 사랑하고 존중하며 살아야 한다.

d. 성령님은 "또 다른 보혜사"[알로스 파라클레토스](요 14:16)로 오셨다.

성령님은 장소, 지리, 시대 또 국적의 한계와 사람을 초월하여 예수님과 똑같이 역사하신다. 몸을 가지신 예수님은 전능하신 성부 하나님의 우편에서 우리를 위해 중보기도를 하고 계시며 재림 때까지 하나님 우편에서 중보 하신다(롬 8:34).

그러나 예수님은 "또 다른 보혜사"(요 14:16) 즉 성령님, 다시 말해 [예수님의 영]을 우리에게 보내 주셨다. 보혜사 성령님은 예수님과 동일한 분이다. 예수님의 말씀을 믿고 "성령님을 의식하며 살 때" 비로소 우리는 하나님 앞에서 우리가 마땅히 되어야 하고, 마땅히 할 수 있는 "비범한 일을 성취하는 사람"이 될 것이다.

"성령님의 임재"는 [우리 주 예수 그리스도]께서 친히 우리와 함께 계신 것과 똑같은 것이다. 예수님이 병자를 불쌍히 여기고 고치듯이 성령님도 병자를 불쌍히 여기고 고치신다. 예수님이 가난한 사람을 보면 긍휼히 여기시듯 성령님도 가난한 사람들을 보면 긍휼히 여기신다.

예수님이 오병이어의 역사를 행하시듯 성령님도 어떤 소년이 보리떡 다섯개와 물고기 두 마리를 믿음과 순종으로 드려지면 오병이어의 역사를 행하시는 것이다. 믿음이 없는 사람들은 "지금이 아니라 나중에 언젠가, 여기가 아니라 어딘가 다른 곳에서, 내가 아니라 다른 사람들에게,"라고 말한다. 그러나 믿음의 사람들은 "하나님께서 다른 곳에서 행하신 것을 이곳 에서도 행하실 수 있다. 그분은 과거에 행하신 것을 지금 행하실 수 있다. 그분은 다른 사람들을 위해 행하신 것을 나를 위해서도 행하실 수 있다"라고 말한다. 성령님의 실제적 역사를 믿을 때 우리는 전과는 전혀 다른 차원에서 살게 된다. 우리가 감히 꿈도 꾸지 못했던 차원에서 살 게 된다.

성령님은 어떤 일을 하시는가? 성령님의 몇 가지 사역만 요약하여 살펴보면

① 죄와 어리석음과 헛된 욕심으로 살 때 "회개"(요 16:7-11)케 하신다.

② 예수를 주로 시인하게 하신다(고전 12:3).

③ 하나님의 역사를 볼 수 있도록 새로이 "거듭나게"(요 3:1-8)하신다.

④ 죄책감이나 열등감으로 자책할 때 "하나님의 자녀 됨"을 알게 하신다(롬 8:16).

⑤ 예수님이 하신 "말씀을 가르쳐 주시고 은혜들을 생각나게 하셔서"(요 14:26) 낙심 가운데 있는 우리들에게 새 힘을 주신다(사 40:26-31).

⑥ 성령님은 우리가 갈 바를 알지 못할 때 "진리 가운데로 인도하시고 장래 일을 알게 해 주신다"(요 16:13)

⑦ 우리를 때를 따라 도우시고, 말할 수 없는 탄식으로 우리를 위해 중보하며 기도하여 주신다(롬 8:26).

⑧ 하나님이 "사랑하는 자들을 위해 예비하시고 은혜로 주신 것들을 보게 하시고 알게 하시고 생각하게 하신다"(고전 2:9-12)

⑨ 위로부터 능력으로 임하신다(눅 24:49).

⑩ 예수님과 함께 권능의 삶을 살게 하신다(막 16:17-20/고전 12:4-11).

한국의 많은 그리스도인들은 "성령의 임재"를 인식하지 못하고, "성령의 역사하심"을 깨닫지 못한 체 장님과 귀머거리로 자학하며 절망 가운데 살고 있다. 우리가 "성령의 임재와 역사하심"을 성경을 통해 믿고 아는 것처럼, 우리의 삶 속에 일어나는 성령의 역사들을 성경에서 말씀한대로 믿어야 한다. 그리스도인은 세상에 일어나는 모든 사건을 믿음으로 보고, 믿음으로

_____ 성경이 해답이다

듣는 사람이다. 그리스도인의 삶 속에 하나님을 기쁘게 하려는 생각(롬 8:5-8), 소원(빌 2:13), 하나님의 자녀라는 확신(롬 8:16), 성령의 열매들(갈 5:22-23), 성령의 은사들(고전 12:1-11)이 나타나는 것이 "성령의 임재"와 "성령이 역사"하시는 증거다. 이 사실을 분명히 믿으면 우리는 어떤 상황에서도 평안과 능력의 삶을 살 수 있다.

### 예수님께서 명령하시고 약속하신 능력(눅 24:49)

'인간의 연약함을 체휼'(히 4:15)하신 주님께서 악한 사탄과 영적 전쟁에서 승리하시기 위해서는 반드시 '성령의 능력을 힘 입어야 하심'을 아셨다(눅 24:49).

예수님께서는 부활하신 후 제자들에게 "성령의 충만을 받으라고 명령하시고, 성령 충만을 주실 것을 약속"(행 1:4-5)하셨습니다.

성령의 충만을 받은 사람(행 1:8)만이 세계 도처에 이르러 "생육하고, 번성하고, 충만하고, 정복하고 다스리는 권능의 삶"(창 1:28)을 살 수 있기 때문이다. 성령 충만을 받아야 "성령의 열매"(갈 5:22-24)를 맺어 예수님의 인격을 닮아갈 수 있다. 또한 성령 충만을 받아야 성령의 은사(고전 12:4-7)가 나타나 예수처럼 능력의 삶(행 10:38)을 살아 하나님을 영광스럽게 하기 때문이다. 우리는 예수님의 명령을 따라 성령 충만을 간절히 사모하여 받아야 한다. 신실하신 예수님의 약속이니 믿고 간절히 구하여 받아야 한다. 왜냐하면 오늘날 그리스도인들의 문제는 "하나님의 자녀로써의 권세"(요 1:12)는 있는데 "하나님 자녀로서의 능력"(눅 24:49)이 없기 때문이다.

권세와 능력은 어떻게 다를까? "권세"(Exousia)란 말은 어떠한 능력을 자유로이 행사할 수 있는 권리를 의미하며, "능력"(Dunamis)이라는 말은 흔히 "기적"과 관련하여 사용되는 용어로서 어떠한 일을 행할 수 있는 힘 또는 재능을 의미한다.

예를 들면 의사는 의사 면허증을 소지함으로서 환자를 수술할 권세(권리)가 있다. 그러나 환자를 치유할 능력은, 있는 의사도 있고 없는 의사도 있다. 의사는 면허증의 권세(권리)도 있어야 하지만 치료할 수 있는 능력도 있어야 한다. 권세(요 1:12)위에 능력(눅 24:49)이 임하여 권능(행 1:8)의 사람이 될 때 영과 마음과 육신과 삶에서의 불치병을, 전인 치유함으로 능력 있는 삶을 살 수 있게 된다. 자녀의 권세"(요 1:12)를 가진 성도들은 "약속된 능력"(눅 24:49)을 받아 "권능"(행 1:8)의 삶을 살도록 "성령의 충만을 계속해서 간절히 갈망"(행 4:8)해야 한다.

제자들은 예수님의 약속을 믿고 회개하며 "전혀 기도에 힘쓸 때"(행 1:14) 오순절 날 성령 충만을 받았다(행 2:4). 오늘날 예수를 주로 시인하여(고전 12:3) 거듭난 그리스도인도 성령의 충만을 계속 갈망해야 한다(엡 5:18)

거듭남은 말씀과 성령으로 "그리스도의 몸에 접붙임을 받고 예수님의 생명을 받아들이는 체험" 이지만 성령의 충만은 "예수님께서 성도들에게 권능을 충만이 채우시는 하나님의 기름 부음" 이다. 거듭남은 "영생(=영원한 생명)을 얻는 체험" 이요. 성령의 충만은 거듭난 성도가 "하나님의 권능을 받아 그리스도의 능력이 임하는 체험" 이다. 그러므로 거듭남은 새로운 예수님의 생명을 얻기 위하여 필히 체험해야 하고 성령의 충만은 하나님의 사역을 행하는데 있어서 예수님의 놀라운 "사명 적 권능"을 얻기 위하여 성도들이 반드시 갈망해야만 한다.

성령이 내주할 때 믿음 소망 사랑 감사들이 내게 생긴다. 그런데 성령이 충만하면 믿음이 더 굳건 해지고, 소망이 더 확실해지고, 사랑이 더 뜨거워지며, 감사가 더 구체화되어 간다. 또한 사탄의 역사가 분별되어지고, 사람의 외적인 것만 보고 판단하고 비판하고 정죄하던 삶이 사탄과 죄의 종이

_____ 성경이 해답이다

되어 고통 당하는 영혼을 보기 시작하여 긍휼히 여기는 마음이 생긴다. 세상을 사랑하던 마음이 하나님 사랑에 푹 빠져 물불을 가리지 않고 하나님을 사랑한다. 모든 것을 주어도 아깝지 않고, 구원에 대한 감사와 감격이 샘솟는다.

내가 예수님을 통해 나의 일을 하는 것이 아니라, 예수님이 나를 통해 예수님의 일을 하게 되어진다. 성령이 충만하다는 것은 성령님께 사로잡혀, 성령님에 의해 다스림을 받고, 성령님에 의해 기도하고, 말하고, 행동하는 "성령의 다스림" 과 "성령의 나타남"(고전 2:4, 12:7)을 말한다.

성령의 충만은 첫째는 성령님께서 내 마음을 다스리셔서, 성령의 내적 역사인 성령의 열매를 맺게(갈 5:22-24)하시고, 둘째는 성령의 외적 역사인 성령의 나타남을 통해 성령의 은사들(고전 12:7-11, 롬 12:6-8, 엡 4:11-12)로 나타난다.

그리스도인들은 성령의 은사들을 적극 개발하고 활용해야 한다(마 25:14-30). 성령의 은사들을 말씀에 의해 확고히 해야 한다(고전 12:4-11). 일부 사람들에 의해 부정되는 신유 은사(고전 12:9)는 제자들에게 친히 약속하신 사역이다(막 16:17-20) 의학의 발달로 등한시되지만 더욱 믿음으로 간절히 사모해서 주님의 능력(행 10:38)으로 사역해야 한다. 예수님의 사역은 전인(全人)구원이며, 전인(全人)치유다.

21세기 사역자들은 예수님의 전인 치유 사역(마 9:35-36)으로 훈련되어야 한다. 지면 관계상 성령의 은사에 대해 말하지 못하니 저자의 다른 책들을 꼭 참조하길 권면한다(책명: 우리 인생을 이렇게 끝낼 것인가?).

성경을 입체적으로 봉독할 때 성령께서 우리가 "하나님의 자녀임"(롬 8:16)을 확신케 하여 "자녀의 권세"(요 1:12)를 누리게 하고 성령의 내적 역사로 성령의 열매를 맺고 성령의 외적 역사로 성령의 은사가 나타나는 능력의 삶을 살게 한다.

다섯째: 올바른 관계로 행복과 성공의 삶을 살게 된다.

관계가 행복과 성공을 창조한다. 관계가 미래의 삶을 결정한다. 관계에는 1) 하나님과의 관계, 2) 자신과의 관계, 3) 이웃과의 관계가 있다. 우리들은 관계를 말하면 사람 들과의 관계만을 생각하고 또 사람 들과의 관계만 중요시한다. 그러나 [하나님과 친밀한 사랑의 관계]일 때, [자신과 건강한 사랑의 관계]가 되고, [자신과 건강한 사랑의 관계]가 될 때 [이웃과 성숙한 사랑의 관계]가 되어 행복하고 성공적인 삶을 산다.

예수님은 율법 중에 어느 계명이 크냐는 한 율법사의 질문에 '네 마음을 다 하고 목숨을 다하고 뜻을 다하여 주 너의 하나님을 사랑하라 하셨으니 이것이 크고 첫째 되는 계명이요 둘째는 그와 같으니 네 이웃을 네 몸과 같이 사랑하라 하셨으니 이 두 계명이 온 율법과 선지자의 강령이니라.'(마 22:37-40)고 하셨다. 이 말씀을 통해 예수님은 하나님과 자신과 이웃과 어떤 관계를 맺어야 할 것인가를 알려주셨다.

### 1) [하나님과 친밀한 사랑의 관계]를 맺기 위해
###    하나님을 사랑하라는 것이다.

하나님을 사랑하기 위해서는 먼저 하나님의 사랑을 알아야 한다. 자녀가 부모의 사랑을 받고 부모의 사랑을 아는 만큼 부모를 사랑하는 것처럼 우리 인간은 하나님의 사랑을 알아야 하나님을 사랑할 수 있는 존재다. 그래서 호세아는 '여호와를 힘써 알자'(호 6:3), '나는 인애를 원하고 제사를 원치 아니하며 번제보다 하나님을 아는 것을 원하노라'(호 6:6)고 했다. 하나님은 예배하는 자를 찾으시고(요 4:23), 예배하는 자를 축복하시는 데 예배보다 [하나님의 사랑을 아는 것]을 더 원한다고 하셨다.

성경이 해답이다

하나님의 사랑을 아는 것이 중요한 이유는 하나님의 사랑이 얼마나 크고 깊고 높고 길고 넓은 사랑인지를 알아야만 하나님의 사랑 안에 온전히 거하며 평안과 기쁨을 누릴 수 있기 때문이다.

'우리가 아직 죄인 되었을 때에 그리스도께서 우리를 위하여 죽으심으로 하나님께서 우리에게 대한 자기의 사랑을 확증하셨느니라.'(롬 5:8)고 말씀하신 것처럼 하나님은 십자가 사랑을 통해 우리를 향한 하나님의 사랑을 확증해 주셨다.

'하나님의 십자가 사랑'을 알고 믿을 때 우리는 하나님의 사랑 안에 온전히 거할 수 있다. 하나님의 사랑을 알기 위해 성도들이 목사의 설교를 통해 은혜를 받는 것은 아주 중요하다. 목사의 설교를 통해 하나님을 알게 되고, 만나고 싶어 지기 때문이다. 그러나 목사는 영적 아버지요, 영적 안내자다. 사랑은 하나님과 내가 직접해야 한다. 하나님과 직접 사랑의 대화를 나누어야 한다.

남녀 간의 사랑도 대화하는 과정에 얼굴 표정, 억양, 분위기, 제스처, 쓰여지는 단어, 상황, 등에 따라 사랑을 느낄 수 있고 큰 기쁨과 믿음을 얻을 수 있다. 하나님께 위로를 받을 때나 약속을 받을 때도 직접 듣는 것과 간접적으로 듣는 것은 천양지차이다. 사랑은 주는 자와 받는 자만이 아는, 믿음의 비밀이 있고, 비밀의 언어가 있고, 표정이 있고, 느낌이 있다. 이것은 누구도 중재할 수가 없다. 하나님의 절절한 사랑을 직접 듣지 않고 목사님을 통해서만 듣는다면 사랑에 대해 연애 소설을 보는 것과 같으며, 친구의 연애담을 듣는 것과 같다. 사랑은 내가 직접해야 가슴이 뛰고 기쁨이 있다. 성경을 계속 읽는 것은 하나님의 절절한 사랑의 표정과 억양과 제스처와 사랑의 밀어를 매일 직접 보고 듣는 것이다. 성경을 입체적으로 봉독 하면 하나님의 사랑을 알고 믿는데 결정적인 역할을 하며, 또한 목사님의 설교를 들을 때도 말씀에 더 큰 깨달음을 받게 된다.

**2) [자신과 건강한 사랑의 관계]를 맺도록 자신을 바르게 알아야 한다.**

많은 사람들은 수많은 죄와 실패로 인해 스스로 남과 비교하여 자신이 한없이 열등하다고 느끼며 살거나 자신이 남보다 우월하다고 생각하여 교만에 빠져 산다. 그러기에 자신을 사랑하려면 자신이 누구인가를 바르게 알아야 한다.

[인생에 관하여]를 쓴 프랑스의 문필가 몽테뉴(Michel de Montaigne)는 "인간은 전 세계를 알면서도 자기 자신을 모르고 있다"고 말했다. 심리학자 칼 융(Carl G. Jung)의 핵심 질문 역시 '당신은 자신이 누구인지 아는가?'였다. 인간은 늘 잃어버린 자기를 찾기 위해 노력한다. 그러나 자신을 찾는 길은 오직 예수님을 통해서 하나님과의 친밀한 인격적 사랑을 나눌 때 분명하게 보여 지는 것이다.

그래서 칼융은 인간은 삶의 의미인 예수님을 만날 때까지는 의미 없이 방황하며 허망한 인생을 살 수밖에 없다고 말했다. 아담이후 하나님과의 친밀한 사랑의 관계가 깨어진 인간은 자기 자신을 잃어버린 정체불명의 존재가 되었다. 우리는 자신이 누구인지를 바르게 알기 전에는 [자신과 건강한 사랑의 관계]를 맺을 수 없다.

자신이 누구인지 알기 위해서는 어떻게 해야 할까? 사람은 자신의 모습을 보기 위해 거울을 사용한다. 거울이 있을 때는 거울을 들여다보면 자기가 누구인지를 볼 수 있다. 그러나 거울을 잃어버리면 벽을 보고 아무리 자기를 찾으려 해도 찾을 수가 없다.

하늘을 쳐다봐도 땅을 쳐다봐도 자기가 누구인지를 볼 수가 없는 것이다. 사람은 '하나님의 형상과 모양대로'(창 1:26) 지음 받았기 때문에 하나님

성경이 해답이다

을 바라보았을 때는 '아, 내가 저분과 같구나!' 하고 자기 존재가치를 알 수가 있다. 하나님을 바라보았을 때는 위대하고 영광스러운 자기 모습을 알 수가 있다. 그러나 하나님을 잃어버리고 난 다음에는 자기 정체성을 상실했다. 거울이 없으면 자기 모습을 볼 수 없듯이, 하나님을 보지 못한 인간은 자기 정체성을 상실하고 자기가 누구인지를 모르게 되었다.

하나님의 사랑을 모르는 인간은 자기가 얼마나 소중한 존재인 줄 모른다. 자신이 소중한 존재인 줄을 모르는데 어떻게 자기를 사랑할 수 있으며, 자기를 사랑하지 못하는데 어떻게 이웃을 사랑할 수 있겠는가? 미국 소설가 마크 트웨인(Mark Twain)은 '인간은 자기 자신에 대한 긍정이 없이는 결코 인생을 행복하게 살 수 없다.'고 했다. 노벨문학상을 받은 영국의 버트런트 러셀(Bertrand Russell)은 '자기 자신과 평화 한 사람만이 다른 사람과 평화 할 수 있다'고 했다.

자기를 사랑하지 못하기 때문에 이웃을 사랑하지 못하고 인간은 점점 더 삶의 혼돈과 공허와 허무의 늪에 빠지게 된다. 사랑을 모른 체 사는 사람들은 세상적인 것들을 소유함으로 행복 하려 한다. 명예를 얻음으로 행복하고 성공하려고 한다. 그러나 이런 것들이 만족을 가져다줄 수는 없다. "노인과 바다"라는 작품으로 노벨문학상까지 받은 헤밍웨이(Ernest Hermingway)는 부귀와 명성을 다 가진 사람이었다. 하지만 그는 네 번이나 이혼하는 불행한 결혼 생활을 했고, 결국 예순한 살에 심한 우울증으로 자살하였다. 겉만 화려하게 포장된 허수아비 인생은 결국 삶의 공허와 허무만을 안겨준다. 돈이나 지위나 명예나 권세와 같은 세상의 것 들은 잠시 있다가 물거품처럼 사라지는 것들이다. 결코 만족을 줄 수 없다. 인류 역사상 가장 큰 부귀 영화를 누렸던 솔로몬조차 '헛되고 헛되니 모든 것이 헛되도다.'(전 1:2)고 탄식했다.

하나님의 사랑을 모르는 사람은 세상 것으로 아무리 많은 것을 채워 놓아도 결과는 공허하고 허무하기 짝이 없을 뿐이다. 프랑스의 철학자 파스칼(Blaise Pascal)은 "인간은 영적인 존재이다. 그래서 사람의 마음속에는 하나님의 사랑으로만 채울 수 있는 공간이 있다"고 했다.

물고기는 물속에서 살아야 하듯이, 사람은 하나님의 사랑 속에 살도록 창조되었다. 파스칼이 지은 〈팡세〉를 보면 [아, 인간이여, 내가 비참에서 벗어나려고 아무리 찾아봐도 아무 소득이 없구나. 내 자신 속에서는 진리도 선도 찾을 수가 없구나! 철학자들은 그것을 찾아 주겠다고 너에게 약속했지만 그 약속을 지킬 수 없다. 그들은 너의 참된 선이 무엇이며 너의 참된 간구가 어떤 것인지도 알지 못한다. 네가 왜 비참한지 그 원인조차 알지 못하면서 어떻게 너의 불행을 건져줄 수 있다는 말인가!] 라고 말하고 있다. 파스칼은 공허하고 허무한 삶의 모습을 한탄하고 있다. 그러나 파스칼이 하나님을 만나 인생의 방황과 고뇌의 종지부를 찍은 후에는 하나님의 은총에 감격하여 "하나님은 철학자의 하나님이 아니요, 과학자의 하나님도 아니요, 수학자의 하나님도 아니요, 하나님은 아브라함의 하나님, 이삭의 하나님, 야곱의 하나님, '믿는 자의 하나님' 인 것을 내가 알아 내었다"는 글을 남겼다.

그가 하나님을 믿고 나자, 하나님께서는 예수 그리스도 안에서 그를 품어 주시고 잃어버린 자화상을 회복시켜 주셨다. 빈 가슴에 "자신의 소중한 존재 가치"를 분명하게 인식하게 된 것이다. 인간의 본래 형상을 회복하는 방법은 오직 창조주 하나님을 만나는 길 이외에는 다른 길이 없다. 하나님과의 만남으로만 삶의 혼돈을 끝낼 수 있다. 공허도 예수 안에서 하나님을 만남으로 매워지고, 혼돈도 예수 안에서 하나님을 만남으로 해결될 수가 있다. 예수 없는 삶은 허무한 삶일 수밖에 없다. 그러나 자신이 이 세상 그 어

_____ 성경이 해답이다

떤 것 과도 비교할 수 없는, 하나님께서 독생자의 보혈로 값 주고 살만큼 아주 소중한 존재임을 알고 나면 공허와 허무를 해결하고 [자신과 건강한 사랑의 관계]를 갖게 된다.

예수님을 믿는 그리스도인들조차도 세상 사람들을 부러워하는 것을 본다. "악인의 형통을 부러워한다"(시 73:1-23) 수단과 방법을 가리지 않고 돈을 번 사람들을 부러워하고, 부와 명예를 유지하는 사람들을 부러워한다.

더욱이 세상 사람들의 가치 기준처럼 어떤 방법으로 든 부와 명예를 얻으면 행복하고 성공한 사람이고, 자신은 예수만 믿었지 "가진 것이 없으니" 불행하고 실패했다고 열등감에 빠져 자학하며 살고 있다. 그러나 그리스도인은 세상 사람들에게 없는 것이 있다. 세상 사람들이 보지 못한 것을 보았고, 세상 사람들이 듣지 못한 것을 들었으며, 세상 사람들이 받지 못한 사랑을 받고 있다. 세상 사람들이 모르는 것을 깨달았고, 세상 사람들이 갖지 못한 만 왕의 왕을 가졌다. 예수 안에 모든 것이 있음을 아는 사람들은 세상의 성공과 부귀를 부러워하지 않는다. 성경을 입체적으로 봉독함으로 [하나님과 친밀한 사랑]을 나누는 사람은 자신이 얼마나 소중한 존재인가를 인식하기에 세상 것에 요동하지 않고 높은 자존감으로 [자신과 건강한 사랑의 관계 속에서 기쁨](합 3:17-19)의 삶을 살게 된다.

### 3) [이웃과 성숙한 사랑의 관계]를 위해 네 이웃을 네 몸과 같이 사랑하라는 것이다.

자신이 누구인지를 분명히 깨닫고 자신을 사랑하는 사람은, 환경이나 사람들로 인해 자신을 열등하다 생각하거나 자신을 자학하지 않는다.

마크 트웨인이 쓴 〈왕자와 거지〉의 주인공인 왕자는 자신이 누구인지를 분명히 인식하기에, 어떤 역경 속에서도 좌절하지 않고 나라와 백성을 생각하는 것처럼, 그리스도인의 신분을 분명히 인식한 사람은 [하나님의 나라와 하나님의 의를 생각하며] 이웃과 성숙한 사랑의 관계를 맺는다.

그리스도인은 예수님의 사랑을 아는 만큼 행복하며 예수님을 닮는 만큼 성공한다. 거듭난 그리스도인들은 세상의 많은 것들을 소유함으로 행복해 하는 것이 아니다. 세상에 많은 것들의 소유함을 성공으로 여기지 않는다. 거듭난 그리스도인은 [하나님과 친밀한 사랑의 관계]로 인해 행복해한다(합 3:17-19). 거듭난 그리스도인이 하나님과의 사랑으로 인해 행복해질 수 있는 것은 "행복은 원하는 것을 얻는 것이 아니라, 성경 봉독을 통해 가지고 있는 것을 깨닫는 것이기 때문이다."

사람을 사랑하는 것이 의무가 아니라 행복이 된다. 세상 사람들은 사람 들에게 사랑을 받음으로 행복해한다. 그러나 그리스도인은 사람들을 섬김 으로 행복해한다. 하나님께 받은 그 사랑을 이웃에게 줌으로 "주는 자의 행 복"(행 20:35)을 누린다. 하나님이 우리에게 사랑의 통로가 되라 하셨기에 위 로부터 받은 사랑을 다른 사람에게 흘러가게 한다. 이웃 사랑을 통해 참 기 쁨과 소망을 체험하게 된다. 사람을 사랑하는 것이 행복이 될 때 그리스도 안에서 진정한 성공이 된다.

### 이웃과의 관계를 신기한 연합으로

우리가 먹는 소금은 대단히 중요하다. 소금은 음식의 맛을 내고 방부제 역할을 한다. 더욱이 소금을 먹지 않으면 죽기도 한다. 그러나 이렇게 중요 한 소금은 극히 나쁜 두 가지의 독소로 구성되어 있다.

소금은 소디움과 크로라이드라는 두 가지 원소가 합하여 만들어진다. 그런데 사람이 이 소디움과 크로라이드를 각각 따로 먹으면 죽는다. 자석 중에도 가장 강력한 영구 자석은 알리코 자석이다. 알리코 자석은 알미늄,

니켈. 코발트를 합해서 만든 자석이다. 알미늄이나. 니켈이나. 코발트는 자석에 붙지도 않는 쇠붙이인데 세 가지가 결합하면 가장 강력한 자석이 된다. 인간관계는 전혀 다른 성향의 사람들이 하나로 결합될 때 가장 강력하고 신기한 역사를 이룬다. 부부가 하나로 결합되지 못하고 따로 따로 존재하면 서로 쓸모 없는 존재가 되고 불행한 존재가 되고 사람들에게 피해를 준다.

인간관계는 예술이라고 한다. 각기 다른 환경에서 다른 습성과 독특한 개성을 지닌 사람들이 하나의 친밀한 연합으로 들어가는 것이 얼마나 어렵겠는가? 각각 다른 의견, 가치관, 철학, 방법론, 생활관습, 서로 다른 가정환경에서의 성장, 서로 다른 성격, 등으로 맺어지는 인간관계에 갈등은 필연적으로 일어나게 되어 있다.

인간은 불완전한 존재이기에 어차피 있을 수밖에 없는 갈등을 건강하게 해결했을 때 인간관계는 성숙한 사랑의 관계가 된다.

자기 중심적인 태도가 서로 간의 하나 됨을 가로막는 것은 두말할 나위가 없다. [서로 돕는 관계]의 개념이 아니라 [서로 바라는 관계]이기 때문에 서로 간의 친밀감은 형성되질 않는다. 자기 방식만을 바라고 고집하고 성취하려 할 때 필연적으로 갈등을 유발하게 된다.

"서로 섬기고, 사랑하고, 서로 이해하고 서로 감사하고" 서로 돕는 관계가 되어야 하는데 서로 상대가 먼저 잘해 주길 바라고, 상대가 하는 것은 당연하게 생각하면 인간 관계는 성공할 수 없다. 사랑은 거창한 것이 아니다.

사랑은 역지사지(易地思之)로부터 시작하는 것이다. 내가 사람들에게 소중하게 여겨지고, 수고를 인정받고, 칭찬받고 싶은 것처럼, 상대방을 소중하게 여기고 믿어주고, 인정해 주는 것이다. 인간관계에서 가장 어려운 일은 교만하고 위선적이고 악하고 이기적인 사람을 사랑하는 것 일 것이다. 고린도전서 12:1-13에 사랑의 절대성과 위대성을 명확하게 말씀하였다. 예수님은 삶과 말씀을 통해 수 없이 사랑의 위대함을 교훈 하셨다. 많은 성도들도 사랑의 기쁨도 알고 절대성과 위대성도 알기에 사랑을 위해 부단히 노력한다. 그런데 아이러니하게도 사랑하려고 노력하는 성도들이 더 상처를 입고 어느 순간 신앙생활도 잘 못하는 경우가 많다. 왜 그럴까 자기 의지로, 사랑하려 하기 때문이다. 물론 사랑은 의지가 필요하다 그러나 사랑은 우리의 노력과 의지만으로 되지 않는다.

예수님은 "나는 포도나무요 너희는 가지라 그가 내 안에 내가 그 안에 거하면 사람이 열매를 맺나니 나를 떠나서는 너희가 아무것도 할 수 없음이라"(요 15:5)고 하셨다. 우리는 포도나무가지다. 포도나무가지는 스스로 사랑의 열매를 맺을 수 없다.

포도나무가지는 포도나무에 붙어있으면 하나님의 때에, 하나님의 방법으로, 하나님께서 사랑의 열매를 맺게 하신다. 국민학생이 쌀 한 가마니를 의지로 짊어지려고 노력하면 쓰러지게 될 것이다. 그러나 청년이 되면 거뜬히 짊어지게 된다. 하나님의 말씀을 부지런히 봉독하면 말씀이 살았고 운동력이 있어 나를 지배하고 이끌고 사랑할 능력을 주고 사랑할 지혜와 힘을 준다. 성경을 입체적으로 봉독하는 것은 포도나무가지가 포도나무에 계속 붙어 있는 것과 같다. 포도나무가 계속 공급해 주는 영양분(말씀)이 포도나무가지를 자라게 하고 열매를 맺게 한다. 자신의 정체성과 가치관과 내세관이 분명해질수록 자연스럽게 사랑의 사람이 되어 간다. 내가 사랑하는 것이 아니라 주님이 나를 통해 주님이 사랑하는 것이다. 내가 사랑하려 하지 말고 주님이 나를 통해 주님이 사랑하도록 해야 기쁘고 열매를 맺게 된다. 성경을 입체적으로 봉독하면 하나님과 자신과 이웃과의 올바른 관계로 행복하고 성공적인 삶을 살게 된다.

_____ 성경이 해답이다

## 여섯째: 고난의 이유와 해결 방법을 알게 된다

예수님을 구주로 영접하고 하나님의 자녀가 되면 하나님이 친히 성령으로 우리 안에 오셔서 사랑으로, 축복으로 역사하시는 데 왜 우리에게 고난이 있는가? 이것은 모든 그리스도인들이 갖고 있는 공통된 의문일 것이다.

그러나 인간과 고난은 분리해서 논할 수도 생각할 수도 없다. 그래서 세계적인 실존주의 철학자 키에르케고르(S. A. Kierkegaard)는 데카르트(R. Descartes)의 '나는 생각한다. 고로 내가 존재한다.'라는 말을 조금 바꾸어 '나는 고통당한다. 고로 내가 있다.(I struggle, therefore I am)'라고 하였고 인도의 위대한 지도자 간디(M. K. Gandhi) 는 "고난은 생명의 한 원리다" 고 하였다. 이처럼 고난이 없는 생은 상상할 수 없다. 어찌 보면 고난은 인간이 살아있다는 증거다.

이렇듯 대부분의 사람들은 태어나 서부터 죽을 때까지 고난과 실패 속에 살게 된다. 고난은 어떤 사람에게는 불행이고, 걸림돌이고, 아픔이고, 인생의 쓰라림이다. 고난과 실패 때문에 인생을 망치기도 하고, 낮은 자존감으로 스스로를 자학해 [자신과 건강한 사랑의 관계]를 망가뜨리기도 한다. 그러나 어떤 사람에게는 고난이 축복이 되고, 디딤돌이 되기도 한다. 고난을 통해 하나님을 만나기 때문이다. 하나님께서는 때때로 사람을 하나님께로 이끄시는 방편으로 고난을 사용하신다. 고난을 통해 예수 그리스도를 진정으로 알게 하신다(욥 42:5) 하나님은 우리 인생의 쓰라림을 덜어 주시지는 않는다. 하지만 우리에게 기쁨을 더해 주셔서 쓰라림을 덮어 주신다. 쓰라림은 육의 아픔이고 기쁨은 영의 기쁨이다. 그리스도 안에 있는 신령한 기쁨은 모든 쓰라림을 삼키고도 남음이 있다. 하나님은 고난과 실패를 통해 인격을 형성 시키고 성숙한 인간으로 만들어 가신다.

큰 나무는 온실 속에서 성장할 수 없고, 비바람과 모진 추위를 견디어야 하듯, 역사상 위대한 발자취를 남긴 사람들은 하나같이 고난과 실패의 긴 터널을 통과했던 사람들이다.

고난과 실패의 때에 인생의 주인이신 창조주 하나님을 만난 사람은 더 겸손해지고, 다른 사람을 더 사랑하며, 다른 사람을 위해 더 헌신적인 삶을 살아가게 된다. 고난이 축복이 되기 위해서는 그 사람의 태도가 매우 중요하다. 존 호머 밀스(John Homer Mills)는 [삶이란 우리의 인생 앞에 어떤 일이 생기느냐에 따라 결정되는 것이 아니라 우리가 어떤 태도를 취하느냐에 따라 결정되는 것이다]라고 말했다.

고난의 때에도 하나님이 주신 꿈과 약속을 가슴에 품고, 주어진 삶에 감사하면서, 하나님 앞에서, 하나님과 함께 사는 사람에게는 고난이 불행이 아니라 축복의 과정이요, 꿈을 성취하는 과정이 된다. 요셉은 고난이 가중될수록 하나님께 더 가까이, 더 가까이 나아가 하나님과 하나가 되었으며, 하나님의 지혜, 하나님의 능력으로 애굽의 총리가 되어 하나님께 영광을 돌리는 귀한 삶을 살았다. 마음이 즐거울 적에는 밤하늘에 별이 보이지를 않는다. 슬픈 일이 있어야 비로소 밤하늘의 별이 보인다. 우리의 신앙도 그렇다. 고난과 역경을 통해서 우리의 신앙이 연단 되고 확인되는 것이다. 그래서 하나님께서는 우리로 하여금 늘 평탄한 길로만 인도하시는 것이 아니라 때로는 사망의 음침한 골짜기로도 지나게 하신다(시 23:1-6). 이때 분명한 것은 [사망의 음침한 골짜기를 지날 때 주께서 나와 함께 하신다](시 23:4)는 사실을 믿고 인식하며 산 사람들은 위대한 인생을 살았다.

### 고난의 의미

① 고난은 나를 변화시키고 성숙시키기 위한 하나님의 뜻입니다.

에디슨(Tomas A Edison)은 "고난과 실패는 건물의 기초 공사와 같다"고 했다. 미국의 정신과 전문의 에릭 린드맨(Erick Lindman) 박사의 설문 조사에 의하면 고난을 당한 사람들의 85%는 자신의 고난이 결국 축복이 되었다고 답했다. 그 이유로 고난 때문에 나쁜 습관을 고칠 수 있었고, 고난으로 가정과 신앙, 사랑을 회복했으며 고난을 극복하기 위해 노력한 결과 인생이 새로워졌고, 원망과 불평을 하는 삶이 아닌 감사하는 삶을 배우게 되었다는 것이다. 이처럼 고난은 어긋나 있던 삶의 방향을 바꾸는 터닝 포인트다. 마치 아름다운 나비가 되기 위해서 번데기 상태를 벗어나는 고통을 겪는 것과 같은 이치다. 고난이 괴로운 것은 그것에 굴복했기 때문이지 그 자체 때문은 아니다.

② 고난은 위대한 잠재능력을 깨닫게 하기 위한 하나님의 인도하심입니다.

크리스토퍼 로그(Christopher logue)라는 시인은 그의 시 〈절벽 가까이로 부르셔서 (Come to the Edge)〉에서 다음과 같이 노래하고 있다.

> 절벽 가까이로 나를 부르셔서 다가갔습니다.
> 절벽 끝에 더 가까이 오라고 하셔서 더 다가갔습니다.
> 그랬더니 절벽에 겨우 발을 붙이고 서 있는 나를
> 절벽 아래로 밀어 버리시는 것이었습니다.
> 나는 그 절벽 아래로 떨어졌습니다.
> 그때서야 나는 내가 날 수 있다는 사실을 알았습니다.

하나님은 이처럼 우리를 절벽 끝에 서게 하심으로 내재된 잠재능력의 위대함을 깨닫게 하신다. 독일의 대 문호 헤르만 헤세(Herman Hesse)는 〈데미안〉이라는 그의 책에서 "새는 알에서 나오려고 투쟁한다. 알은 세계다. 태

어나려고 하는 자는 한 세계를 깨뜨리지 않으면 안 된다. 새는 신에게 날아
간다. 신의 이름은 아드락사스다" 라는 명언을 남겼습니다. 더 높고 넓은 세
계로 나아가기 위한 새의 몸 부림처럼 우리 주위를 둘러싸고 있는 환경을
깨는 노력을 해야 됨을 말한다. 새는 스스로의 의지와 노력으로만 알을 깨
뜨리고 나오는 것이 아니라 어미 새의 사랑에 의한 외부의 충격으로 껍질
을 깨고 나오게 된다. 마찬가지로 하나님은 사람들과 환경이라는 고난의 충
격을 통해 새로운 세계를 알게 하신다. 고난은 영적세계에 눈을 뜨고 믿음
을 크게 하기 위한 하나님의 방법이다.

　도종환 시인의 시 중에 〈흔들리며 피는 꽃〉이란 시가 있다.


　　　흔들리지 않고 피는 꽃이 어디 있으랴
　　　이 세상 그 어떤 아름다운 꽃도 다 흔들리면서 피었나니
　　　흔들리면서 줄기를 곧게 세웠나니
　　　흔들리지 않고 가는 사랑이 어디 있으랴
　　　젖지 않고 피는 꽃이 어디 있으랴
　　　이 세상 그 어떤 빛나는 꽃들도 다 젖으며 피었나니
　　　바람과 비에 젖으며 꽃잎 따뜻하게 피었나니
　　　젖지 않고 가는 삶이 어디 있으랴.


　우리 곁에 울고 있는 사람, 웃고 있는 사람들, 그들을 살펴보면 모두 흔
들거리며 자신의 꽃을 피워가고 있다. 그 영롱한 꽃봉오리도 한 때 비에 젖
어 울어야 할 때가 있었다. 이것이 바로 인생이고 삶이다. 질병으로 신음하
다 치료하시는 하나님을 만난다. 가슴이 아파 울부짖다 더 아파하시는 하나
님을 만난다.

소중한 사람을 잃고 목 놓아 울다가 부활의 주님을 만나 영광의 소망을 간직하게 된다. 이렇듯 고난을 통해 새로운 영적세계에 눈을 뜨게 된다. 고난을 통해 새로운 세계로 인도를 받아 새로운 꿈을 꾸며, 우리 자신의 위대함을 발견하게 된다.

제임스 패커(J. I. Packer) 교수는 그의 책 〈성령을 아는 지식〉에서 "눈을 감은 사람은 손이 미치는 곳 까지가 그의 세계요, 무지한 사람은 그가 아는 것 까지가 그의 세계요, 위대한 사람은 그의 비전이 미치는 곳 까지가 그의 세계다" 라고 했다. 사람은 꿈 너머 꿈을 꾸는 만큼 원대한 인생을 살 수 있는 것입니다. 평범과 비범의 차이는 재능과 능력의 차이가 아닌 믿음과 비전의 차이다. 일본인들이 많이 기르는 관상어 중에 '고이'라는 잉어가 있는데 이 잉어를 작은 어항에 넣어 두면 5~8cm 밖에 자라지 않는다. 그러나 연못에 넣어두면 12~25cm까지 자라고 강물에 방류하면 90~120cm까지 큰다. 고이는 자기가 숨 쉬고 활동하는 세계의 크기에 따라 피라미가 되기도 하고, 대형 잉어가 되기도 한다. 마찬가지로 우리가 숨 쉬고 활동하는 영적 세계의 크기에 따라 인생의 크기도 달라진다. 어떤 믿음과 비전의 크기를 가졌느냐에 따라 평범한 인생도 되고 비범한 인생도 되는 것이다.

③ 고난은 인간의 근원적인 질문의 해답을 찾게 한다.

인간은 문제 속에 산다. 부부/자녀/직장/사업/질병/실패/사별/죽음 등 산 넘어 산이다. 수많은 문제들로 인해 미움과 원망 불평 낙심 좌절, 변절, 절망 속에 살다가 자살하기도 한다. 하나님의 자녀가 된 그리스도인들에게도 고난이 있다. 그런데 어떤 그리스도인들은 수많은 걸림돌들을 디딤돌 삼아 행복하고 성공적인 삶을 산다. 행복하고 성공적인 삶을 사는 그리스도인들은 인간에게 주어지는 근원적인 세가지 질문의 해답을 성경을 통해 찾은 사람들이다. 인간 모두에게 주어지는 근원적인 질문은,

첫번째: 나는 어떤 존재인가? 하는 정체성의 문제다.

사람들이 말하는 모세(나)/자신이 생각하는 모세(나)/하나님이 보는 모세(나)는 다르다.

ㄱ)나는 하나님에 의해 창조된 존재다(창 2:7). 인간은 하나님에 의해 영과 혼과 육으로 창조되었고(창 2:7) 하나님의 형상(창 1:26)으로 창조된 지, 정, 의의 인격체이며 영적 존재다. 하나님께 복을 받아야 생육, 번성, 충만, 정복, 다스릴 수 있도록 창조되었고(창 1:28), 하나님의 말씀을 믿고 순종해야 복을 받을 수 있도록 창조되었다(창 2:16-17) 그런데 자신이 피조물임을 망각하고 헛된 욕심으로 불신하고 불순종(창 3:1-8)하였다.

그리하여 믿지 않는 사람들은 "허물과 죄로 인한 영적 죽음"(엡 2:1)상태에서 사탄의 간계로 A)혼미케 되고(고후 4:4) B)미혹 되고(고후 11:3) C)두려움에 빠지고(벧전 5:8) D)매이고(눅 13:16) E) 눌림(행 10:38) 속에 살고 있다.

ㄴ) 나는 하나님의 은혜를 믿음으로 구원받아 하나님의 자녀 된 존재다(요 1:12-13).

인간은 영적 죽음(엡 2:1)상태에서 "세상 풍조를 따르고, 공중에 권세 잡은 자를 따르고, 육체의 욕심을 따라 육체와 마음의 원하는 것을 하여 본질 상 진노의 자녀의 삶"(엡 2:2-3)을 살았는데 "긍휼이 풍성하신 하나님이 우리를 사랑하신 그 큰 사랑을 인하여, 허물로 죽은 우리를 그리스도와 함께 살리셨다(너희는 은혜로 구원을 받은 것이라)"(엡 2:4-5).

성경은 다시 한번 강조하여 "너희는 그 은혜에 의하여 믿음으로 말미암아 구원을 받았으니 이것은 너희에게서 난 것이 아니요 하나님의 선물이다"(엡 2:8)고 말씀한다. 그런데 믿음까지도 하나님의 은혜다. 왜냐면 하나님이 은혜를 주셔서 믿어진 것이다. 성경은 "영접하는 자 곧 그 이름을 믿는 자들에게는 하나님의 자녀가 되는 권세를 주셨으니 이는 혈통으로나 육정으로나 사람의 뜻으로 나지 아니하고 오직 하나님께 로부터 난 자들이니라"(요 1:12-13)고 했다. 내가 예수를 구세주로 영접하여 하나님의 자녀가 될 수 있는 것도 하나님의 은혜로 된 것이다.

내가 예수를 영접했는데 어떻게 하나님의 은혜란 말인가? 하나님께서 "물(말씀)과 성령으로 거듭나게 하셔서"(요 3:1-8) 예수님을 구세주로 영접하도록 하셨기 때문에 혈통으로나 육정으로나 사람의 뜻으로 나지 아니하고 하나님께로부터 난 자들이라고 하신 것이다. 우리는 "하나님의 은혜"(고전 15:10)로 자녀가 되었다. 또한 "예수를 구세주로 영접하여 자녀가 되는 권세"(요 1:12)를 주실 때 성령을 주셔서 "성령이 친히 우리의 영과 더불어 우리가 하나님의 자녀인 것을 증언"(롬 8:16)하시고 "이와 같이 성령도 우리의 연약함을 도우시나니 우리는 마땅히 기도할 바를 알지 못하나 오직 성령이 말할 수 없는 탄식으로 우리를 위하여 친히 간구"(롬 8:26)하신다. 성령이 우리 안에 임하여(고전 3:16) 우리가 하나님의 자녀 된 것을 확인시켜 주시고 말할 수 없는 탄식으로 우리를 위해 중보 기도하여 하나님의 축복을 받게 하신다. 그 성령님께서 "인생의 모든 것을 가르치고 예수님의 말씀을 생각나게 하시고"(요 14:26) "장래 일을 알게 하시고, 진리 가운데로 인도"(요 16:13)하여 자녀로 살게 하신다. 그런데 성령의 역사를 자각하며 사는 그리스도인과, 성령의 역사를 자각하지 못하고 사는 그리스도인이 있다.

미국에 대표적인 작가 마크 트웨인이 쓴 "왕자와 거지"라는 책에서 거지는 궁 안에서 왕자 대우를 해 주어도 거지같이 살고, 왕자는 궁 밖에서 거지 취급을 당해도 왕자처럼 생각하고 왕자처럼 언행을 하고, 왕자처럼 꿈을 꾸며 사는 것을 본다. "하나님은 복되시고 유일하신 주권자이시며 만 왕의 왕이시며 만주의 주시니"(딤전 6:15) 하나님의 자녀 된 우리는 왕자됨을 인식하고 왕자로 살아야 할 존재다.

ㄷ)나는 권능(행 1:8)을 받아 사명(마 28:18-20)을 감당해야 할 존재다.

그가 어떤 상황에 처해 있던, 어떤 삶을 살던, 어떤 위치에 있던 모든 그리스도인의 사명은 "예수님의 유언"(마 28:18-20)을 실천하는 일이다. 그런데 우리는 예수님의 지상 명령을 수행할 수 있는 능력이 없다.

그 사실을 익히 아신 예수님께서는 "오직 성령이 너희에게 임하시면 너희가 권능을 받고 예루살렘과 온 유대와 사마리아와 땅 끝까지 이르러 내 증인이 되리라"(행 1:8)고 말씀하셨다. 권능을 받아야 증인의 삶을 살 수 있다고 하신 것이다.

권능(행 1:8)은 권세(요 1:12)+능력(눅 24:49)의 합성어다. 자녀가 되는 권세가 있지만 증인의 삶을 살려면 능력(눅 24:49)을 받아야 한다고 예수님은 말씀하셨다. 권세와 능력을 설명하면 권세는 의사 면허증과 같고 능력은 의사의 치료 실력을 말하는 것이다. 의사 면허증이 있으면 수술할 권세는 있지만, 치료할 수 있는 능력도 있어야 명의가 된다. 예수님은 부활하신 후 승천하시기 전 "볼지어다 내가 내 아버지께서 약속하신 것을 너희에게 보내리니 너희는 위로부터 능력으로 입혀질 때까지 이 성에 머물라"(눅 24:49) 말씀하셨는데 그러면 "위로부터 입혀질 능력"은 무엇인가?

"예루살렘을 떠나지 말고 내게서 들은 바 아버지께서 약속하신 것을 기다리라 요한은 물로 침례를 베풀었으나 너희는 몇 날이 못되어 성령으로 침례를 받으리라"(행 1:4-5)했으니 능력이란 "성령 충만"(행 2:1-4)을 받는 것이다.제자들이 "약속된 말씀에 의지하여"(행 1:4-5) "오로지 기도에 힘쓸 때"(행 1:14) "성령 충만을 받아"(행 2:1-4) "성령의 열매"(갈 5:22-23)를 맺고 "성령의 은사"(고전 12:4-11)가 나타나는 권능의 사역을 했던 것처럼, 우리들도 약속된 말씀에 의지하여 기도에 힘씀으로, 성령 충만을 받아 권능으로 각자에게 주어진 사명을 감당해야 할 존재다

성경이 해답이다

두번째: 나는 무엇을 위해/어떻게 살아야 하는가? 하는 가치관의 문제다.

ㄱ)나는 무엇을 위해 살아야 하는가?

하나님의 말씀인 성경은 "내 이름으로 불려지는 모든 자 곧 내가 내 영광을 위하여 창조한 자"(사 43:7)라고 했으며 "그런 즉 너희가 먹든지 마시든지 무엇을 하든지 다 하나님의 영광을 위해 하라"(고전 10:31)고 했으니 창조하신 것도, 구속하신 것도 하나님의 영광을 위하여 하셨으니 우리는 하나님의 영광을 위해 살아야 한다. 그러면 하나님의 영광을 위한 삶은 어떤 삶인가? 하나님의 창조와, 구속과, 심판이, 하나님의 말씀대로, 하나님의 절대주권으로 섭리됨을 삶으로 증거하는 것이다.

우주 만물을 창조하신 분이 하나님이시며, 예수 그리스도로 인류를 구속하신 분도 하나님이시며, 선악 간에 최후의 심판을 하시는 분도 하나님이시다. 이 모든 사실을 내가 분명히 믿고, 각자에게 주어진 재능과 은사를 따라, 삶의 현장인 가정과 직장에서 언행심사(言行心事)로 증거하는 것이다.

ㄴ)나는 어떻게 살아야 하는가?

하나님의 영광을 위해 살아야 할 것은 알지만 마음은 원이로되 육신이 약하여 "내가 원하는 바 선은 행하지 아니하고 도리어 원하지 아니하는 바 악을 행하는도다"(롬 7:19)는 바울의 고백처럼 우리의 의지나 노력으로는 살 수가 없다. 그러므로 여호와를 목자로 삼고 삶을 살았던(시 23:1-6)다윗처럼, 우리도 예수님을 삶의 주인으로 모시고 살아야 한다. 그러면 하나님께서 우리를 다윗처럼 푸른 초장으로 쉴 만한 물가로 인도하고 평탄하고 형통한 길로 인도하실 것이다.

물론 때로는 "사망의 음침한 골짜기"(시 23:4)같은 고난의 터널을 지나게도 하시지만 분명한 것은 "원수의 목전에서 상을 차려 주시고 평생에 선하심과 인자하심이 반드시"(시 23:5-6) 따르게 하심을 믿어야 한다.

그리스도인들은 이 사실을 믿고 "거룩하게(=성스럽고 위대하게)"(레 19:2) 살아야 한다. 우리가 거룩하게 살 수 있는 유일한 방법은 "하나님의 말씀과 기도로 거룩하여짐이라"(딤전 4:5)고 했으니 말씀을 봉독하고 기도하는 일에 힘써야 한다. 특히 제자들이 "우리가 어떻게 하여야 하나님의 일을 하오리이까"(요 6:28)했을 때 예수께서 "하나님께서 보내신 이를 믿는 것이 하나님의 일이니라"(요 6:29)하셨으니, 예수님을 구속주와 삶의 주인으로 믿는 일에 힘써야 한다. 우리는 포도나무 가지다. "나는 포도나무요 너희는 가지라 그가 내 안에 내가 그 안에 거하면 사람이 열매를 많이 맺나니 나를 떠나서는 너희가 아무것도 할 수 없음이라"(요 15:5)고 하셨으니 포도나무 되신 예수님께 밀착되어 살아야 한다.

세번째: 나는 어디로 가는가? 하는 내세관의 문제다.

죽음은 끝이 아니다. 영생이 있다. 하나님의 말씀인 성경은 분명히 "하나님이 세상을 이처럼 사랑하사 독생자를 주셨으니 이는 그를 믿는 자마다 멸망하지 않고 영생을 얻게 하려 하심이라"(요 3:16)고 했다. 예수님이 하늘 보좌를 버리시고 이 땅에 오신 것도, 우리를 대신하여 십자가에 못 박혀 죽으신 것도 우리에게 영생을 주시기 위함이다.

세상에 태어난 모든 사람들은 남녀노소를 불문하고 영생을 갈망한다.

성경은 "아들을 믿는 자에게는 영생이 있고, 아들에게 순종하지 아니하는 자는 영생을 보지 못하고 도리어 하나님의 진노가 그 위에 머물러 있느니라"(요 3:36)고 했다 또한 상급과 심판이 있다. "한 번 죽는 것은 사람에게 정해진 것이요 그 후에는 심판이 있으리니"(히 9:27)라고 했다. 그러니 죽음 후에 영생이 있고 심판과 상급이 있다. 이 진리를 믿어야 올바른 믿음이다.

예수를 믿는 사람들 중에 젊은 날에는 열심히 봉사하고 교회에 충성하던 사람들이 노년에는 신앙 생활이 "차지도 아니하고 뜨겁지도 아니하고 미지근한"(계 3:15-16)상태로 "나는 부자라 부요하여 부족한 것이 없다 하나 네 곤고한 것과 가련한 것과 가난한 것과 눈 먼 것과 벌거벗은 것을 알지 못하는"(계 3:17) 삶을 사는 그리스도인들이 많다. 이유는 가장 중요한 내세관이 분명하지 않기 때문이다. 천국에 대한 산 소망이 없기 때문이다. 산소망이 없는 사람은 변절하고 세상에 타협하고, 현실에 안주하게 된다. 왜냐면 내세에 대한 확신이 없고, 세상에 성공자들이 부럽기 때문이다.

바울 사도는 "우리가 잠시 받는 환난의 경한 것이 지극히 크고 영원한 영광의 중한 것을 우리에게 이루게 함이니 우리가 주목하는 것은 보이는 것이 아니요 보이지 않는 것이니 보이는 것은 잠깐이요 보이지 않는 것은 영원함"(고후 4:17-18)을 믿었다. 그러기에 "선한 싸움을 싸우고 달려갈 길을 마치고 믿음을 지킨"(딤후 4:7) 후 "이제 후로는 나를 위하여 의의 면류관이 예비되었으므로 주 곧 의로운 재판장이 그 날에 내게 주실 것이라"(딤후 4:8)고 담대히 외치고 있는 것이다.

우리는 천국에 가보지 않았다. 심판과 상급을 육의 눈으로는 보지 못한다. 거듭난 영의 눈으로 "하나님의 살아 있는 말씀"(히4:12)을 통해 분명하게 볼 수 있다. 성경을 통해 성경적 정체성과 성경적 가치관과 성경적 내세관을 바르게 확립한 사람은 형통할 때나 고난의 때나, 부름의 상을 위하여 "달음질" 한다(고전 9:24-27).

바울 사도는 "형제들아 나는 아직 내가 잡은 줄로 여기지 아니하고 오직 한 일 즉 뒤에 있는 것은 잊어버리고 앞에 있는 것을 잡으려고 푯대를 향하여 그리스도 예수 안에서 하나님이 위에서 부르신 부름의 상을 위하여 달려가노라"(빌 3:13-14)고 했다.

# 일곱째: 올바른 기도로 하나님이 주시는 축복을 누리게 된다.

혼돈과 공허, 그리고 고난의 질곡 속에서 형통하고 창대한 삶을 살았던 사람들의 특징은 무엇일까? 수많은 선택의 갈림길에서, 갈증과 갈등의 삶에서, 승리한 비결은 무엇일까? 그것은 기도의 삶이었음을 우리는 성경을 통해 확인할 수 있다.

하나님의 아들이신 예수님은 모든 것을 아시고, 어떤 일이든 하실 수 있고 하늘과 땅에 모든 권세를 가지신 분이셨다. 그럼에도 예수님은 새벽 미명에 기도하셨고(막 1:35) 밤 늦게까지 기도하셨고, 습관을 쫓아 기도하셨고(눅 22:39) "힘쓰고 애써 더욱 간절히 기도하시니 땀이 땅에 떨어지는 핏방울 같이 되었더라."(눅 22:44)고 기록되었다.

예수님은 제자들에게 기도를 가르쳐주었다(마 6:9-13) 제자들도 사역 중에 기도가 얼마나 중요한가를 깨닫고 "우리는 기도하는 것과 말씀 전하는 것을 전무하리라"(행 6:4)고 말해 사역에 최우선을 기도에 두었음을 알게 하셨다.

시대마다 하나님께서 사람을 쓰실 때, 각기 다른 형태의 사람들을 쓰시지만 그들의 공통점은 기도에 힘쓴 사람들이라는 것이다. 하나님의 말씀인 성경은 기도하는 사람들이 "하나님은 크고 측량할 수 없는 일을 행하시며 기이한 일을 셀 수 없이 행하심"(욥 5:9)을 체험했음을 기록해 놓았다. 삼위일체 하나님은 셀 수 없을 만큼 기도를 명령하셨고 응답할 것을 약속하셨다. 예수님은 "힘쓰고 애써 더욱 간절히 기도하셨다"(눅 22:44).

## 1)기도에 대한 성경적 정의

a. 기도는 영혼의 호흡이다. 마치 갓 태어난 아이가 호흡을 하듯 거듭난 하

_____ 성경이 해답이다

나님의 자녀는 영혼의 호흡인 기도를 시작하게 된다. 사람이 호흡하지 않고 살 수 없듯이 우리의 영혼도 호흡이 없이는 살 수 없다. 그래서 하나님의 사람으로 거듭난 사람들에게는 기도가 생명이 되는 것이다. 호흡하지 않으면 사람이 죽게 되듯 기도하지 않는 사람은 영적으로 죽은 상태와 같다. 우리가 기도하지 않아도 기도해 주는 부모와 친구들이 있다. 또한 "성령님이 기도해 주고"(롬 8:26) 계신다. 예수님이 기도해 주신다(롬 8:34). 그러나 내가 기도하지 않으면, 살아있는 생명이지만 하나님이 주신 참 생명의 자유는 누릴 수가 없다. 병원에 가면 중환자들에게 산소 호흡기를 통해 생명을 지탱하게 하는 것을 보게 된다. 산소 호흡기를 통해 생명을 유지하지만 생명의 능력은 나타나지 않는다. 마찬가지로 기도하지 않는 사람은 하나님이 주신 생명의 능력에 의해 살아가는 것이 아니다. 타인의 도움에 의해 생명을 유지하며 살아가는 것이다. 살았으나 죽은 것과 같은 생명이다. 기도는 영적 생명의 생존을 위해 절대적인 것이다. 호흡하지 않는 어린이는 제대로 성장할 수 없다. 기도하지 않는 영혼은 하나님과 친밀한 사랑의 관계를 맺을 수가 없다.

　b. 기도는 영혼의 대화다. 기도는 의식이 아니라 관계다. 기도는 하늘에 계신 아버지와 깊은 사랑의 관계를 키워가는 과정이다. 삶 속에서 대화가 없이 관계가 형성될 수 없듯이, 기도하지 않고 하나님과 친밀한 사랑의 관계가 될 수 없다. 때로 사람들은 "하나님께서 우리의 필요를 아시는데 굳이 간구해야 됩니까?"라고 말한다. 기도는 우리의 필요를 해결하기 위한 것만 아니다. 기도를 통해 하나님과 더 친밀한 사랑의 관계를 맺어 가기 위함이다. 사람들은 대화를 통해 상대를 알아가고, 자신의 마음을 전하게 된다. 마찬가지로 그리스도인은 기도를 통해 하나님의 성품과 인격, 능력 등을 알아간다. 그래서 기도하면 할수록 하나님을 더 잘 알아가게 되며 하나님의 마

음을 알게 된다. 또한 기도를 통해 하나님과 깊은 사랑의 대화를 나눌 때 우리 마음의 깊은 상처들이 치유된다. 성령의 능력으로 충만하여져서 세상을 이기고 남는 힘을 얻게 된다.

스펄전 목사는 기독교의 역사는 기도하는 사람들의 역사라고 했다. 역사를 지배하고 세상을 변화시킨 사람들은 모두 기도의 사람들이었다. 하나님과의 대화인 기도가 바로 문제 해결의 열쇠요 능력의 원천인 것이다. 하나님은 성경으로 우리에게 말씀하시고, 우리는 기도로 하나님께 말한다. 성경을 계속 봉독할 때 하나님께서 그 상황에서 나에게 합당한 레마를 말씀하시고, 기도로 우리의 연약함과 소원을 아뢰면 하나님께서 성령의 역사로 도움을 주신다.

c. 기도는 영적 전쟁에서 승리할 유일한 무기다. 사도 바울은 "우리의 씨름은 혈과 육을 상대하는 것이 아니요 통치자들과 권세들과 이 어둠의 세상 주관자들과 하늘에 있는 악의 영들을 상대함이라"(엡 6:12)고 했다. 우리가 기도해야 하는 중요한 이유는 마귀가 존재하기 때문이다. 성경은 "마귀가 벌써 시몬의 아들 가룟 유다의 마음에 예수를 팔려는 생각을 넣었더라"(요 13:2)고 했다. 우리 생각은 가룟 유다가 예수를 배신했다고 생각하는데 성경은 마귀가 배신케 했다고 말한다.

성경은 눅 22:31-32에 "시몬아, 시몬아, 보라 사탄이 너희를 밀 까부르듯 하려고 요구하였으나 그러나 내가 너를 위하여 네 믿음이 떨어지지 않기를 기도하였노니 너는 돌이킨 후에 네 형제를 굳게 하라"(눅 22:31-32)고 예수님을 저주하고 맹세하고 부인한 것이 베드로의 어리석음이나 연약함 때문만이 아니라, 사탄이 밀 까부르듯 하기 때문이라고 분명히 말씀하고 있다. 사도 요한은 "하나님의 아들이 나타나신 것은 마귀의 일을 멸하려 하심이라"(요일3 :8) 고 했다. 예수님의 구원은 사탄 마귀의 역사로부터의 구원이다.

_____ 성경이 해답이다

세상에 모든 사람들은 이스라엘 백성이 애굽에 종살이하듯, 사탄 마귀의 종이 되어 열등감, 불안, 자책감, 분노, 의심, 외로움, 절망, 욕심, 이기심의 노예로 살고 있다.

"우리가 마음은 원이로되 육신이 약하여 마음에 원하는 선을 행치 못하고 악을 행하는 것"(롬 7:19)은 사탄의 강력한 역사가 있기 때문이다.

기도 외에는 귀신을 물리칠 수가 없다(막 9:29) 타락한 천사 사탄(사 4:12-15)의 역사에 대해 예수님은 요한복음 10장 10절에 "도둑질하고(믿음, 소망, 사랑, 감사) 죽이고(영, 혼, 육) 멸망시키려는(하나님과의 관계, 자신과의 관계, 이웃과의 관계) 것 뿐이요"라고 했다. 그러므로 우리는 말씀(마 4:1-11)과 기도로 승리해야 한다.

d. 기도는 예배다. 기도는 하나님의 임재하심을 인식하면서 하나님을 경외함으로 믿고 간구해야 한다. 기도는 하나님의 뜻을 묻고 말씀에 귀를 기울이며 하나님의 지혜와 약속에 순복하기로 결단하는 것이다. 그럼으로 기도에는 예배의 모든 요소가 함축되어 있다. 기도하는 삶이 바로 예배하는 삶이다. 기도하지 않는 그리스도인은 가짜다. 신앙이 깊어 가면 갈수록 기도하는 시간이 많아져야 정상이다. 교회에서 예배는 드리는데 기도하지 않는다면 온전한 믿음이 아니다. 신앙과 기도는 비례한다.

e. 기도는 성령 충만의 지름길입니다. 성령 충만은 뜨겁게 찬양할 때도 임하고, 하나님의 말씀을 읽거나 들을 때도 임하고, 하나님을 사랑하며 헌신할 때도 임하지만 하나님께 간절히 간구할 때 임한다. 오순절 마가의 다락방에 성령 충만이 임할 때도 "전혀 기도에 힘쓸 때"(행 1:14)였다. 제자들이 오직 주님의 약속을 믿고 눈물로 회개하며 기도에 힘씀으로 성령의 충만을 받은 일을 마음에 새겨야 한다.

f. 기도는 사랑의 시작이고 사랑의 완성이다(마 22:37-40).

인류의 역사는 인간의 역사가 아니라 영적 역사다.

세상은 하나님의 말씀을 믿는 사람과 믿지 않는 사람과의 전쟁이다. 하나님은 하나님의 말씀을 믿도록 역사하여, 믿는 사람을 통하여 위대한 일을 하시고 사탄은 하나님의 말씀을 믿지 못하도록 역사하여 믿지 않는 사람을 통해 죄악 된 세상을 만든다. 사탄은 사람들에게 끊임없이 하나님의 말씀을 믿지 못하도록 혼미케 하고(고후 4:4) 거짓과 간교함으로 미혹하고 (고후 11:3), 악한 사람들과 세상 풍조에 매이게 하고(눅 13:16), 악한 사람들과 세상 풍조에 눌려(행 10:38) 죄악과 어리석음과 연약함으로 불행과 실패 가운데 살게 한다.

사탄의 종으로 사는 사람은 "마음은 원이로되 육신이 약하여" 죄악 된 삶에서 벗어날 수가 없다. 그래서 중보 기도가 절대 필요하다. 하나님의 말씀이 믿어지지 않으니 기도하지 못한다. 악한 사탄의 종이 되어 허랑방탕한 삶을 살고 자신의 의지와 노력으로는 어찌할 수 없는 절망스런 삶을 살고 있다. 그래서 예수님은 그들을 구원하기 위해 세상에 오셨고, 새벽 미명(막 1:35)부터 영혼 구원과 고난당하는 사람을 위해 기도하셨다. 그 사랑의 기도가 하늘 보좌를 움직여 지혜의 말씀과 권능으로 수많은 사람을 움직이고 수많은 기적을 창출했다. 또한 예수님은 사탄과 질병과 죽음과 고난으로부터 세상 모든 사람들을 구원하기 위해 "겟세마네 동산에서의 기도"(눅 22:39-45)로 십자가를 지시고 인류에 대한 하나님의 사랑을 완성하셨다. 중보기도는 하나님의 사랑을 시작하게 하시고, 완성하게 한다.

사탄과 죄악의 늪에 빠져 고통 당하는 사람들을 위해 그리스도인들이 할 수 있는 일은 먼저 기도하는 것이다. 기도할 때 생명의 말씀이 증거되고, 기적이 나타나고 십자가를 지게 되고 부활의 역사가 나타난다. 하나님은 욥이 친구들을 위하여 기도할 때 욥의 곤경을 돌이키시고 욥에게 갑절의 축복을 주셨다(욥 42:10). 기도하지 않는 것이 완악한 것이요(시 81:10-12) 기도를 쉬는 것이 죄다(삼상 12:23).

## 2)기도를 위한 조언

a. 많은 성도들이 기도를 하고 싶은데 기도가 안 된다고 하소연한다. 왜 기도가 안 되는가 하나님을 보지 못하고 하나님이 믿어지지 않고 하나님과 친밀하지 않기 때문이다. 성경을 읽지 않고는 하나님을 볼 수도 없고, 믿을 수도 없고, 친밀한 관계가 될 수도 없다. 성경을 봉독하면서 성경 내용으로 기도하라.

b. 어떤 문제가 생겼을 때만 잠깐 기도할 뿐 지속하지 않는다.

수영은 처음에 잘 배우고 훈련해야 즐겁고 잘 할 수 있다. 배우는 시간이 아깝다고 "개헤엄"(강아지 수영)으로 수영을 하면 곧 지치고 힘들어 지속하지 못한다 기도도 반드시 배우고 훈련해야 된다. 교회에서 개설한 "기도학교"에 등록하여 체계적으로 기도를 배우고 훈련해야 한다. 신앙 생활에 가장 중요한 훈련이, 기도 훈련이다.

c. 기도에 응답이 없고 더디다고 불평을 한다.

사람의 눈에는 영안(靈眼)이 있고, 육안(肉眼)이 있다. 영안은 영적인 눈이요, 하나님의 실존과 역사를 보는 눈이다. 육안은 육신의 눈이요 세상을 보는 눈이다. 사람의 귀에는 영 귀(靈耳)가 있고 육 귀(肉耳)가 있다. 영 귀(靈耳)는 영적인 귀로, 하나님의 음성을 듣는 귀요, 육 귀 (肉耳)는 육신의 귀로, 세상의 소리를 듣는 귀다. 예수님은 마태복음 13장의 씨 뿌리는 비유(마 13:10-17)에 "그러나 너희 눈은 봄으로, 너희 귀는 들음으로 복이 있도다"(마 13:16)고 참으로 신비한 말씀을 하셨다. 거듭난 사람은 영의 눈이 뜨이고, 영의 귀가 열린 사람이다. 하나님의 역사가 보이고 하나님의 말씀이 들리는 사람이다. 눈도 2.0인 아주 밝은 눈이 있고, 0.01로 희미한 눈이 있다. 귀도 아주 잘 들리는 귀가 있고, 희미하게 들리는 귀가 있다.

영의 눈과 영의 귀는 믿음의 눈이요, 믿음의 귀다. 믿음으로 보고 믿음으로 듣는 영적인 사람은 하나님의 수많은 응답에 감사하며 기쁨과 사랑 속에 삶을 산다. 그런데 중이 염불에는 관심이 없고, 재물에만 관심이 있는 것처럼 하나님에게는 관심이 없고 세상 것 들만 욕심으로 구하면(약 4:3) 하나님의 응답이 안 보인다. 세상 사람들이 하는 기도와 그리스도인들이 하는 기도는 내용이 달라야 한다. "자기 아들을 아끼지 아니하시고 우리 모든 사람을 위하여 내주신 이가 어찌 그 아들과 함께 모든 것을 우리에게 주시지 아니하겠느냐"(롬 8:32)고 했다. 먼저 "그의 나라와 그의 의를 구하라" 그리하면 이 모든 것을 너희에게 더하실 것이다(마 6:31-33).

하나님께서 더디 응답하시는 것은 병든 나사로(요 11:1-44)의 소식을 듣고도 "이틀을 더 유하시고"(요 11:6) 죽은 후에(요 11:17) 오셔서 "예수께서 이르시되 내 말이 네가 믿으면 하나님의 영광을 보리라 하지 아니하였느냐"(요 11:40)고 하시며 나사로를 살리신다. 하나님은 가장 좋은 때, 가장 좋은 방법으로, 가장 좋은 것으로 응답하신다. 위대한 삶을 꿈 꾸는가? 하나님의 말씀을 믿고 기도하라 유일한 길이다. 하나님의 말씀을 믿는 만큼 행복하고 하나님의 말씀에 순종하는 만큼 성공한다.

# 3부

# 성경을
# 입체적으로 봉독해야
# 보이고 들린다

## 9

사람들은 성경이 이해가 안 되고 어렵다고 한다. 이해가 안 되고 어려운 이유가 있다

**첫째: 성경이 하나의 이야기로 연결되어 있지 않기 때문이다.** 성경은 연대기적 순서로 기록되지 않았다. 그러나 창세기부터 요한계시록까지 하나의 흐름이 있다. 우리는 연대기적 순서를 따라 '하나님의 구속사적 관점'에서 성경을 읽어야 한다.

**둘째: 성경에 나오는 구조물을 본 적이 없기 때문이다.** 이것은 텔레비전을 보지 못한 상태에서 텔레비전 설명서를 읽는 것과 같다. 레위기의 제사법이나 성막을 전혀 보지 못한 상태에서 그 설명만을 듣는 셈이니 아무리 성경을 읽어도 이해가 안 된다. 그래서 성경을 상고(詳考)하는 것이 필요하다.

**셋째: 성경의 인물들이 처한 시대와 상황을 알지 못하기 때문이다.** 왜 다윗이 그렇게 절절한 기도를 할 수밖에 없고 사도 바울의 편지가 그렇게 결연에 차 있는지를 모른다면 그 내용이 가슴에 와 닿을 리가 없다. 그래서 상고와 묵상이 필요하다.

**넷째: 성경에 나오는 지리를 모르기 때문이다.** 성경을 읽다 보면 수리아도 나오고 앗수르도 나오고 아람도 나오니까 정신이 없다. 시리아나 앗수르나 다 같은 나라 같다. 그러니까 성경이 잘 이해되지 않는 것이다(지도

를 보면서 성경을 읽으면 큰 도움이 된다). 성경에 나오는 인물들은 모두 하나님의 말씀에 따라 움직였다. 아담은 범죄 후 에덴 동편으로 쫓겨났고, 아브라함은 부르심을 받았을 때 순종하여 본토 친척 아비 집(하란)을 떠나 하나님이 지시하시는 땅(가나안)으로 이동했다. 우리는 성경을 읽을 때마다 발음하기도 어려운 중동 지방의 지명을 접할 수밖에 없지만 그것에 관심을 기울이는 사람은 별로 없다. 하지만 실제로 지도를 펴 놓고 그 경로를 따라가다 보면 우리 삶을 구체적으로 인도하시는 하나님의 사랑의 손길을 느낄 수 있다.

**다섯째**: 성경은 성령의 조명을 통해서만 깨달을 수 있기 때문이다. 아무리 역사, 지리, 문화적 상황을 연구하며 성경을 읽어도, 성령님이 깨닫게 해 주셔야 우리는 말씀을 깨닫게 된다. 역사 지리 문화뿐만 아니라 원문, 사본, 문체 등을 파고 들어도 성령님께서 조명해 주시지 않으면 성경은 우리의 이성으로는 깨달을 수 없는 책이다.

성령의 도움없이 성경을 읽는 것은, 성령의 역사없이 거듭나겠다는 말이요, 여자가 남자없이 아이를 낳겠다는 말과 같다. 성령의 역사없이 인간의 이성으로 성경을 깨닫고 믿는 것은 불가능한 일이다. 하나님의 주권적 섭리를 확인하는 입체적 봉독이 필요하다.

실패하는 사람들의 공통된 특징은 빨리, 쉽게, 많이 얻으려는 것이다. 이 세상에 공짜는 없고, 쉽게 되어지는 일은 없다. 빨리 알고 싶다는 의욕만 앞서 성경을 번개불에 콩 튀어 먹듯이 쉽게 많이 읽으려 하면 몇 달이 못되어 중단하게 되고 그렇게 몇 번 반복하다가 결국은 성경 봉독을 포기한다. 설령 성경을 한 두 번은 통독해도 성경에서 진리를 깨닫지 못하고 다시는 통독하지 않는다. 무조건 빨리 읽기만 해서는 진리를 깨달을 수 없고, 문제의 해답을 찾을 수 없다.

실패하는 사람들의 공통된 특징 중 하나는 속단(速斷)하는 것이다.

이 세상에 모든 사물이나, 사건이나 사람은 단순하지 않다. 한 사람을 아는데도 자라온 환경, 스펙, 성격, 꿈, 언행, 등 다양한 것을 알아야 비로서 조금 알게 된다. 그것도 1-2년 사귀어서는 잘 모르고 몇 년 동안 그 사람의 봄 여름 가을 겨울을 함께 지내보아야 조금 알게 된다. 그런데 하나님을 어떻게 한 순간에 알 수 있겠는가? 하나님의 약력과 인격과, 사랑과 능력과 계획과 섭리와 신실함을 어떻게 한 순간에 알 수 있겠는가? 하나님은 성경 66권의 하나님이다. 전체를 알아야 겨우 알고, 자주 만나 다양한 것을 알아야 비로서 조금 알게 된다. 사람도 상대가 오픈해야 조금씩 알아가듯, 자신을 계시하신 성경을 입체적으로 봉독해야 겨우 알 수 있다.

"성경을 입체적으로 봉독"하는 데도 단계와 과정이 있다.

성경은 66권으로 된 한 권의 책이다. 배움에는 단계와 과정이 있다. 초등학교에서 배울 것이 있고, 중학교에서 배울 것이 있다. 초등학교를 졸업하고 중학교를 가야 한다.

초등학교에서 배우는 것과, 중학교에서 배우는 것과 고등학교에서 배우는 것이 연결되어 있지만 다르고, 다르지만 연관성이 있다. 단계와 과정이 필요 하다. 남자들의 로망인 근육질의 보디빌더(body-builder)가 되려면 운동을 마구잡이로 해서는 안 된다. 운동을 많이 한다고 근육질이 되는 것이 아니다. 헬스장에 가서 헬스코치가 가르쳐 주는 대로 각자의 체력(體力)에 따라 단계(段階)와 과정(課程)을 밟아 운동을 해야 한다. 그래야 서서히 몸이 만들어지는 체험을 통해 운동이 기쁨이 되어, 계속하게 되고 능률이 오르게 된다. 그런 단계와 과정을 밟아야 근육질의 남성이 될 수 있다. 마찬가지로 신앙인들의 로망인 "권능의 그리스도인"인 영혼의 빌더(Soul-builder)가 되려면 "성경을 입체적으로 봉독"할 때도 단계와 과정을 밟아야 한다(부록 4 참조).


1단계  성경을 하나님의 말씀으로 믿고 봉독해야 삼위일체 하나님을 만나게 된다.

2단계  성경의 개관과 내용분해를 상고하면 하나님이 섭리 주이심을 알게 된다.

3단계  성경의 중요한 인물과 사건들을 묵상하면 하나님의 사랑법을 알게 된다.

4단계  성경의 핵심 구절을 암송하면 말씀이 살아 있음을(히4:12) 체험하게 된다.

5단계  성경을 사랑하는 가족들과 하브루타 하면 지혜와 리더십이 생긴다.

6단계  위의 다섯단계를 통합하여 자신의 성령 행전을 기록하면 권능의 삶을 산다.

초급과정(1-2단계)  성경을 봉독하며, 개관과 내용분해를 상고(부록 4, 플랜 A 참조).

중급과정(1-4단계)  성경을 상고, 묵상하면서 성구를 암송(부록 4, 플랜 B 참조).

고급과정(1-6단계)  하브루타하며 자신의 성령 행전을 기록한다(부록 4, 플랜 C 참조).


그러면 "성경을 입체적으로 봉독"하는 실천 프로그램 6단계를 구체적으로 살펴보자.


_____ 성경이 해답이다

## 제1단계: 성경을 하나님의 말씀으로 믿고 기도하여 성령의 조명으로 봉독해야 한다.

성경은 데살로니가전서 2:13절에 "너희가 우리에게 들은 바 하나님의 말씀을 받을 때에 사람의 말로 받지 아니하고 하나님의 말씀으로 받음이니 진실로 그러하도다 이 말씀이 또한 너희 믿는 자 가운데에서 역사하느니라"고 했다. 성경은 사람의 말이 아니라 하나님의 말씀인 것이 진실이기 때문에 믿음으로 받으면 [하나님의 말씀으로 믿는 그 믿음] 위에 [믿음의 역사]가 일어난다는 뜻이다.

"저희와 같이 우리도 복음 전함을 받은 자이나 그러나 그 들은 바 말씀이 저희에게 유익되지 못한 것은 듣는 자가 믿음을 화합지 아니함이라"(히 4:2) 하나님의 말씀을 믿음으로 받지 않으면 하나님의 말씀이지만 아무런 유익이 없다. 하나님께서는 이스라엘 백성들을 모세를 통해 열 가지 재앙(출 7:14-12:30)을 보게 하시고 출애굽하게 하실 때, 믿음으로 문설주와 인방에 어린 양의 피를 바른 사람만 출애굽 하게 하셨다(출 12:7). 믿는 사람만 홍해를 건넜고(출 14:21-22) 믿음으로 놋 뱀을 바라본 자만 나았고(민 21:8-9) 믿음으로 여리고 성을 무너뜨렸다(수 6:1-21). 이렇듯 '믿어야 믿음의 역사'가 일어난다.

삶과 관계는, 태도에 의해 결정된다. 성경은 수세기 동안 수많은 사람들에 의해 검증된 진리다. 그러므로 성경을 어떤 태도로 읽느냐에 달려 있다. 성경을 하나님의 말씀으로 믿고 읽어야 깨달을 수 있다. 성경을 대할 때, 하나님을 대하듯 경외하는 마음으로, 입체적으로 봉독(奉讀)["공경하여 마음과 귀를 열고 받들어 읽음"]할 때 성령님께서 나의 말씀으로 역사하신다.하나님의 말씀인 성경을 하나님의 말씀으로 믿고 봉독해야, 믿음의 역사를 통해 하나님의 사랑과 능력의 위대하심과 약속의 신실함을 알게 된다. 성경은 믿어야 구원을 받고, 기도 응답을 받고, 기적을 체험하고, 성령 충만을 받고, 믿어야 치유를 받고, 자유를 누리고, 평안을 얻을 수 있다. 성경을 하나님의 말씀으로 믿는 사람에게 권능을 부여하고, 함께 하셔서 위대한 일을 성취하신다.

세상의 모든 학문은 알고 믿는다. 그러나 신앙은 믿어야 알고, 알아야 믿는다. 요 6:68-69에 "시몬 베드로가 대답하되…우리가 주는 하나님의 거룩하신 자 이신 줄 1) 믿고 2) 알았사옵나이다"고 하였다.

믿어야 알게 되고, 믿어야 보게 되고, 믿어야 들리고, 믿어야 꿈을 꾸게된다. 믿고 기도를 해야 응답을 받게 되고 하나님의 신실하신 사랑과 능력을 체험하게 된다.

성 어거스틴은 신비한 체험을 한 후 [고백록]에서 "나는 앎으로 하나님을 믿으려 하였으나, 믿음으로 하나님을 알게 되었다."고 말했다. 의사가 약을 조제해 주면 믿고 먹어야 낫는다. 의사를 의심하고, 약의 효능을 의심해서, 약의 일부를 빼고 먹거나, 식사하기 2시간 전에 먹으라고 했는데 불편하다고 식후 30분에 먹으면 낫지 않는다. 약이 쓰거나, 먹는 것이 불편해도, 환자는 의사를 믿고 먹어야 된다. 환자가 약의 효능을 다 알지 못하지만, 믿고 먹으면 약의 효능을 알게 된다. 효능을 알고 믿는 것이 아니라 의사를 믿고 약을 먹으면 의사의 실력을 알게 되고 약의 효능을 알게 된다. 마찬가지로 믿어야 구원을 받고, 믿어야 하나님의 자녀가 되고, 믿어야 간절히 기도하게 되고, 믿어야 성령이 역사하고, 믿어야 치유가 되고 믿어야 기적을 체험한다. 더욱이 성경은 수천년 동안 수많은 사람들에 의해 검증된 진리가 아닌가.

우리는 사람이 쓴 책을 읽는 것이 아니라 하나님이 계시하신 하나님의 책을 읽는 것이다(사 34:16). 사람들 간에도 수준 차이가 있다. 하물며 사람과 하나님은 얼마나 큰 수준 차이가 있겠는가? 하나님의 책인 성경은 인간의 이성과 지성으로는 이해할 수 없고, 옳고 그름을 판단할 수 없다. 그러기에 성경을 쓰신 성령님의 도움을 받아야 한다.

예수를 믿지 않으면 구원(救援)을 받을 수 없는 것처럼 그리스도인은 성령의 인도와 도움이 없이는 진리를 깨달을 수도 없고 진리 안에서 자유를 누릴 수도 없다. 그리스도인은 매 순간 성령님의 인도와 도움과 가르침과 능력으로 살아야 한다. 성경은 고린도전서 2:9-10에 "기록된 바 하나님이 자기를 사랑하는 자들을 위하여 예비하신 모든 것은 눈으로 보지 못하고 귀로 듣지 못하고 사람의 마음으로 생각하지도 못하였다 함과 같으니라 오직 하나님이 성령으로 이것을 우리에게 보이셨으니 성령은 모든 것 곧 하나님의 깊은 것까지도 통달하시느니라"고 했다.

혼자 힘으로는 하나님이 우리를 위해 예비하신 모든 것을 보지 못하고 듣지 못하고 생각도 못한다. 오직 성령님이 보게 하고 듣게 하고 생각하게 해 주셔야 한다. 사람이 성경을 읽지만 성경 말씀이 깨달아지고 믿어지고 내 영혼에 피가 되고 살이 되게 하는 것은 성령님이시다. 성령님께서 알게 하고 믿게 하는 것만큼 우리는 하나님과 예수님을 알고 믿을 수 있다. 왜냐하면 성경을 기록하신 분이 성령님이시기 때문이다. 그런데 성령님은 성경을 하나님의 말씀으로 믿고 읽을 때 기름 부으시고 역사하신다. 그런데 성경은 우리가 구하고, 찾고, 두드리는 간절한 기도를 드릴 때 성령을 주신다고 하셨다. 눅 11:9-13절에 "너희가 악할지라도 좋은 것을 자식에게 줄 줄 알거든 하물며 너희 하늘 아버지께서 구하는 자에게 성령을 주시지 않겠느냐"고 한다. 그러기에 믿음과 기도와 성령 충만은 불가분리(不可分離)의 절대적 관계다. 말씀에 대한 믿음만큼 간절히 계속 기도를 하게 되고, 간절한 기도만큼 성령 충만을 받는다.

인류역사에 대 혁명을 가져온 오순절 사건은 예수님의 약속의 말씀(눅

24:49)을 믿고 "오로지 기도에 힘쓸 때"(행 1:14) "성령의 충만함을 받아"(행 2:1-4) "예언하고 환상을 보고 꿈을 꾸는"(행 2:17) 역사가 시작되는 것을 보여주는 사건이다.

성경을 '하나님의 말씀으로 믿는 사람'은 믿음으로 기도를 하게 됨으로 "성령의 기름 부음으로 성령의 가르침"(요일 2:27) 속에 기쁨으로 성경을 봉독하게 된다. 그러나 성경을 하나님의 말씀으로 믿지 않는 사람은 계속하여 간절히 기도하지 않는다. 간절한 기도를 드리지 않는 사람은 성령의 충만함을 받지 못하기 때문에 성령의 능력을 알지 못한다. 믿음과 기도는 비례(比例) 하고, 기도는 성령과 비례(比例) 한다.

성령님께서 가르쳐 주시고 생각나게 하실 때(요 14:26) 성경을 쉽고 기쁘게 읽을 수 있다. 기쁨에는 세 종류가 있다. 악이나 쾌락을 통한 기쁨이 있고, 진급이나 출산 과 같은 일반적인 기쁨이 있고, 영적 비밀들을 깨달아 갈 때 얻는 신령한 기쁨이 있다. 성령의 기름 부으심으로 진리를 깨달아 가면 신령한 기쁨 가운데 성경을 읽게 될 것이다. 하나님의 말씀을 믿지 않는 것 그것이 죄다. 기도하지 않는 것 그것이 죄다. 성령의 도움으로 살지 않는 것 그것이 죄다.

성경은 수세기 동안 수많은 사람들에게 의해 검증된 진리이니 성경을 ① 하나님의 말씀으로 믿고 ② 간절히 기도하여 ③ 성령의 조명(照明)으로 "성경을 입체적으로 봉독"할 때 예수님을 보게 되고 인생의 해답을 듣게 될 것이다.

### 제2단계: 성경을 봉독하면서 개관과 내용분해를 상고(연구)한다.

태릉 선수촌의 운동 선수들은 식단표에 의해 고칼로리의 음식을 체계적으로 먹는다. 식단표에 의해 체계적으로 고칼로리의 음식을 먹지 않으면 체력을 유지할 수가 없다. 고도의 테크닉도 체력이 뒷받침되지 않으면 발휘될 수 없다. 고칼로리의 음식을 식단표대로 체계적으로 먹어야 체력을 유지하며 고도의 테크닉을 연마할 수 있다.

사도행전 17:11-12에 "베뢰아에 있는 사람들은……간절한 마음으로 말씀을 받고 이것이 그런가 하여 날마다 성경을 상고(詳考)하므로 그 중에 믿는 사람이 많고" 했다.

성경은 [하나님이 계시하신 말씀]이니 간절한 마음으로 받고 상고(詳考)해야 한다. 상고(詳考)하다(헬:아나크리노)는 "탐색하다" "조사하다" "연구하다"는 뜻을 내포한다. 탐색하다의 의미는 감추어져 있던 것을 알아내기 위하여 더듬어 찾다. 조사하다의 의미는 명확하게 알기 위하여 자세히 살펴보거나 밝히다. 연구하다의 의미는 깊이 있게 조사하고 생각하여 그 이치나 진리를 밝히다. 그러니 상고하다(헬: 아나크리노)의 뜻은 어떤 사실을 명확하게 알기 위해 감춰져 있던 것을 찾아내고 조사하여 이치나 진리를 밝히는 것을 의미한다.


**1) 성경을 상고할 때 [4부. 성경66권 개관과 내용분해]와 함께 본다.**
개관(槪觀) 각 권의 주제와 기록연대, 목적 등 전체를 살펴봄을 말한다.
주제(主題) 각 권(卷)의 주제로 매우 중요하고 기본이 되는 사상이나 관념이다.
기록연대 언제, 어떤 상황에서 기록했는가를 아는 것은 성경 상고에 중요하다.
기록목적 성경저자가 누구에게 왜 기록했는가를 아는 것은 성경 상고에 중요하다.

개요(槪要) 각 권의 중요한 내용의 요점을 간추린 것이다.

내용분해 첫째 각 권(卷)의 내용을 부(部)로 나누고(예: 1부, 2부, 3부…로 표시했음), 둘째 각 부(部)를 장(章)으로 나누고(예: A. B. C…등 굵은 글씨로 표시했음), 셋째 각 장(章)을 단락(段落)으로 나누어(예: 1:1-8) 소제(小題)를 기록하였으니 각 부(部)와 각 장(章)과 각 단락(段落)을 상고(詳考)하면서 봉독해야 한다.

성경의 각 권은 아주 체계적이고 논리적으로 쓰여 졌다. 그러기에 성경을 읽을 때 체계적이고 논리적인 방식을 인식하고 분해하며 읽어야 진리들이 보인다.

특별한 권면: 각 부(部)는 산의 숲과 같고, 각 부(部)의 각 장(章)은 나무와 같으며, 각 장(章)의 단락(段落)은 나무의 열매와 같다. 먼저 산의 숲을 잘 관찰한 후, 나무와 열매를 자세히 보는 것이 좋을 것이다.

## 2) 성경을 상고(연구)할 때 도움이 되고 필요한 것들

첫째 [개역 개정, 개역 한글, 새 번역, 관주, 쉬운, 영한, 원어]성경을 함께 비교한다.

둘째 [성경 2.0 쉬운 지도] 오광만 감수/출판사 CM을 구입하여 참조한다.

셋째 신·구약을 읽을 때 인터넷에 [신·구약 성경 지도]를 찾아 참조한다.

넷째 신약을 읽을 때 인터넷에 [신 구약 중간 사]를 찾아 읽어 본다

다섯째 구약을 읽을 때 인터넷에 [이스라엘의 7대 절기]를 찾아 참조한다.

여섯째 구약을 읽을 때 인터넷에 [이스라엘의 5대 제사]를 찾아 참조한다.

일곱째 [성구 사전을 구입]하여 성경의 지명, 인명, 단어의 뜻을 찾아 참조한다.

여덟째 사무엘서와 열왕기서와 역대기서와 선지서를 통합하여 읽어라 (부록 3을 참조).

### 3) 성경을 상고(詳考)하는 태도

우리가 읽는 성경은 하나님 말씀이다. 하나님이 말씀하실 때 우리는 그분의 말씀을 경외함으로 경청하여야 한다. 성경을 상고하는 태도가 중요하다. 우리가 해야 할 상고는 눈이 읽고 있는 구절을 마음으로 생각하고 탐색하고 조사하고 연구하는 작업이다.

a. 목적을 가지고 상고해야 한다. 시편기자는 하나님의 말씀을 마음에 간직할 때 범죄하지 않으려는 분명한 목적이 있었으며(시 119:11), 베뢰아 사람은 말씀 속에서 진리를 분별하려는 분명한 목적을 가지고 날마다 성경을 상고했다(행 17:11). 하나님, 예수님, 성령님에 대하여 좀 더 구체적으로 알고 그 분을 영화롭게 하기를 원하는 목적, 영적으로 강하게 성장하기를 원하는 목적, 하나님의 뜻을 분명히 알기를 원하는 목적, 또 위로와 도전 받기를 원하는 등 분명한 목적 등이 있어야 한다.

b. 상상력을 가지고 상고해야 한다. 만일 우리가 읽고 있는 성경의 내용이 설화체 기록이라면 보이는 사실처럼 생각하고 상황의 한 부분이 되어 보는 것이다. 우리가 읽고 있는 성경 내용의 상황으로 몰입하는 것은 훨씬 더 생동감 있게 성경을 이해하고 맛보게 될 것이다. 성경 속의 인물이 되어서 성경을 읽고 느끼고 보아야 한다.

c. 겸손한 마음으로 상고해야 한다. 우리가 읽고 있는 말씀은 거룩하신 하나님 말씀이다. 하나님의 생각과 계획과 뜻을 인간의 지혜로는 헤아릴 수 없음을 인식하고, 겸손한 마음으로 말씀을 받아들이는 태도가 중요하다.

d. 기도하며 상고해야 한다. "내 눈을 열어서 주의 율법에서 놀라운 것을 보게 하소서"(시 119:18) 라고 고백했던 시인처럼 깨닫게 해주시길 기도하며 읽어야 한다.

e. 인내심을 가지고 상고해야 한다. 인내심이야 말로 하나님 말씀을 읽고

상고하는 과정에서 절대적으로 필요한 요소이다. 상고(詳考)하는 데 요구되는 것은 시간과 집중력이다. 말씀에서 진리를 깨닫고자 갈망하는 사람은 둘 다 투자해야 한다(약 1:2-5).

제3단계 : 성경을 봉독하면서,
　　　　핵심 성구와 중요한 본문을 묵상한다.

시편 1편은 시편 전체의 서시(序詩)라고 볼 수 있는데 시편 1:1-3절에 "1. 복 있는 사람 … 2. 오직 여호와의 율법을 즐거워하여 그의 율법을 주야로 묵상하는도다 3. 그는…모든 일이 다 형통하리로다"고 묵상의 중요성을 말하고 있다.

성경 묵상을 잘 하기 위해서는 성경 묵상의 목적과 함께 그 유익을 알아야 한다. 우리는 고상한 목적을 가지고 어떤 일을 하기를 원한다. 그러나 우리는 고상한 목적과 함께 자신이 하는 일의 유익도 생각한다. 인간은 자기에게 유익이 되는 일에 관심을 갖고 유익이 많을수록 하는 일에 자극을 받아 열심히 일을 한다. 하나님의 사람 다윗도 예외는 아니었다. 사무엘상17장 26절을 보면 '다윗이 곁에 섰는 사람들에게 말하여 가로되 이 블레셋 사람을 죽여 이스라엘의 치욕을 제거하는 사람에게는 어떠한 대우를 하겠느냐 이 할례 받지 않은 블레셋 사람이 누구이기에 살아 계시는 하나님의 군데를 모욕하겠느냐'고 말한다.

다윗은 '블레셋 사람, 골리앗을 죽이면 어떤 대우를 받을 수 있느냐'고 묻는 동시에 하나님의 군대를 모욕한 골리앗을 향해 의분을 일으키고 있다. 여기서 다윗의 마음 속에 두가지가 함께 움직이는 것을 보게 된다. 하나님

_____ 성경이 해답이다

을 위해 골리앗과 싸우는 고상한 목적과 그 일을 이루면 자신이 누리게 될 유익을 함께 생각하고 있는 것이다.

[고상한 목적과 유익이 함께 만날 때 우리가 하는 일은 뜨거운 열정]으로 불타게 된다. 어떤 일은 당장에는 유익이 되지 않지만 두고두고 유익이 되는 일이 있다. 우리는 그런 일에 관심을 가져야 한다. 자기 개발에 투자하는 것은 정말 소중한 투자이다.

왜냐하면 자기 개발을 통해서 우리는 하나님의 일을 잘 할 수 있고 풍성한 삶을 누릴 수가 있기 때문이다. 묵상에 깊이 들어가기 위해서는 먼저 묵상이 주는 유익에 대한 깨달음이 있어야 한다. 그 필요성을 절감하지 않고는 묵상을 결코 지속할 수가 없기 때문이다. 유익 몇 가지를 살펴보고자 한다.

### a. 하나님의 말씀을 묵상하는 자는 하나님의 위대함을 체험케 된다.

하나님은 말씀으로 천지를 창조하셨다(히 11:3). 하나님의 말씀은 살아 있고 운동력이 있다(히 4:12) 하나님은 말씀으로 만물을 붙들고 계신다(히 1:3). 하나님은 말씀을 보내서 위경에 있는 자들을 치료하신다(시 107:20). 하나님은 말씀을 존귀이 여기는 자를 세우셨고 말씀을 멸시하는 자를 버리셨다(삼상 15:26).

예수님께서 하신 말씀은 바로 영이요 생명이다(요 6:63). 말씀을 묵상하는 것은 곧 하나님을 묵상하는 것이다. 묵상은 성령의 세계로 들어가는 것이요 하나님의 생명 가운데로 들어가는 것이다. 하나님과 사랑 가운데 연합하는 것이다. 말씀은 하나님의 위대함을 증거한다. 하나님은 말씀을 통해 우리를 새로운 피조물로 만들고, 하나님의 신실함을 체험케 하고 하나님의 살아 역사하시는 섭리를 믿고 알게 하신다.

**b. 하나님은 말씀을 묵상하는 자를 형통하게 하신다**(수 1:8).

이스라엘 백성이 출애굽 할 때 하나님은 모세에게는 능력의 지팡이를 주시고 가나안 땅을 정복해 들어가는 여호수아에게는 하나님은 말씀을 주셨다.

여호수아 1:5-9에 "5. 네 평생에 너를 능히 대적할 자가 없으리니 내가 모세와 함께 있었던 것 같이 너와 함께 있을 것임이니라 너를 떠나지 아니하며 버리지 아니하리니 6. 강하고 담대하라… 7. …어디로 가든지 형통하리니 8. 이 율법책을 네 입에서 떠나지 말게 하며 주야로 그것을 묵상하여… 그리하면 네 길이 평탄하게 될 것이며 네가 형통하리라"(수 1:5-8)

여호수아가 형통할 수 있었던 것은 그가 하나님의 약속된 말씀을 묵상하는 사람이었기 때문이다. 주야로 하나님의 말씀을 묵상하면서 여호수아는 담력을 얻었고 인도하심을 받았고 지혜를 얻었다. 묵상하는 가운데 그는 하나님의 음성을 들었다. 하나님의 사람은 마땅히 하나님의 방법으로 형통해야 한다. 그 방법은 묵상이다.

**c. 하나님은 묵상하는 자에게 지혜를 주신다.**

묵상에서 얻는 유익 중에 가장 중요한 것, 중 하나는 지혜다. 솔로몬이 지혜를 구했을 때(열상 3:4) 하나님은 더 없이 기뻐하셨다. 솔로몬은 "지혜는 진주보다 귀하니 너의 사모하는 모든 것으로 이에 비교할 수 없도다"(잠 3:15)라고 간증했다. 지혜를 성경적으로 정의한다면 "하나님의 안목에서 모든 것을 볼 수 있는 능력"이다.

지혜는 모든 문제 해결의 열쇠를 발견하게 된다. 지혜는 통찰력이다. 지혜는 무엇이 중요한지를 알게 하고 문제의 핵심을 파악하게 한다. 그 지혜를 얻는 유일한 길이 바로 묵상이다. 지혜는 분별력이다 때를 분별하고 사

성경이 해답이다

람을 분별하고 하나님의 뜻을 분별하고 일의 경중을 분별하는 것이다. 다윗도 묵상을 통해서 "원수보다 지혜롭게 하고 스승보다 명철을 얻게 되었다(시 119:97-100)"고 고백하였다.

### d. 하나님은 묵상하는 자에게 영적 기쁨을 알게 하신다.

혼자 있는 것이 사람들과 함께 있는 것보다 나을 때가 있고 침묵이 웅변보다 지혜로울 때가 있다. 우리가 하나님을 기다리며 말씀을 묵상하고 하나님을 섬기는데 필요한 영적인 힘을 비축하며 홀로 있는 시간을 많이 갖는다면 지금보다 나은 성도들이 될 것이다 우리는 하나님의 일들을 깊이 생각하고 묵상해야 한다. 그래야 하나님의 음성을 들을 수 있고 뜻을 깨닫고 인도를 받을 수 있다.

진리는 마치 포도 송이와 같다. 포도 송이에서 포도주를 얻으려면 으깨야 한다. 여러 번 누르고 짜야 한다. 그렇지 않으면 포도즙이 흘러나오지 않는다. 마찬가지로 우리가 진리의 말씀으로부터 위로의 포도주를 얻기 원한다면 묵상을 통해 그 진리의 송이들을 밟아야 한다. 입으로 음식만 집어넣는다고 해서 몸이 건강해지는 것은 아니다. 그 음식을 소화시켜야 근육과 신경과 힘줄과 뼈에 양분이 공급되는 것이다.

이처럼 음식물이 우리 속에 흡수되어 생명을 유지시켜 주는 것은 소화과정을 통해서다. 마찬가지로 우리가 듣고 읽고 암송하고 상고하는 것들이 유익하게 되려면 그것을 내적으로 소화해야 한다. 우리는 대부분 묵상을 통해 하나님의 진리를 내적으로 소화하여 영적 양분을 섭취한다. 어떤 성도들은 설교는 많이 듣는데 하나님의 새 생명 안에서는 별로 자라지 않는다. 왜 그런가 하나님의 말씀을 묵상하지 않기 때문이다.

### e. 묵상은 하나님의 뜻을 발견하게 한다.

사도행전 16장 6-10을 보면 바울은 환상을 보고 깊이 생각할 때 하나님의 뜻을 알게 되고 순종하게 되었다. 사도행전 10:9-19절을 보면 베드로는 환상에 대하여 깊이 생각함으로 하나님의 뜻에 순종하게 되었다.

묵상의 주체는 내가 아닌 하나님이기 때문이다. 그래서 묵상을 통해 자신의 속마음과 숨은 동기를 살펴서 회개의 시간을 갖게 된다. 또한 하나님의 소원을 순결한 마음으로 품게 된다. 결국 묵상이 깊어지면 따지지 않고 순종하게 된다.

묵상은 우리의 생각을 진리의 세계로 안내하는 유익이 있다. 묵상의 시간은 너무 너무 중요하다. 그 시간을 통해 하나님이 죄를 지적하시기도 하고 때로는 낙심하여 있을 때 격려해 주시기도 하고 슬픔에 빠져 있을 때 위로해 주시기도 하기 때문이다. 묵상이 있는 삶에는 하나님을 경험한 간증이 존재하며 삶에 흘러 넘치게 된다. 묵상을 통해 질그릇 같은 내가 내 안에 계신 보배 같은 예수님을 경험하게 된다. 이때 세상에서 경험할 수 없는 신령한 기쁨을 누리게 되고 주님의 권능이 내 삶에 나타나는 것을 경험하게 된다.

### f. 주제별 핵심 성구와 중요한 본문을 묵상하는 창의적 방법

성경은 왜 묵상하는 사람은 복이 있다고 했는가? 음식을 맛으로 먹는 것도 중요하지만 소화 흡수하는 것이 중요하다. 봉독한 성경 한 부분을 묵상하면 진리가 마음에 확신으로, 지혜로, 기쁨으로, 평안으로 다가오기 때문이다. 어떤 성도들은 성구 암송에만 집중한다. 어떤 성도는 수 천 절을 암기한다. 요한복음, 로마서를 통째로 암기한다. 성구 암송할 때 성구를 많이 암송하는 것을 목표로 한다. 또 암송한 것을 자랑하고, 안 되면 낙심한다. 그러나 성구를 머리 속에 암기하려 하지 말고 "마음판에 새겨야 한다"(잠3:3). 성경을 마음판에 새기면 네가 하나님과 사람 앞에서 은총과 귀중히 여김을 받으리라(잠3:4) 고 약속했다. 마음판에 새기기 위해서는 묵상의 과정을 거쳐야 한다.

우리는 보통 '묵상'이라고 하면 조용히 무엇인가를 집중해서 생각하는 것으로 알고 있다. 단어에서 풍기는 뉘앙스와 단어가 가지고 있는 정의가 그렇다. 묵상에 대한 사전적 정의는 "말없이 마음속으로 생각함"이다. 한문으로 봐도 잠잠할 '묵'(默)에 생각 '상'(想)이다. 그러나 유진 피터슨(목회자의 목회자라 일컬음)은 "이 책을 먹으라"에서 묵상을 강아지가 뼈다귀를 즐거워하는 모습에 비유했다. 강아지가 가장 좋아하는 뼈다귀를 던져주면 강아지는 뼈다귀를 물고 뜯고 핥고 즐거워한다. 그러다가 땅에 파묻는다. 놀다가 다시 돌아와 그것 가지고 물고 뜯고 핥고 얼마나 기뻐하는지 모른다. 이 모습이 마치 우리가 묵상하는 모습과 비슷하다고 말한다. 유진 피터슨은 "묵상은 우리가 하나님의 말씀을 너무 기쁘고 즐거운 마음으로 "반복해서 읽고 읊조리는 행동"(시 119:97)이라고 정의한다.

우리의 지난 날을 회고해 보면 고등학교 때 연애 편지를 받으면 읽고 또 읽으면서 상대의 얼굴을 상상하고, 마음을 생각하고, 웃는 모습, 입은 옷, 말의 의미들을 생각하고 음미해 보면서 기뻐했다. 마음이 설 레이고, 아침 점심 저녁으로 반복하여 읽고 여자 친구가 쓴 편지를 보면서 무엇을 좋아할까 어떤 성격의 소유자일까 이 친구의 꿈은 무엇일까 별의 별 생각과 상상들을 한다. 성경은 하나님의 연애 편지다. 하나님이 우리를 사랑하셔서 연애 편지인 성경 책을 주셨는데 "성경을 반복해서 읽고 읊조리면" 하나님이 주시는 마음과 생각들을 느끼게 된다.

"내가 주의 법을 어찌 그리 사랑하는지요 내가 그것을 종일 작은 소리로 읊조리나이다"(시 119:97) "내가 주의 증거들을 늘 읊조리므로 나의 명철함이 나의 모든 스승보다 나으며"(시 119:99) "주의 말씀을 조용히 읊조리려고 내가 새벽 녘에 눈을 떴나이다"(시 119:148) 읊조리다"의 사전적 의미는 "뜻을 생각하며 상상하여 감정이나 억양을 넣어 낮은 목소리로 반복하여 읽는다"이다.

"묵상은 본문을 소리 내어 반복하여 천천히 읽는 것이다." 성경적인 묵상은 '읽기'와 연결되는 개념이자 방법으로 첫째는 '소리 내어 읽기', 둘째는 '반복해서 읽기', 셋째는 '천천히 읽기', 넷째는 '듣기'다.

그럼으로 문맥을 고려하면서 읽고, 다양한 번역본을 읽고, 상상력을 총동원하여 본문 안으로 들어가서 '내부자의 관점'으로 읽고, 성경 구절을 옮겨 적으며 읽고, 요약하면서 읽는다. 목사님도 주일 설교를 준비할 때 하나님의 마음을 생각하고, 성도들의 마음을 생각하며 수없이 반복하여 봉독할 때 하나님의 말씀이 귀(눈)를 통해서 자기 자신에게 들려지게 되며, 그 들려지는 말씀이 "로고스(ldgds)"가 아닌 "레마(rhema)"의 말씀으로, 성령의 음성으로, 읽는 자의 내면에 채워지게 된다.

하나님의 말씀으로 채워지게 되면 인간의 생각과 세계관, 일상의 관계까지 자연스럽게 영향을 미치게 된다. 그런 면에서 "귀납적 묵상"(관찰, 해석, 적용)에서의 적용"도 '영끌'(영혼까지 끌어당겨서)을 통해서 쥐어짜는 것이 아니라 흘려서 넘쳐야 한다. 하나님의 말씀이 내면에 채워지게 되면 자연스럽게 드러나게 되고 흘러가게 된다.

채워지지도 않았는데 무엇인가를 끌어올리려고 하면 안 된다. 봉독하여서 자신의 영혼을 하나님의 말씀으로 채워 넘치게 하는 것이다. 그럼으로 말씀 묵상은 소리를 내어 천천히 반복적으로 봉독 하면 그 안에서 이미 귀납적 방법(관찰과 해석과 적용)의 묵상이 동시 다발적으로 일어난다.

성경이 해답이다

## 제4단계 : 성경을 묵상하면서 주제별 핵심 성구를 암송한다(부록 3)

영어에서 기본 단어를 암송하는 것은 영어를 배우는데 가장 중요한 것처럼 성구를 암송하는 것은 성경을 입체적으로 봉독하는데 아주 중요하다. 달라스 신학교의 하워드 헨드릭스 박사는 자신에게 결정권이 주어진다면 달라스 신학교를 졸업하는 모든 학생들이 졸업하기 전에 천 개의 성구를 암송하도록 하겠다.

남가주대학 철학과 교수인 달라스 윌라드는 "성경 암송은 영적 성장의 절대적 기초다. 영적인 삶의 모든 훈련들 가운데 한 가지를 선택해야 한다면 성경 암송을 선택할 것이다. 성경 암송은 우리 마음을 채워주는 기본적인 방법이기 때문이다. 이 율법책을 네 입에서 떠나지 말게 하라(수 1:8)."

율법책은 바로 입에 있어야 한다! 어떻게 하면 율법책이 당신의 입에 있게 할 수 있는가? 암송하면 된다"고 썼다. 척 스윈돌 목사는 "사실상 그리스도인의 삶에서 성경 암송보다 더 도움이 되는 훈련을 알지 못한다. 다른 훈련보다 더 영적으로 도움이 된다. 기도 생활은 강화될 것이다. 증거는 더 날카롭고 효과적이 될 것이다. 태도와 세계관이 바뀌게 될 것이다. 생각은 깨어 있고 주의하게 될 것이다. 담대함과 확신은 높아질 것이며 믿음은 견고해질 것이다."고 말했다. 오직 믿음으로만 의롭게 된다는 마틴 루터의 위대한 발견이 가능했던 이유 중의 하나는 그가 아우구스티누스 수도회에 있던 초기에 요한 스타우피츠에 의해 말씀을 사랑하도록 영향을 받았기 때문이다. 사람들이 성경을 읽지도 않은 채 신학 박사학위를 받을 때 루터는 끊임없이 성경을 읽고 암송했다.

루터는 수많은 성경 구절을 암송했는데 주님께서 그의 눈을 열어 로마서 1:17의 이신 칭의의 진리를 보게 하셨을 때 그는 자신이 발견한 내용을 확증하기 위해서 "나는 그 즉시로 기억속의 성경 구절들을 살펴보았다"라고 했다(Richard Bucher, "마틴 루터의 성경사랑") 많은 사람들이 [성경 암송은 그리스도인의 삶에서 필수적]이라고 보았던 유익 몇 가지만 알아보자.

## a. 성경 암송의 커다란 유익

① 주제별 핵심 성구를 암송할 때 성경 통달의 기초를 쌓게 된다.

하나님의 사람은 성경 말씀을 통달해야 한다. 성경 통달이란 성경 전체를 연결시키는 능력이다. 성경의 짝을 찾아 연결시키고, 성경의 금맥을 찾아 주제별로 연결시키는 것이 성경 통달이다. 성경의 맥을 잡고 흐름을 발견하는 작업이 성경 통달이다. 연결할 때 기적이 나타나고 관련을 지을 때 말씀이 살아있는 능력의 말씀으로 우리에게 부딪쳐 오게 된다. 깨달음이란 성경 전체가 하나로 연결되는 경험이다. 깨달음을 얻는 순간에 우리는 부분적으로 산발적으로 알았던 진리가 구슬을 꿰 듯이 하나로 연결되는 경험을 하게 된다. 성경을 관통하는 것을 경험하는 것이다.

사도행전에 나오는 스데반의 설교(행 7:1-60)는 성경을 통달한 설교의 모델이다. 그는 구약의 핵심이 되는 말씀을 다 암송하고 있었다. 스데반은 성경의 맥을 알았고, 흐름을 알았다. 스데반은 그가 암송한 말씀을 가지고 그리스도를 중심으로 한 구속의 역사를 증거했다. 성경의 통달은 성경의 핵심 주제인 예수님을 중심으로 성경 전체를 연결시키는 것이다. 성경은 예수님을 증거하고 있다(요 5:39).

성경을 통달한 사람은 성경 속에서 예수님을 보는 사람이다. 성경 통달이란 하나님의 비밀을 깨닫는 것이다. 하나님의 비밀은 그리스도 이시다(골 1:27). 하나님의 비밀은 복음이다(엡 6:19). 하나님의 비밀은 하나님의 나라다(눅 8:10). 하나님의 비밀은 교회다(엡 5:32). 성경 통달이란 성경의 점진적인 계시를 깨닫는 것이다(히 1:1-2). 구약의 말씀이 신약에 어떻게 점진적으로 계시되는 것인가를 이해하는 것이다.

성경 통달이란 구약에서 신약을, 신약에서 구약을, 전체에서 부분을, 부분에서 전체를 연결시키는 것이다.

② 요동하지 않는 신앙생활을 할 수 있다.

성경 말씀을 암송하는 사람은 생각하는 훈련이 되어 있다. 생각을 깊이 할 줄 안다. 생각을 깊이 할 때 생각은 체계가 잡히고 그 체계는 흔들리지 않는 사상이 된다. 그리고 그 사상이 깊어질 때 그 사상은 견고한 신앙인의 철학이 된다. 성경 암송을 통해 성경의 핵심 되는 주제를 가슴에 품고 있는 사람은 쉽게 흔들리지 않는다. 문제가 생겨도 쉽게 시험에 들지 않는다.

성경을 많이 암송한 사람은 성경 전체의 시각에서 문제를 해석하고 예수님의 관점에서 문제를 보고, 시험을 대하는 태도가 적극적이고 긍정적이다(민 13:25-33). 미숙한 사람과 성숙한 사람의 차이는 말하는 것과 깨닫는 것과 생각하는 것으로 분별할 수 있다 '성경 말씀은 우리를 교훈 하고 책망하고 바르게 해 준다(딤후 3:16).

③ 깊은 묵상을 통해 풍성한 열매를 맺게 한다(시 1:1-2/수 1:8).

성경 암송은 우리를 깊은 묵상의 세계로 인도하여 풍성한 열매를 맺게 한다. 깊은 묵상은 성경 암송에서 시작된다. 암송한 말씀을 깊이 묵상할 때 복이 있고(시 1:1-2) 형통하다(수 1:8). 말씀을 묵상(관찰, 해석, 적용)하려면 우리 내면에 말씀이 있어야 한다. 우리 내면에 말씀을 담는 것이 성경 암송이다.

말씀을 생각에 담고 마음에 심으려면 성경을 봉독하고 암송해야 한다. 묵상이란 '반추(反芻)'라는 말에서 나왔다. 소가 풀을 먹은 다음에 꺼내어 다시 씹어 먹는 것을 반추라고 한다. 말씀을 묵상하려면 먼저 소가 풀을 먹는 것처럼 말씀을 먹어야 한다. 말씀을 내면에 담아야 한다. 그리고 그 말씀을 꺼내어 소가 다시 씹어 먹듯이 반추하는 과정을 거칠 때 말씀을 소화할 수 있게 된다. 음식을 먹는 것보다 더 중요한 것은 음식을 소화하는 것이다. 음식 자체가 힘이 되는 것이 아니다. 음식이 소화될 때 우리 안에서 능력이 되고 에너지가 되고 생명이 된다. 소화된 음식이 피를 만들어 내고 피가 곧 생명을 공급해 주는 것이다. 그와 같이 말씀을 봉독하는 것은 음식을 먹는 것과 같고, 말씀을 묵상하는 것은 말씀을 소화하는 것과 같다. 그런데 우리가 성경을 암송하면 할수록 깊은 묵상을 할 수 있다.

④ 제자 양육을 잘 하게 된다.

성경 암송하면 우리는 네비게이토의 창시자인 도슨 트로트맨을 생각하게 된다. 성경 암송을 통해 예수님께로 돌아온 도슨 트로트맨은 자신의 영혼을 양육하기 위해 그리스도인이 된 후 처음 3년 동안 매일 하루에 한 구절씩을 외웠다. 어느 날은 제재소에서 노동을 하면서 어느 날은 트럭을 운전하면서 그는 1000구절을 외웠다. 성경 암송을 통해 그리스도의 제자로 성장한 도슨은 제자훈련 중에 가장 중요한 훈련을 성경 암송에 두었고 성경 암송의 중요성을 강조했다.

도슨은 '영접은 10%이고 양육이 90%를 차지한다'고 말했다 한 영혼을 그리스도의 제자로 삼기 위해서는 많은 대가를 지불해야 한다. 그 중에 하나가 성경 암송이다. 모범은 모범을 낳는다. 도슨처럼 영적 안내자가 먼저 모범을 보여야 한다. 성경 암송을 통해 사람들을 양육하는 것은 많은 시간을 요하는 일이다. 생명이 성장하는 데는 지름길이 없다는 사실을 기억해야 한다. 성경 암송을 통해 제자들을 양육한 가장 위대한 모범은 예수님이시다 (마 4:1-11). 예수님은 성경을 암송하심으로 모범을 보이셨다. 말씀으로 양육받은 제자들은 그들의 마음에 새긴 주님의 말씀으로 제자들을 양육했다. 그

성경이 해답이다

들은 성경 암송과 함께 그리스도의 제자로 성장했다.

⑤ 효율적인 상담자가 될 수 있다(=효율적인 전인 치유자가 될 수 있다).

상담에 있어서 가장 중요한 것은 분별력이다. 분별력이란 문제를 진단하고, 문제의 원인을 볼 수 있는 능력을 의미한다. 또한 문제를 해석하는 능력이다. 문제보다 더욱 중요한 것은 문제를 보는 시각이다. 문제에 의미를 부여하는 능력이다. 그리고 문제에 반응하는 능력이다. "경우에 합당한 말은 아로새긴 은쟁반에 금 사과니라"(잠 25:11)

치유자는 피상담자가 원하는 말보다는 그들에게 필요한 말을 해 줄 수 있어야 한다. 그때 필요한 것이 적합한 하나님의 말씀이다. 성령님이 기억나게 하시는 적절한 말씀을 우리의 마음에 담아 곤고한 사람들을 도와주어야 한다.

### b. 성구를 암송하는 창의적 방법

① 좋은 도구들을 만들어 활용하라.

ㄱ) 최고의 도구는 항상 소지할 수 있는 성경 구절 카드를 만드는 것이다.

ㄴ) 성경 구절 카드는 직접 써서 만들어야 시각화 되어 잘 암송할 수 있다.

ㄷ) 암송하고 싶은 성경 구절을 카드에 직접 기록하되 암송카드의 한쪽 면에는 성경 장 절을 기록하고 뒷면에는 내용을 기록한다.

ㄹ) 성구 카드를 늘 가지고 다니면서 인도를 걸을 때나 짧은 자투리 시간이 있을 때에 꺼내어 묵상하여 암송하라. 말씀이 하나님이시다(요 1:1).

② 짧게 짧게 끊어서 암송하라

당신이 만약 요한복음 1:1절을 암송하기로 했다면 다음과 같은 방법으로 암송하라.

태초에/말씀이/계시니라/이 말씀이/하나님과 함께/계셨으니/이 말씀은/곧/하나님이 시니라. "태초에"를 몇 번 반복하고, 또 "말씀이"를 반복한 후 "태초에 말씀이'를 반복 하고 "계시니라"를 반복하고 또 "태초에 말씀이 계시니라" 전부 이렇게 끊어서 암송해야 나중에 토씨를 틀리지 않고 암송하게 된다. 주의할 점은 토씨까지 안 틀리게 암송해야 한다. 토씨가 희미해지면 복습이 어려워지고 암송이 싫어지고 쉽게 포기하게 된다(#정말 중요하다).

③ 성구를 직접 쓰면서 암송하는 것이 입으로 열 번 반복하는 것보다 더 효과적이다.

암송 카드에 쓴 처음과 끝, 순서와 방식, 그대로 반복하여 쓸 때 내 뇌에 시각화가 되어 잘 기억하게 된다. 꼭 암송 카드에 쓴 순서와 방식대로 써 눈을 감아도 보일 정도로 소리 내어 읽으면서 여러 번을 쓰면 어떤 성구도 시각화 되어 완벽하게 암송할 수 있다.

암송하려 하면 암송이 잘 안 된다. 그러나 반복하여 쓰면서 상고하고 묵상하고 하브루타하면 저절로 암송이 되어진다. 암송하려 하지 말고 성구와 친숙 해야 한다.

④ 성구 암송은 자투리 시간을 활용하라

성구를 한 주에 1~7구절씩 암송하는 것을 철칙으로 한다. 매일 아침 암송할 성구를 암송카드에 적어 가지고 다니면서, 성구의 의미를 상고하고, 육하원칙(六何原則)에 의해 묵상하고, 가족과 친지들과 동역자들과 하브루타 하면서 성구 암송을 생활하라.

이런 삶이 하나님이 기뻐하는 삶이요 하나님과 함께 하는 삶이요 성령 충만한 삶이다.

**c. 주제별 핵심 성구 120구절은 암송해야 한다**(부록 2 참조할 것)

성구 암송을 생활 화 하는 것이 하나님과 함께 하는 삶이요(요1:1) "성령 충만한 삶"의 비결이다. 성구를 암송할 때, 암송하기 위해 성구를 암송하지 말고, 성구를 상고하며, 반복하여 묵상하고, 하브루타를 하면서, 성구가 암송되어져야 생명력 있는 성구 암송이 된다.

*암송할 때, 전도할 때, 기도할 때, 주제별 순서를 따라 암송하고 전도하고 기도하라.

주제별 순서는 신앙 과정을 함축한 것이다. 12주제가 그리스도인의 삶의 과정이다.

## 제5단계 : 성경을 봉독하면서 하나님의 교육법인 하브루타를 생활화한다.

주제별 핵심 성구로 하브루타하여 12제자 삼는 사역을 할 때 완벽한 암송을 할 수 있다. 가르치는 것이 배우는 것이다. 암송한 말씀으로 상고하고 묵상하며 여러 사람과 하브루타하면 할수록 더 완벽한 암송을 하게 되고 함께 하브루타하는 사람과 영적으로 하나가 되어 같은 가치관과 같은 꿈과 같은 기쁨을 누리게 될 것이다.

예수님의 "위대한 지상명령"(마 28:18-20)은 "제자를 삼으라"는 것이다. 위대한 스승은 제자들을 지식으로 가르치지 않고 삶으로 가르친다.

예수님은 하나님의 교육법인 하브루타로 12제자들을 훈련시켰음을 마음에 깊이 새기자

### 1) 하나님의 교육법 하브루타란 무엇인가?

하브루타(Chavruta)는 요즘 세계가 주목하는 유대인의 전통적 학습 방법이다. 토라 연구와 관련해 사용하던 하브루타는, 현재는 토라와 상관없

이 교육 방법론을 뜻하며 일반 분야에서도 큰 효과를 보고 있다. 하브루타 (Chavruta)는 "친구" "동반자"를 뜻하는 아람어 하버(Chaver)에서 유래되었다.

하브루타란 "서로 짝을 지어 질문하고 대화하고 토론하고 논쟁하는 것"을 말한다. 이것을 단순화하면 함께 이야기를 나누는 것이다. 아버지와 자녀가 이야기를 나누고, 친구끼리 이야기를 나누고, 부부와 이야기를 나누는 것이다. 그 이야기가 약간 전문화되면 질문과 대답이 되고, 대화가 된다. 거기서 더 깊어지면 토론이 되고, 더욱 깊어지고 전문화되면 논쟁이 된다. 하브루타는 고립되어 혼자 공부하는 것이 아니라, 성경이나 일반 서적을 놓고 서로 모여 토론하고 논쟁하여 의미와 교훈을 깊게 파고들어가는 방법이다. 이 전통은 예수님 당시 가말리엘이 가르쳤던 힐렐 학교에서도 행해지던 교육방법이다.

묵상(시 1:1-3/여호수아 1:8)은 혼자 자문자답하는 것이고, 하브루타는 두 사람 이상이 서로 질문하고 토론하고 논쟁케 하여 깊이 생각하게 하는 교육 방법이다. 하브루타는 부부, 자녀, 동역자 등 믿음의 사람을 키우는 사역으로 같은 꿈, 같은 가치관, 같은 내세관, 같은 물질관, 같은 인생관을 만들어가는 하나님의 교육 방법이다.

### 2) 하나님의 교육법 하브루타의 기원 : 성경과 토라(모세오경)

하브루타의 기원은 토라(=모세오경)를 일상생활 속에서 어떻게 실천하고 적용할 것인가에 대해 학자나 랍비들이 계속 질문하고 토론하고 논쟁하는 데서 시작되었다. 그래서 하브루타는 BC로 그 역사가 올라가며, 2000년이 훨씬 넘는 역사를 가지고 있다.

하브루타가 토라 교육을 위해 유대인 사이에 대중적으로 쓰이기 시작한 것은 19세기 이후로 알려졌지만 그 기원은 구약 성경 신명기 6장 7절에 "네 자녀에게 부지런히 가르치며 집에 앉았을 때 에든지 길을 갈 때 에든지 누워 있을 때 에든지 일어날 때 에든지 이 말씀을 강론할 것이며"라는 말씀에서 시작되었다는 것이 정설이다. 여기서 "강론하라"의 원어 "디베르"는 "그것에 관해 말하라" "이야기를 나누라"는 뜻이다. "암송하고 상고하고 묵상한 말씀" 그것에 관해 논쟁하고, 자신의 생각을 이야기로 나누라는 뜻이다.

정통 유대인들에게 하브루타는 신명기에서 명령하듯(신 6:4-9) 학교교육을 넘어 삶의 모든 부분에 일상적으로 쓰인다. 유대인 아버지는 자녀들과 토론하는 것이 생활화되어 있다. 가정에서, 학교에서, 직장에서, 부모와 형제와 친구와 동료와 짝을 지어 질문하고 토론하며 논쟁함으로 같은 꿈, 같은 가치관, 같은 뜻, 같은 마음, 같은 기쁨을 누리면서 서로 사랑하고 존중하는 동역자가 되는 하나님의 교육법이다.

### 3) 하나님의 교육법, 하브루타의 탁월성

하나님의 교육법 하브루타는 세상의 교육과는 다른 5가지의 특별한 탁월성이 있다.

#### a. 뇌를 격동 시키는 하나님의 교육법 하브루타

하브루타가 어떻게 유대인들로 하여금 수많은 노벨상을 받게 하고, 아이비리그 대학에 들어가게 하며, 의사나 변호사, 교수 같은 전문가가 되게 하고, 각계각층에서 두각을 나타내게 만드는가?

한 마디로 말해서 그것은 치열한 질문과 토론의 하브루타가 뇌를 격동시켜 최고의 뇌로 만들어 주기 때문이다. 나는 곧 나의 뇌이고, 공부는 바로 뇌로 하기 때문이다. 암기하는 것은 뇌에 저장하는 것이고, 책을 읽는 것도 뇌에 지식을 쌓거나 안목과 통찰력을 얻기 위함이다. 학교에서 몇 시간 동안 앉아서 공부를 하는 것도 모두 뇌를 계발하기 위함이다. 우리가 교육을 통해 기르고자 하는 지식, 안목, 지혜, 사고력, 가치관, 정체성, 지성, 감성 그 어떤 것이든 모두 뇌의 작용이다.

하브루타는 무엇보다도 뇌를 격동 시키는 교육이다. 왜 그런가? 질문과 대화, 토론, 논쟁만큼 뇌를 움직이게 하고 생각하게 하는 것이 없기 때문이다. 변호사와 검사의 법정 논쟁을 떠올려 보라. 그들의 논쟁은 가장 격렬한 머리싸움이다. 법정 논쟁에서 이기기 위해서는 철저하게 준비를 해야 하고, 상대방의 말을 정확하게 듣고 그 논리를 파악해야 하며, 자신이 왜 옳은지에 대해 치밀한 논리로 설득해야 한다. 상대방이 예기치 못한 질문을 하거나 증거를 댈 때 그것에 대해 제대로 반박하지 못하거나 대응하지 못하면 판결에서 지게 된다.

토론과 논쟁은 뇌를 계발하는 가장 효율적인 방법이며, 고등 사고력을 기르는 최고의 방법이다. 이렇게 변호사와 검사가 논쟁하듯이 어렸을 때부터 짝을 지어 토론과 논쟁으로 공부한다면 뇌가 계발되지 않는 것이 이상한 일이다. 뇌를 격동 시킨다는 것을 다른 말로 표현하면 생각하게 만든다는 말이다. 토론과 논쟁을 하려면 그 과정에서 치열하게 생각할 수밖에 없다. 상대방의 말을 들으면서도 동시에 그것에 대해 반박할 말과 논리를 치열하게 생각해야만 한다.

[하나님의 교육법]은 세상의 모든 이치와 사물에 대해 치열하게 생각하게 만든다.

b. 다양성과 창의성을 갖게 하는 하나님의 교육법 하브루타

하브루타의 가장 큰 장점 중에 하나는 다양한 견해, 다양한 관점, 다양한 시각을 갖게 한다는 점이다. 창의성이란 다르고 새롭게 생각하는 능력이다.

현재 세계의 가장 큰 관심 중, 하나가 바로 창의성인데, 그 창의성을 가

성경이 해답이다

장 잘 계발할 수 있는 방법이 하브루타이다. 왜냐하면 하브루타는 본질적으로 다른 사람과는 다른 생각, 새로운 생각을 요구하기 때문이다. 하브루타는 어떤 객관적인 사실에 대해서도 질문을 하게 만든다. 당연하게 생각하는 것까지도 뒤집어 생각하게 한다.

상대방의 의견과는 다른 나만의 견해를 가져야 토론이 가능하다. 일반적인 상식을 가지고 토론에 이길 수는 결코 없다. 그래서 하나님의 자녀 교육법 하브루타는 나만의 생각, 새로운 생각, 남과 다른 생각을 하게 만든다. 하브루타에서는 경쟁보다는 경청과 존중을 배운다. 토론에는 관용과 화합, 불일치를 위한 개방성, 상대방을 설득시키려 하지 않는 태도로 참여하는 것이 중요하다 자신의 생각이 옳다는 주장이나 상대방의 생각이 틀렸다는 것을 주장하기 위해 토론하는 것이 아니라 서로 다른 생각을 나누기 위한 토론이다. 질문과 토론은 결과와 관계없이 그 과정 자체가 큰 배움이다. 하브루타는 자기 생각을 표현하고, 자기 견해를 객관화하고, 지식을 내면화하고, 이를 창의적으로 적용하는 법을 터득한다. 지식을 알려주기 보다 지식을 터득하는 법에 핵심이 있다.

c. 소통 능력을 기르는 하나님의 교육법 하브루타

하브루타는 의사소통 능력, 경청하는 능력, 설득하는 능력을 기르는데 가장 효과적인 방법이다. 현대에 들어 소통과 관계의 중요성은 더 부각되고 있다. 아무리 실력을 갖추어도 그것을 인간관계를 통하여 풀지 못하면, 그것은 썩고 만다. 아무리 좋은 아이디어와 생각을 가졌다 하더라도 그것을 다른 사람에게 설명하지 못하고 설득하지 못하면 전혀 쓸모가 없다. 하브루타 자체가 대화하고 토론하는 것이기 때문에 의사소통 능력이 저절로 생기게 마련이다. 다른 사람의 말을 경청할 수 있게 하고 다른 사람을 설득하는 능력을 길러준다.

온 몸짓과 표정과 억양과 제스처를 동원하여 자기 생각을 말하고 상대방의 말을 경청한다. 경청하지 않으면 질문할 수 없고 답을 할 수 없다. 삶에서 가장 중요한 소통과 공감을 자연스럽게 훈련하게 된다. 특히 친구 관계를 돈독하게 만들어 주고 인간 네트워크를 형성하게 만들며, 평생지기를 만들어준다. 교회에서 하나님의 자녀 교육법인 하브루타로 연결되면 죽을 때까지 매일 만나는 평생지기도 생기게 된다.

### d. 집중력과 자신감, 통찰력을 갖게 하는 하나님의 교육법 하브루타

옛날 선비들은 꼭 소리를 내어 책을 읽었다. 천자문과 사서 삼경을 큰 소리로 읽었다. 소리 내어 공부하는 것은 새로운 내용을 빠르게 익히는 아주 효율적인 방법이다. 하브루타는 들으면서 말하고, 말하면서 듣기 때문에 아주 뛰어난 학습법이다.

그 속도가 빠를수록 뇌는 빠르게 움직이다. 뇌가 빠르게 움직일수록 뇌는 발달하고 사고는 넓고 깊어지며 상황 대처 능력, 문제 해결 능력은 높아진다. 소리를 내서 읽으면 집중력이 높아진다. 시각과 청각, 움직임을 동시에 활용하기 때문에 뇌가 활발하게 움직이고 그만큼 효과도 높아진다.

소리 내어 토론하면서 공부하는 것은 새로운 내용을 빠르게 익히는 아주 효율적인 방법이다. 들으면서 말하고, 말하면서 듣기 때문이다.

하나님의 교육법 하브루타는 일대일로 가족이나 친구와 치열하게 토론하고 논쟁하는 학습법이다. 토론은 서로에게 자신감을 갖게 하고 통찰력을 강화한다. 그리고 남과 다른 나만의 생각을 갖게 해 준다. 유대인은 "100명이 있다면 100개의 대답이 있다"라고 이야기할 만큼 독창적이고 창의적인 생각을 중요하게 여긴다.

### e. 체계적이고 논리적인 사람을 만드는 하나님의 교육법 하브루타

유대인들은 우리처럼 학교에서 돌아온 아이들에게 무엇을 배웠느냐, 선

_____ 성경이 해답이다

생님 말씀 잘 들었느냐고 묻지 않는다. 선생님에게 무슨 질문을 했느냐고 묻는다. 우리는 선생님이 무엇을 가르쳐 주었느냐를 중시하지만 유대인들은 아이가 실질적으로 무엇을 배웠고, 무슨 생각을 했고 어떤 질문을 가졌는지를 더 중시한다.

우리는 배운 내용이 중요하지만, 유대인들에게는 아이가 무엇을 궁금해하고 어디에 관심을 가지고 있고, 무엇을 묻고 무엇에 대해 토론했는지에 관심을 갖는다.

학습자가 가만히 앉아 교사의 가르침을 듣고 만 있는 수동적인 자세가 아니라 질문과 토론을 통해 배움의 주체가 되게 한다. 성경이나 탈무드 등을 공부할 때 계속 토론하고 논쟁한다. 유대인 아버지들은 자녀가 어릴 때부터 이러한 하브루타를 자녀와 함께 하면서 자녀에게 생각하게 하고 책을 읽도록 만든다. 이런 토론과 논쟁을 통해 자연스럽게 분석적이고 비평적이며 체계적이고 조직적이며 논리적인 사람이 된다.

### 4) 하나님의 자녀 교육법 하브루타의 실천을 위한 조언

선생으로부터 일방적으로 배우는 전통적인 학습 방법과는 달리, 하브루타에서는 두 사람이 상호작용하며 창조성을 발휘하는 가르치고 배우는 관계를 형성한다.

자녀나 성도들에게 질문을 연습하게 하는 것이 중요하다. 답만 중요한 것이 아니다. 유대인들은 답 보다는 질문을 더 중요하게 여긴다. 질문을 한다는 것은 앎에 대한 호기심이 있다는 것이다. 또 질문을 날카롭게 한다는 것은 그만큼 공부를 많이 했다는 증거이기도 하다. 질문을 한다는 것은 경청하겠다는 의도이기도 하다. 그래서 질문은 인격형성과 실력향상에 매우 중요한 학습 요소이다. 현재 분야에서 수많은 인재를 키워온 학습 키워드는 질문이다.

자녀나 성도가 질문한다고 답을 그대로 떠 먹여 주면 너무 단순하다. 자녀나 성도가 스스로 해결할 수 있도록 책을 소개한다 든지, 인터넷을 찾아보게 한다 든지, 여러 가지 2차 학습자료를 통해 스스로 답을 찾을 수 있도록 안내하는 것이 바람직하다. 질문에 대한 답을 풀어내기 위해 이것저것 참고서적을 찾아가다 보면 더 깊은 앎의 세계로 인도할 기회를 갖게 되기 때문이다.

세상을 리드해 가야 할 교회는 주일학교와 청소년부, 장년학교에서 하나님의 자녀 교육법을 체득케 하여 각 가정에서, 부부 간에, 부모와 자녀 간에 형제 간에 하브루타를 생활화 할때 각개 각층에서 두각을 나타내는 인재들이 성장될 것이다.

### 5) 질문은 하나님의 자녀 교육법의 핵심

질문은 위대한 힘을 가지고 있다. 사고력을 확장하고 논리력과 발표력, 경청력, 포용력까지 갖추게 한다. 질문은 배움에서 빼놓을 수 없는 심장과도 같은 것이다. 질문은 하나님의 자녀 교육법의 핵심이다. 예수님은 제자들에게 수시로 질문하셨다. 질문은 앎에 대한 갈증과 호기심에서 만들어진다. 암송할 성구와 중요한 본문을 상고하고 묵상하면서 생겨나는 의문들을 질문으로 만들어야 한다.

질문은 지식과 지혜를 캐내는 도구다. 질문이 없이는 지식과 지혜를 파헤칠 수 없다. 당연한 것을 의심하고 무비판적으로 받아들였던 것에 질문을 가함으로써 왜 그럴까 생각해 보는 것 그 자체로도 의미가 있다. 질문들을 만들기 위해선 많은 상상력과 사고력을 필요로 한다.

하나님은 놀라운 선물은 성경 속에 숨겨 두셨다. 인간에게 모든 것을 한

_____ 성경이 해답이다

꺼번에 알려주시지 않고 이성이라는 특별한 능력을 주셨다. 그 이성을 잘 활용하는데 필요한 것이 바로 질문이다. 이성은 모든 사고와 창의의 원조다. 그러나 질문이 없으면 이성은 한갓 저장 창고에 불과하다. 생각하기 위해서는 하나의 끄나풀이 필요한데 그것이 바로 질문이다. 질문하지 않고 위대한 발견과 발명을 이룩한 적이 없다.

에디슨은 왜 달걀에서 병아리가 나올까 하는 의문을 품었고, 프로이드는 암흑에 싸인 정신세계에 도대체 무엇이 들어 있을까 라는 의문을 품고 평생을 연구에 바쳤다. 그뿐 인가? 뉴턴은 모두가 상식으로 생각했던 떨어지는 사과를 보고 사과가 왜 떨어질까 의문을 품었기 때문에 만유인력의 법칙을 찾아냈다.

인간은 하나님이 세상에 숨겨놓으신 보물을 찾아내기 위해서는 끊임없이 질문하며 탐구해야 한다. 그래야 하나님이 주신 이성이라는 능력을 최대한 발휘할 수 있다.

질문은 지식과 지혜를 캐내는 절대적인 도구다. 위대한 질문은 수많은 발견과 발명, 철학의 끄나풀이 되기도 한다. 그런데 질문도 학습과 훈련이 필요하다. 스스로 질문을 만들어낼 줄 알아야 하브루타가 활발하게 이뤄질 수 있다. 그리고 그 질문이 나와 상대방 모두에게 유익하다는 것을 깨달아야 한다. 하브루타의 목적은 논쟁하여 이기기 위한 것이 아니라 질문을 통해 사고에 자극을 주는 것이다. 때로는 힘을 합하여 문제 해결책을 찾아내는 것이다. 질문은 앎에 대한 호기심의 표현이며 정확히, 더 많이 알고 싶다는 열정의 표현이다. 하브루타는 영적 친구 간에 진리를 나누는 공부법이다. 그것은 지식만 나누는 것이 아니고 삶과 인격을 나누는 토론과 대화의 장이며 동역화의 과정이다. 평생 동안 진리 안에서 사랑을 나누며 같은 가치관을 갖고 같은 꿈을 꾸며 같은 방향을 향해 함께 가는 평생 동지가 만들어진다. 이보다 더 큰 축복이 없을 것이다.

### 6) 하나님의 자녀 교육법인 하브루타를 반드시 생활화해야 한다.

그리스도인은 제자 삼는 삶을 살아야 한다. 예수님의 지상 명령(마 28:18-20)은 그리스도인의 삶의 좌표다. 옛날에는 시간과 공간의 제한 속에 삶을 살고 사역을 해야 했다. 지금은 SNS나 카톡, 보이스톡, 페이스톡, 이메일 등 각종 멀티미디어 사용을 통해 시간과 공간을 초월하여 멀리서도 암송한 성구나 어떤 주제를 가지고 질문하고 토론하는 하브루타를 할 수 있다. 그래서 일방적인 교육이 아닌 서로 소통과 공감을 통해 양육하고 훈련할 수 있게 되었다.

하나님의 교육법인 하브루타를 통해 각자의 정체성을 확립하고 서로 간에 가치관을 정립하여 부부간에는 사랑과 존중의 관계를 만든다. 또한 부모와 자녀 간에 소통과 공감을 통해 서로의 사랑을 알고, 자녀의 성장 과정을 알고 인격의 성숙과 신앙의 성장을 확인하게 된다. 또한 형제 간에, 친구 간에, 동역자 간에, 스승과 제자 간에 깊고 폭 넓은 관계를 만들어 간다. 인간 관계에서 이별과 배신을 겪지 않도록 서로의 성품과 가치관을 아는데 큰 도움을 준다.

암송할 성구와 중요한 본문을 상고하고 묵상하고 하브루타를 하면 암송도 잘 되고, 자신을 영적으로 훈련하는데도 커다란 유익을 갖게 할 뿐 아니라 제자를 양육하는 최상의 방법이다. 성경을 보면 하나님과 아브라함(창 18:22-33), 하나님과 모세(출 3:13-4:17), 예수님과 제자들(마 16:13-20), 예수님과 니고데모(요 3:1-8), 성령님과 제자들(행 8:26-40)등 삼위일체 하나님과의 수많은 하브루타가 있다.

하나님은 매일 하나님의 자녀들과 질문과 토론을 통해 소통하고 공감하길 원하신다. 예수님의 보혈의 공로를 믿음으로, 하나님의 자녀가 된 그리스도인들은 하나님의 교육법인 하브루타로 훈련하여, 자녀들을 하브루타로 교육할 때(신 6:4-9) 정치, 경제, 사회, 문화 등 모든 분야에서 요셉과 다니엘 같은 탁월한 영재들을 배출할 것이다. 하브루타를 막상 하려고 들면 가장 고통스러운 것이 질문을 만들어야 한다는 것이다.

그런데 성경을 상고(詳考)하고 묵상(默想) 하는 사람들에게 질문을 만드는 것은 그렇게 어려운 일이 아니다. 도리어 영적인 진리를 발견하는 큰 기쁨을 맛보게 된다.

말씀을 상고하고 묵상하면 할수록 질문이 쉽고, 질문의 수준이 높아지며, 하브루타를 하면 할수록 묵상이 잘되고 묵상의 수준이 깊어진다. 그리하여 다양한 질문을 만들고, 가족이나 성도나 친지들과 각종 미디어를 통해 말씀을 함께 나누면, 스스로 생각하고 해답을 찾는 과정을 통해 신앙 교육이 되고 개개인의 영적 성장에 엄청난 효과를 갖게 된다. 영적 지도자들은 꼭 암송해야 할 주제별 성구와 성경의 중요한 본문을 상고하고 묵상할 때 아래의 "10가지 질문 형식"을 생활화하기를 권면한다.

### 7) 암송할 성구나 중요한 본문으로 질문하는 예(엡 2:1-3)

1. 그는 허물과 죄로 죽었던 너희를 살리셨도다. 2.그 때에 너희는 그 가운데서 행하여 이 세상 풍조를 따르고 공중의 권세 잡은 자를 따랐으니 곧 지금 불순종의 아들들 가운데서 역사하는 영이라. 3.전에는 우리도 다 그 가운데서 우리 육체의 욕심을 따라 지내며 육체와 마음의 원하는 것을 하여 다른 이들과 같이 본질상 진노의 자녀이었더니

① 단어의 뜻을 묻는 질문

에베소서 2:1절의 그는 누구인가?

허물은 무엇이고, 죄는 무엇인가?

에베소서 2:2절의 그 때는 어느 때인가?

세상 풍조는 무엇인가?

공중의 권세 잡은 자는 누구인가?

불순종의 아들들은 누구인가?

육체의 욕심이란 무엇인가?

② 문장의 표현에 대하여 묻는 질문

허물과 죄로 죽었던 이란 무슨 뜻인가?

"그는 허물과 죄로 죽었던 너희를 살리셨도다"는 말은 무슨 뜻인가?

"그 때에 너희는 그 가운데서 행하여 이 세상 풍조를 따르고"는 무슨 뜻인가?

"공중의 권세 잡은 자를 따랐으니"는 무슨 뜻인가?

"곧 지금 불순종의 아들들 가운데서 역사하는 영 이라"란 누구를 말하는가?

"전에는 우리도 다 그 가운데서"는 무슨 말인가?"

"육체의 욕심을 따라 지내며"는 무슨 말인가?

"육체와 마음의 원하는 것을 하여"는 무슨 뜻인가?

"다른 이들과 같이 본질상 진노의 자녀이었더니"란 무슨 뜻인가?

③ 느낌에 대한 질문

이 문장 전체를 읽고 어떤 느낌이 드나요?

그가 허물과 죄로 죽었던 나(우리)를 살리신 것을 어떻게 느끼나요?

이 세상 풍조를 따르고 공중에 권세 잡은 자를 따랐을 때 어떤 삶이었나요?

내(우리)가 본질 상 하나님의 진노의 자녀 라면 어떤 느낌이 드나요?

_____ 성경이 해답이다

④ 육하원칙(Who, What, Where, When, Why, How)에 의한 질문

언제 허물과 죄로 죽었나? 언제 육체와 마음에 원하는 것을 했는가?

왜 허물과 죄로 죽었나? 왜 세상 풍조를 따르게 되었나? 왜 본질 상 진노의 자녀가 되었나?

허물과 죄를 범했을 때 어떤 죽음을 당하는가? 영생을 얻는 다는 것은 어떤 의미인가?

누가 허물과 죄를 범했나요?

허물과 죄로 죽어 무엇을 상실하게 되었나요?

어디서 허물과 죄를 범했나요?

⑤ 문장을 통해 유추할 수 있는 질문

허물과 죄로 죽었던 내(우리)가 어떻게 살림을 받았나요?

불순종의 아들들 가운데 역사하는 영을 따라 살면 나(우리)는 어떤 존재가 되나요?

육체와 마음의 원하는 것을 하며 살 때는 행복했나요?

진노의 자녀로 살 때 평안했나요?

⑥ 문장을 통해 비교하는 질문

허물과 죄로 죽었던 때와 허물과 죄에서 살아났을 때의 차이는 무엇인가요?

진노의 자녀(엡 2:3)와 하나님의 자녀(요 1:12)는 어떤 차이가 있나요?

⑦ 상대방에게 의견을 묻는 질문

세상 풍조를 따라 살 때 어떤 종류의 기쁨과 희망이 있었나요?

육체와 마음의 원하는 것을 행하며 살 때 인생의 종말이 어떻게 되리라 생각했나요?

지금은 세상 풍조를 따라 살지 않고 어떻게 살고 있나요?

공중에 권세 잡은 자가 지금은 어떻게 역사하나요?

지금은 육체와 마음의 원하는 것을 행하고 싶을 때 어떻게 물리치나요?

⑧ 삶에 적용할 수 있는 질문

허물과 죄로 죽었던 나(우리)를 살리신 예수와 어떻게 지내나요?

지금 불순종의 아들들 가운데 역사하는 영은 나(우리)에게는 어떻게 언제 역사하나요?

진노의 자녀(엡 2:3)에서 하나님의 자녀(요 1:12-13)가 되었다면 어떤 변화가 있나요?

친구들이 세상 풍조를 따르고, 육체의 욕심을 따라 사는 삶이 부럽지 않나요?

⑨ 가정에 대한 질문

만약 허물과 죄로 죽은 상태로 인생의 종말을 맞이한다면 어떻게 되리라 생각하나요?

만약 세상 풍조를 따르고 공중의 권세 잡은 자를 따르면 어떻게 되리라 생각하나요?

만약 지금도 진노의 자녀로 산다면 어떻게 되리라 생각하나요?

⑩ 결론적이고 종합적인 질문

당신이 허물과 죄로 죽었을 때 하나님은 당신을 어떻게 섭리하셨을까요?

당신이 예수를 구세주와 삶의 주인으로 영접하게 된 것도 하나님의 특별한 사랑이라고 믿으시나요? 요한복음 3:1-8절을 읽어 보셨나요? 그 말씀을 깊이 묵상해 보면 어떨까요?

위의 질문 형식을 응용하여, 1-10까지 전부 질문해도 되고, 어떤 한 형식만 질문해도 되고 10가지 형식에서 하나씩만 질문해도 된다.

예시(例示)된 질문법은 절대적인 방법은 아니므로 "성경 말씀에 따라"

"10가지 질문 형식"을 응용하여 각기 다른 의문을 갖고 다각도로 질문을 만드는 훈련을 하기 바란다.

## 제6단계 : 5 단계를 통합하여 매일 자신의 성령 행전(ACTS)을 기록하라

"거룩"은 성경 전체에서 강조되는 핵심 주제지만 특히 레위기의 중심주제다(레 19:2). "거룩하라"(레 19:2)는 말은 "성스럽고 위대하라"는 뜻이다. 거룩은 하나님의 첫번째 속성이며, 하나님의 두번째 속성인 사랑도 거룩한 사랑이다. 레위기 1-10장은 "하나님은 거룩하니"로, 11-27장은 "너희도 거룩하라"로 축약된다. 하나님은 구원받은 하나님의 자녀들이 거룩한(=성스럽고 위대한)삶을 살기 원하신다. 그런데 우리는 스스로는 거룩할 수 없고, 오직 "하나님의 말씀과 기도"(딤전 4:5)의 삶을 살 때 성령님께서 우리를 "거룩하게"(=성스럽고 위대하게) 만드시는 것이다.

성경에 "태초에 말씀이 계시니라 이 말씀이 하나님과 함께 계셨으니 이 말씀은 곧 하나님이시니라"(요 1:1)했으니 말씀이 곧 예수님이시고, 하나님이시다. 말씀 충만이 하나님 충만이요, 예수 충만이요, 성령 충만이다. 충만의 사전적 의미는 "어떤 감정이 마음에 가득하게 차 있음"을 말하는 것으로, 성령 충만은 "성령께서 내 마음을 사로잡아 성령의 지배를 받는 삶"을 말한다. 그럼으로 말씀 충만은 "말씀이 내 마음을 사로잡아 말씀의 지배를 받는 삶"을 말한다. 말씀과 성령의 지배를 받는 삶이 하나님이 원하시는 거룩한(성스럽고 위대한)삶이다. 거룩한(성스럽고 위대한) 삶은 말씀 충만, 성령 충만한 삶의 열매다.

인생을 살아가면서 수없이 많이 겪게 되는 판단과 선택의 갈림길에서 자신의 욕심인지, 사탄의 미혹인지, 하나님의 뜻인지 분별할 수 없을 때, 성령님께서 성경 말씀을 통해 인도하시고, 약속된 말씀에 소망을 갖게 하시고, "말씀에 의지하여 도전"(눅 5:4-6)할 수 있도록, 말씀의 레일 위에 성령의 불이 역사하시는 것이다. 말씀과 성령은 분리할 수 없다. 그러므로 말씀이 충만할 때 성령이 충만해진다. 말씀 충만과 성령 충만은 다르지만 같고. 같지만 다르다. 마치 하나님과 예수님과 성령님이 다르지만 같고, 같지만 다른 것과 같다. 또한 하나님과 예수님과 성령님은 언제나 동시에 함께 역사하신다.

사도들이 "예수님의 명령을 따라 말씀을 전할 때"(막 16:15-20), 성령이 역사하심으로 말씀이 성취되는 기록이 사도행전(ACTS)이기에 성령 행전이요 말씀 행전이라 한다.

"성령 충만으로 사역하셨던 예수님"(행 10:38)처럼, 제자들도 "성령 충만을 받아"(행 2:1-4/4:31) "성령의 역사로 행한 일 즉 성령 행전"(ACTS)을 기록하여 우리들을 구원으로 인도한다.

우리도 성령 충만을 받아 "성령의 역사로 행한 우리의 성령 행전"(ACTS)을 기록하는 것은 사람들을 축복으로 인도하고 우리를 "성스럽고 위대한 삶" 즉 거룩한 삶을 살게 하는 원동력이요, 지름길이다. 수천 년 전에 성경의 인물들에게 하셨던 약속과 기적이 하나님의 말씀을 믿고 순종하면 우리에게도 동일하게 역사하심을 확인하고 확신하게 되는 그 감격을 기록하면서 자신의 성경적 정체성과 성경적 가치관과 성경적 내세관을 바르게 정립하게 되고 거룩한(성스럽고 위대한) 삶을 살게 되는 것이다.

"종이 위의 기적, 쓰면 이루어진다"의 저자 헨리에트 앤 클라우저 박사는 "기록이 가지고 있는 힘은 실로 광대하며 종이와 펜만 있다면 누구나 삶의 기적을 일으킬 수 있다"고 말한다. 당신이 쓰는 순간 모든 것이 이루어진다.

당신이 펜을 드는 순간 당신의 삶은 기적처럼 바뀐다고 강조하며 독자에게 권면한다. 자신의 열망을 쏟아부어서 적은 메모 한 장, 글 한 줄은 물론이 거니와 무의식 중에 적었던 몇 자의 단어 들도 모두 에너지가 담겨있다. 그 에너지가 목표를 끊임없이 끌어당김으로써 결국 사람과 세상을 움직이게 된다. 그래서 강력한 열망을 담은 기록은 미래를 바꾸고 운명을 바꾼다. 기록은 뼈에 새기고 마음에 새기게 해서, 잘못된 습관을 버리게 한다.

성령의 감동이 번뜩이는 영감을 놓치지 않기 위해서 자신의 하루를 기록함으로써 자신의 하루를 헛되이 보내지 않고 간절한 염원을 담아 끊임없이 기록해야 한다.

매일 말씀을 봉독하고 상고하고 묵상하며 암송하고 하브루타한 말씀을 통합하여 자신의 성령 행전(ACTS)을 기록할 때 다각도로 생각하고, 자신을 성찰하며, 목표를 분명하게 하고, 목표에 집중하고, 분별하게 한다. 또한 성령의 역사를 확인하고, 하나님의 은혜에 감사하며, 방향을 점검하여, 세상 풍조에 요동하지 않게 된다

매일 말씀을 봉독하고 상고하고 묵상하며 암송하고 하브루타 한 말씀을 통합하여 자신의 성령 행전(ACTS)을 기록하는 삶을 살 때 바울 사도처럼 썩지 아니할 상을 얻기 위해 달음질하고, 절제하며, 달음질하기를 향방 없는 것 같이 아니하고 싸우기를 허공을 치는 것 같이 아니하며 자신을 쳐 하나님의 말씀에 복종하게 된다(고전 9:24-27). 또한 이 세대를 본받지 않고, 마음을 새롭게 함으로 변화를 받아, 하나님의 선하시고 기뻐하시고 온전하신 뜻이 무엇인지 분별하며 살게 된다(롬 12:2).

### 1) 말씀충만, 성령 충만케 하는 기도(ACTS)와 성령 행전(ACTS)의 기록

우리가 지금까지 성경을 입체적으로 봉독해야 할 중요성을 5단계로 강

조해 온 것은 말씀 충만과 성령 충만을 통해 하나님과의 깊은 교제로 권능의 삶을 살기 위해서다. 그럼으로 말씀과 성령으로 충만케 하는 다음과 같은 5단계의 기도방식을 권면한다.

1단계  사도 신경을 암송하면서 한 구절, 한 구절을 묵상하며 기도를 시작한다.

2단계  성경66권 목록(예: 창세기-계시록) 순서를 따라 부르면서 "성령님께서 가르치고 생각나게 하는"(요 14:26) [본문과 사건과 인물과 암송 구절을 묵상하며] 기도하는 것은 영적 성장에 커다란 영향을 끼치며 성령 충만케 하는 기도다.

1단계와 2단계의 기도를 진실한 믿음으로 할 때, 3단계의 기도를 생명력 있게 한다.

3단계  항상 "기도의 순서"(ACTS)와 원리를 따라 기도한다.

① 찬양(Adoration) : 하나님의 사랑과 능력과 약속의 신실하심과 기적 행하심을 찬양한다. 하나님의 역사를 보며 찬양을 드려라. 그래야 진정한 회개를 할 수가 있다

② 회개(Confession) : 하나님을 믿지 못하고 순종하지 못한 사실들을 진심으로 회개해야 한다. 그래야 하나님의 긍휼하심과 크신 사랑에 깊은 감사를 드릴 수 있다.

③ 감사(Thanksgiving): "온갖 좋은 은사와 온전한 선물이 다 위로부터 빛들의 아버지께 로부터 내려 오나니"(약 1:17) 모든 것이 하나님의 선물임을 믿고 구체적으로 감사를 드리는 것이 믿음이다. 감사는 상황과

성경이 해답이다

조건에 대한 감사가 아니라 하나님의 약속과 권능에 대한 반응이다. 감사는 주어진 것에 감사하는 것이 아니라 있는 것을 찾아 하는 것이다. 그래야 하나님께 간절히 간구할 수 있다.

④ 간구(Supplication) : A)주의 종과 교회를 위해. B)나라와 민족을 위해 C)불신자와 고통 당하는 사람들을 위해. D)가족들을 위해. E)자신을 위해(시급한 문제 /인간관계/건강 /물질/영적인 것/인격 성숙/믿음의 동역자를 보내 주심)을 기도한 후 조용히 귀를 기우려 성령의 음성을 들어라.

4단계  방언 은사를 받은 사람은 "성령의 언어인 방언으로 기도"한다(고전 14:14-15).

"성령의 언어인 방언으로 기도" 하면 우리가 하지 못하는 기도를 성령께서 하신다.

"이와 같이 성령도 우리의 연약함을 도우시나니 우리는 마땅히 빌 바를 알지 못하나 오직 성령이 말할 수 없는 탄식으로 우리를 위하여 친히 간구하시느니라"(롬 8:26)

5단계  주기도문을 소리 내어 암송하면서 한 구절, 구절을 묵상하며 기도를 끝낸다. 엄청난 영적 보고가 함축된 사도신경과 주기도문을 상고하고 묵상하고 하브루타 하라.

(참고 도서: 우리 인생을 이렇게 끝낼 것인가? 을 참조하기를 권면한다.)


## 2) 기도를 다 마친 후 매일 자신의 성령 행전(ACTS)을 기록한다.

성령 행전(ACTS)의 기록은 일반적인 일기가 아니며, 성령님께서 하나님의 말씀을 깨닫게 하시고, 하나님의 말씀을 성취하시는 매일의 삶을 기록하는 것으로 성령님께서 말씀으로 우리 영과 혼과 육과 삶에 행하신 위대한 사랑과 섭리를 기록하는 것이다.

"자신의 성령 행전(ACTS)을 기록할 때"도 성경은 계획대로 봉독하면서 (부록 4를 참조), 암송 성구(1,000절)와 성경66권을 책 별로 하브루타하면서 기록한다. 암송할 성구1,000구절은 월-금요일에 묵상한 후 성령 행전(ACTS)을 기록하고, 책 별 묵상은 토요일-주일-휴일에 묵상한 후 성령 행전(ACTS)을 기록한다.

### 3) 매일 자신의 성령 행전(ACTS)을 기록하는 방법

# 암송하고 묵상한 말씀으로 성령 행전(ACTS)을 기록하는 실례

암송할 성구(7.주제:그리스도인의 삶) "① 두려워하지 말라 내가 너와 함께 함이라 ② 놀라지 말라 나는 네 하나님이 됨이라 ③ 내가 너를 굳세게 하리라 ④ 참으로 너를 도와 주리라 ⑤ 참으로 나의 의로운 오른손으로 너를 붙들리라"(사 41:10)

암송할 말씀을 묵상하는 방법

① 1) 인간은 언제 두려움을 가질까? 인간의 근본적인 두려움은 실패와 상실과 고독과 죽음 등으로 축약할 수 있다. 인간의 가장 고통스러운 순간에 전지전능하신 하나님이 우리와 함께 하니 두려워하지 말라는 약속이다.

② 인간은 언제 놀라게 될까? 인간은 예기치 않는 환난을 당할 때 놀라게 된다 그때 모든 문제를 주권적으로 섭리하시는 하나님이 우리 편이니 놀라지 말라는 희망의 말씀이다.

③ 하나님은 어떤 방법으로 우리를 굳세게 하시는가? 독수리가 독수리 새끼를 훈련할 때 창공으로 올라갔다가 떨어뜨리고 땅에 닿기 전에 받아 다시 창공으로 올라 갔다가 떨어뜨리기를 반복하여 독수리의 날개를 강하

게 만들어 하늘의 왕자로 만드는 것처럼 하나님은 여러가지 시험을 통해(약 1:2-4)우리를 굳세게 하신다.

④ 하나님은 어떻게 우리를 도우시는가? "우리에게 있는 대제사장은 우리의 연약함을 동정하지 못하실 이가 아니요 모든 일에 우리와 똑같이 시험을 받으신 이로되 죄는 없으시니라 그러므로 우리는 긍휼하심을 받고 때를 따라 돕는 은혜를 얻기 위하여 보좌 앞에 담대히 나아갈 것이니라"(히 4:14-15) 우리를 하나님 앞에 나아가지 못하게 하는 사탄의 송사가 있다(롬 8:33) 그렇게 형편없는 삶을 살면서 어떻게 하나님께 염치도 없이 간구하느냐고 양심의 가책을 느끼게 한다. 그때 마다 우리의 연약함을 동정하지 못하실 분이 아님을 믿고 긍휼하심을 받고 때를 따라 돕는 은혜의 보좌 앞에 담대히 나아갈 때 도와 주시기를 기뻐하신다.

⑤ 의로운 오른손으로 붙들리라는 말씀은 무슨 뜻인가? 어떤 존재도 빼앗을 수 없는 절대 권능의 손으로 우리를 보호하시고 지키신다는 약속이다.


암송하고 묵상한 말씀으로 성령 행전(ACTS)을 기록한다.

① 찬양(Adoration) : 전지 전능하시고 무소 부재하시며 자신의 뜻과 계획과 약속에 따라 "주권적으로 섭리"하시는 하나님의 위대하심을 찬양합니다.

② 회개(Confession) : 언제나 "견고한 성과 네피림 같은 거민과 자신의 메뚜기 같은 모습만 보고, 하나님이 함께하시고 베풀어 주신 은혜들은 망각한 채 하나님을 신뢰하기 보다 절망하고 원망 불평만 하는"(민 13:25-33) 10지파의 백성들처럼 "믿음"(히 11:6) 없음을 회개합니다.

③ 감사(Thanksgiving) : 삼위일체 하나님의 역사를 바라볼 수 있고 신뢰

할 수 있고 의지하여 살 수 있는 믿음으로 성장시켜 주심을 감사합
니다.

④ 간구 (Supplication) : 언제나 어떤 상황에서도 하나님의 약속을 붙잡고
"먼저 그의 나라와 그의 의를 구하여"(마 6:25-33) 모든 것을 더하심을
체험하고 간증하는 삶이 되게 하여 주옵소서

# 4부

# 성경 66권
# 개관(概觀)과
# 내용 분해

9

## 40. 마태복음 개관(槪觀)

| 주제 | 예수 그리스도는 약속된 메시아이시다. | 저자 | 마태 |
|---|---|---|---|
| 기록연대 | A.D.68년-70년경(예루살렘의 멸망(A.D.70년)이 이루어지기 전 | | |
| 기록목적 | 나사렛 예수가 바로 구약성경에서 줄곧 예언되어 왔던 메시아(Messiah) 곧 온 인류의 영원한 왕이신 '그리스도'라는 사실을 입증하고 증거하기 위해서 기록했다. | | |
| 개요 | 구약의 예언이 신약의 그리스도를 통하여 성취되어지는 바 마태복음은 예언과 성취를 이어주는 교량 역할을 하고 있다. 따라서 신약의 맨 처음 부분에 위치하는 이 책은 구약 성경이 빈번히 인용되며 또한 구약 율법에 대한 적극적인 해석으로써 신약의 새로운 세계를 열고 있다. 마태는 예수님의 사역을 직접 목격한 세관원 출신의 제자로써 문서 정리에 익숙했던 사람이었다. 마태복음의 주목적은 유대인들에게 예수님이 메시아라는 사실을 증명하는 것이었다. 이를 위해 마태는 구약성경을 많이 인용하면서 그 구절이 예수님의 삶을 통해 성취되었다는 것을 입증한다. 메시아이신 예수가 구약의 예언을 완성시키는 왕으로 이 땅에 오셨음을 밝힌다.<br>유대인들에게 예수님이 메시아라는 사실을 납득시키려면 두가지를 증명해야 했다. 첫째는 예수님이 족보상 다윗의 후손이라는 것과, 둘째는 예수님이 구약 성경에 약속된 메시아에 대한 예언을 모두 성취하셨다는 것이다.<br>먼저 마태는 족보를 통해 예수님이 다윗의 후손이라는 것을 명백하게 밝히고 있다. 마태는 예수님의 족보를 아브라함부터 예수님까지 14대씩 3시기로 구분했다. |  |  |

첫째 아브라함부터 다윗까지 14대, 둘째 다윗부터 바벨론 포로까지 14대, 셋째 바벨론 포로부터 그리스도까지 14대로 나누고 있다.

또한 예수님이 참된 메시아라면 다윗의 후손이실 뿐만 아니라 구약 성경에서 제시한 메시아에 대한 예언을 모두 성취하신 분이어야 한다. 그래서 마태는 [···하셨으니 이는 ····· 말씀을 이루려 하심이라]는 공식 어구로 소개되는 10개의 구약 성취 인용문을 통해 예수님이 구약이 계시한 메시아이심을 증명하고 있다.

1. 예수님의 동정녀 탄생: 예언(사 7:14) 성취(마 1:22-23)[···하심을 이루려 함이러라]
2. 예수님의 이집트 피난: 예언(호 11:1) 성취(마 2:14-15)[이는···함을 이르려 하심이라]
3. 헤롯의 유아 학살: 예언(렘 31:15) 성취(마 2:17-18)[이는···함이 이르어졌느니라]
4. 나사렛에서 탄생과 성장: 예언(사 11:1) 성취(마 2:23)[이는···하심을 이루려 함이러라]
5. 갈릴리 지역에서 활동: 예언(사 9:1-2) 성취(마 4:12-16)[이는···하였느니라]
6. 예수님의 치유 사역: 예언(사 53:3-6) 성취(마 8:16-17)[이는··· 이루려 하심이더라]
7. 메시아의 인물 적 특징: 예언(사 42:1-4) 성취(마 12:15-21)[함을 이루려 하심이니라]
8. 예수님의 비유 사용: 예언(시 78:2-3) 성취(마13:34-35)[···함을 이루려 하심이라]
9. 예수님의 예루살렘 입성: 예언(슥 9:9) 성취(마 21:1-5)[이는···하였느니라]
10. 가롯 유다의 배반과 자살: 예언(슥 11:12-13) 성취(마 27:9-10)[이는···하였더라]

마태는 10개의 공식적인 인용 문구를 사용하여 예수님이 그리스도(메시아)라는 사실을 증명했다. 유대교와 기독교는 여호와 하나님을 하나님으로 믿고, 구약 성경을 하나님의 말씀으로 믿는다는 것에서는 동일하지만 예수님이 참된 메시아인가에서 결정적인 차이가 난다.유대인들은 아직도 구약 성경에서 예언된 메시아(그리스도)가 오지 않았다고 믿고 기독교는 구약 성경에서 예언된 메시아가 이미 역사 속에 오셨음을 믿는다. 기독교는 예수님이 구약 성경에 약속된 메시아이시며 다윗의 후손인 동시에 여호와 하나님의 아들이시며 여호와 하나님과 동등한 하나님이라는 사실을 믿는 것이다.

개요

_____ 성경이 해답이다

**내용 분해** 부록 1을 참조하여 누가복음과 요한복음의 평행 구절과 함께 상
고하고 묵상한다.


## 41. 마가복음 개관

| 주제 | 예수 그리스도는 하나님의 종이시다. | 저자 | 마가 |
|---|---|---|---|
| 기록연대 | A.D. 67-70년경(베드로 순교(A.D. 67/68)이후, 예루살렘 멸망(A.D. 70 이전) | | |
| 기록목적 | A.D. 64-69년 사이에 있었던 로마 네로 황제의 박해로 어려움을 당하는 성 도들에게 주님의 고난과 승리를 밝힘으로써 시험에 이길 힘을 주기 위해 기록했다. | | |
| 개요 | 마가는 예수님의 교훈보다는 사역 중심으로 정리했고 로마인들을 대상으로 기록되었다. 마가에서 그리스도는 '하나님의 아들 예수그리스도'(1:1) 이다. 그는 예수그리스도가 하나님의 아들이심을 입증하기 위해 집중한다.<br>그래서 마태복음이나 누가복음에서 나타나는 유대 왕 적인 족보나 비범한 탄생 이야기는 과감히 생략한다. 예수그리스도를 증거하는 모든 용어는 '하나님의 아들'로 통일되거나 그것을 나타내는 용어로 구사된다. 예를 들어 요한에게 침례(세례)를 받고 올라오실 때 하나님은 친히 '내 사랑하는 아들'(1:11)로 호칭하신다.<br>더러운 귀신들도 '당신은 하나님의 아들이니이라'(3:11) 하거나 '지극히 높으신 하나님의 아들 예수여'(5:7)라고 하나님의 아들로 묘사된다. 공회 앞에 서신 예수께 대제사장도 '네가 찬송 받을 자의 아들 그리스도냐?'(14:61)고 묻고 마지막으로 예수의 죽음을 목도한 이방인 백부장은 '이 사람은 진실로 하나님의 아들이었도다'(15:39)라고 고백한다. 이러한 사실 외에도 마가는 수많은 예수그리스도의 이적 이야기로 하나님의 아들이심을 뒷받침하고 있다. | | |


**내용 분해** 부록 1을 참조하여 누가복음과 요한복음의 평행 구절과 함께 상
고하고 묵상한다.

# 42. 누가복음 개관

| 주제 | 예수 그리스도는 인자(人子)이시다. | 저자 | 누가 |
|------|------------------------------------|------|------|
| 기록연대 | 로마 체제(A.D. 61-63) 이전 기록(혹자는 A.D. 58-63년경) | | |
| 기록목적 | 누가가 데오빌로에게 보내는 편지 형식을 통해 예수의 삶을 상세히 살펴 예수는 하나님임과 동시에 온전한 사람으로서 인류의 구주가 되심을 증거하기 위해 | | |
| 개요 | 누가는 바울의 '사랑을 받는 의원'(골 4:14)이며 '마지막까지 함께 했던 사람'(딤후 4:11)으로써 '데오빌로'로 대표되는 지성적 이방인들에게 누가복음 서문(눅 1:1-4)에 기록된 것처럼 누가복음과 사도행전을 통해 하나님의 구원의 역사 즉 구속사를 알기 쉽게 기록해 주었다.<br><br>누가는 예수님의 열 두 사도는 아니었지만 사도 바울의 제자요 동역자로서 존경받는 훌륭한 의사였고 역사를 바라보는 안목이 아주 뛰어난 역사가였다.<br><br>누가는 천사들의 말을 통해 예수님을 구원자로 소개하고 있다. 세상 사람들은 구원의 대상을 피부색이나 민족, 지역이나 신분, 빈부, 성별 등으로 서로 구별하고 차별한다. 그러나 예수님이 주시는 구원은 동서고금, 빈부귀천, 남녀노소의 차별이 없다.<br><br>누가는 예수님이 가난하고 소외 받는 사람들에게 많을 관심을 가지셨음을 말하고, '부자와 나사로 비유'(눅16:19-31)에서 부자는 지옥에 가고 거지 나사로는 낙원에 가는가 하면, 바리새인의 기도는 거절당하고, 세리의 기도는 들어 주시는 사건 등이다.<br><br>또한 누가는 여성들의 지위와 역할에 대해서도 예수님의 탄생 소식이 마태복음에서는 남자인 요셉에게만 알려지지만 누가복음에서는 '여성인 마리아'(눅 1:26-38)에게도 알려진다. 또한 침례 요한의 탄생 장면에서 아버지 사가랴와 함께 어머니 엘리사벳'(눅 1:39-45)도 함께 기뻐하는 것을 기록하고 있다.<br><br>또 예수님의 오심을 기다리던 자에 대해 말할 때도 시므온과 함께 안나'(눅 2:36-38)를 기록하고 있다. 유대 사회에서 스승의 발 밑에서 배우는 것은 남자들만 누릴 수 있었는데 마리아가 예수님의 발 밑에서 말씀을 들었다는 것은 파격적이다.<br><br>또한 마지막까지 십자가 곁에 머물러 있고 장사 지내는 것을 지켜보고 부활을 가장 먼저 경험한 사람도 여자들이었다. 이처럼 누가는 예수님이 이방인들과 가난한 자들과 소외된 자들과 여성들까지도 모두 구원(救援)하기 위해 오셨다는 것을 상세하게 증거하고 있다. |

| 개요 | 특히 누가는 성령과 기도를 실증적으로 말하고 있다. 누가복음 초반부는 사가랴, 엘리사벳, 마리아의 성령충만한 모습을 기록했고 마지막은 성령 받을 것을 기다리라고 한다. 더욱이 하나님이 우리에게 주시는 최고로 좋은 것이 바로 '성령'이라고 말한다(눅 11:13). 특별히 누가는 기도의 중요성을 강조하면서 기도하는 예수님을 모델로서 잘 보여주고 있다(눅 22:39-46). 누가복음은 공관복음서 중에서 [예수의 행적을 역사적 사실에 근거해서 가장 연대기적으로 기록]한 복음서다. |
| --- | --- |

**내용 분해** 부록 1을 참조 하여 누가복음과 요한복음의 평행 구절과 함께 상고하고 묵상한다.


# 43. 요한복음 개관

| 주제 | 예수 그리스도는 하나님의 아들이시다. | 저자 | 사도 요한 |
| --- | --- | --- | --- |
| 기록연대 | A.D. 85-90년경(공관복음이 완성된 이후, 밧모 섬으로 귀양가기 전) | | |
| 기록목적 | 사도 요한은 예수는 성육신(成肉身)하신 하나님의 아들이며 누구든지 예수를 믿으면 구원(救援)을 받고 영생을 누린다는 것을 알려 주기 위해 기록했다. | | |
| 개요 | 예수님의 사랑하시는 제자(요 13:23)이며 예루살렘 교회의 중심 인물(행 3:1)인 요한은 예수님이 그리스도이시며, 하나님의 아들이라는 사실을 증명하기 위한 목적과 더불어 공관 복음서의 내용을 보충하기 위해 기록하였다(요 20:30-31). 요한복음은 사건보다는 예수님의 가르침이 긴 강론의 형식으로 서술되어 있다. 따라서 다른 복음서에서는 찾아볼 수 없는 풍부한 내용들이 기록되어 있다. 본서는 예수님이 메시아이심을 부인하는 이단 사상을 불식시키며 예수님이 로고스이심과 성령 사역의 중요성을 말씀하고 있다.<br>공관 복음의 내용이 객관적 성격을 띤 전기체인 반면에 요한복음은 예수님에 대한 주관적 해설을 그 내용으로 한다. 또한 예수의 신성이 강조되고 대화와 변론과 상징적 표현이 풍부하다. 예수님이 누구시며, 우리를 위해 무엇을 하셨는가? 에 대해 공관복음(마태, 마가, 누가)은 보는 시각이 비슷하다. 그러나 요한복음은 다르다. | | |

## 공관복음과 요한복음의 차이점

첫째 공관복음은 예수님이 유월절에 예루살렘에 올라가신 것을 한 번만 언급한다. 그러나 요한 복음은 유월절에 예루살렘에 가신 기록이 네 번이나 나온다.

둘째 공관복음은 예수님의 갈릴리 사역을 중심으로 서술하고, 요한복음은 갈릴리와 예루살렘 사역을 교대로 서술했다.

셋째 예수님이 누구신가?를 공관복음은 귀납적으로 요한복음은 연연적으로 말한다.

넷째 공관복음은 예수님의 기적을 많이 소개하지만 요한복음은 8개만 소개한다.

다섯째 공관복음은 예수님의 비유를 많이 소개하지만 요한복음은 단 한 개의 비유도 소개하지 않고 예수님과 개인 간의 대화를 27개나 소개하고 있다.

여섯째 공관복음에는 예수님의 탄생, 예수님의 침례, 예수님의 광야 시험에 대해서 말하지만 요한복음은 일체 말하지 않았다.

요한은 예수가 하나님의 아들이심을 증거하기 위하여 7가지 표적을 기록하였다.

1. 물을 포도주로 변화시키심(2:1-11)은 의식 율법이 은혜로 대체됨을 알려 주고 있다.
2. 왕의 신하의 아들을 고치심(4:46-54)은 하나님 아들의 치유 능력을 알 게 하셨다.
3. 38년된 중풍병자를 고치심(5:1-16)은 하나님 아들이 약한 자를 강하게 하신다.

성경이 해답이다

4. 오천명의 무리를 먹이심(6:1-13)은 하나님 아들이 필요한 양식을 채워 주신다.

5. 예수님이 물 위를 걸으심(6:16-21)은 하나님 아들이 자연을 지배하신다.

6. 소경의 눈을 뜨게 하심(9:1-7)은 하나님의 아들이 어두움에서 빛으로 인도하신다.

7. 죽은 나사로를 살리심(11:1-44)은 하나님의 아들이 사망에서 생명으로 인도하신다. 성경은 "예수께서……행하는 그 일로 말미암아 나를 믿어라"(요 14:9-11)고 했다.


요한은 예수님이 하나님의 아들이심을 예수님의 말씀으로 증명하셨다.

1. "내가 곧 생명의 떡이다"(요 6:35, 6:48)

2. "나는 세상에 빛이다"(요 8:12, 9:5)

3. "나는 양의 문이다"(요 10:7, 10:9)

4. "나는 선한 목자라"(요 10:11, 10:14)

5. "나는 부활이요 생명이다"(요 11:25)

6. "나는 길이요 진리요 생명이다"(요 14:6)

7. "내가 참 포도나무이다"(요 15:1-5)

예수님은 자신이 메시아이심을 증언하시고(요 5:30-40) 요한복음은 그리스도의 신성을 가장 구체적으로 표현하였다(요 1:1, 요 8:58, 요 10:30, 요 14:9, 요 20:28).

요한복음은 공관복음의 증보판이라고 할 수 있으며 본서는 아래와 같은 다섯 부분으로 구성되며 각 부분에 그리스도의 신성(神性)을 자세히 말씀하였다.

내용 분해

## 제1부 하나님 아들의 성육신(1:1-18)

1:1-2/그리스도의 신성. 1:3-5/그리스도의 선재. 1:6-8/그리스도의 길을 예비하는 자. 1:9-11/그리스도를 배척. 1:12-13/그리스도를 영접. 1:14-18/그리스도의 성육신.

## 제2부 하나님 아들의 출현(1:19-4:54)

A) 침례 요한의 증언. 1:19-34/하나님의 어린 양

B) 요한의 4제자들에게: 1:35-42/베드로와 안드레. 1:43-51/빌립과 나다 나엘.

C) 가나의 혼인 잔치에서. 2:1-12/물을 포도주로 만드는 기적.

D) 유대에서: 2:13-22/성전 청결. 2:23-25/예수는 모든 사람의 마음을 아심. 3:1-21/니고데모와의 대화. 3:22-30/침례 요한의 증거. 3:31-36/하나님이 보내신 이.

E) 사마리아에서. 4:1-26/우물가의 여인에게 증거. 4:27-38/제자들에게 증거. 4:39-42/사마리아인에게 증거 F)갈릴리에서. 4:43-45/갈릴리 사람들에게 영접받음. 4:46-54/왕의 신하의 아들을 고치심.

## 제3부 하나님 아들의 사역(5:1-12:50)

A) 명절에 예루살렘에서: 5:1-9/베데스다 연못의 기적. 5:10-16/안식일에 관하여. 5:17-18/예수는 하나님과 동등하심. 5:19-47/자신의 신성에 대해 증언.

B) 유월절에 갈릴리에서: 6:1-15/오병이어의 기적. 6:16-21/물 위를 걸으심. 3)[나는 생명의 떡이라]고 말씀: 22-40/군중들에게. 41-59/유대인

_____ 성경이 해답이다

들에게. 60-71/제자들에게

C) 초막절에 예루살렘에서(7:1-10:21)

    1) 초막절 이전: 7:1-9/형제들도 예수를 배척. 7:10-13/은밀히 초막절에 참석.

    2) 초막절 중간: 7:14-24/성부로부터 받은 권세. 7:25-31/성부로부터의 기원. 7:32-36/성부께로 돌아가실 그리스도.

    3) 초막절의 마지막 날: 7:37-39/그리스도가 생수임을 계시. 7:40-44/그리스도로 인해 의견이 분분(紛紛). 7:45-53/예루살렘 법정이 떠들썩함.

    4) 초막절 이후: 8:1-11/간음한 여인. 8:12-20/세상의 빛이신 예수. 8:21-30/예수님이 가는 곳. 8:31-36/진리가 자유케 하리라. 8:37-59/아브라함의 자손. 9:1-41/날때부터 소경인 사람을 고침. 10:1-6/양의 우리 비유 10:7-21/선한 목자.

D) 수전절에 예루살렘에서: 10:22-42/유대인들이 예수를 돌로 치려 함.

E) 베다니에서: 11:1-16/나사로가 죽음 11:17-32/마르다의 고백 11:33-44/죽은 나사로를 살림 11:45-57/예수를 죽이기로 모의. 12:1-11/마리아가 향유를 부음.

F) 예루살렘에서: 12:12-22/예루살렘에 입성. 12:23-36/예수가 영광을 얻을 때. 12:37-43/예수를 믿지 않음. 12:44-50/마지막 날과 심판.

## 제4부 하나님 아들의 교훈(13:1-17:26)

A) 다락방 교훈: 13:1-20/제자들의 발을 씻기심. 13:21-30/유다의 배반을 예언. 13:31-35/새 계명. 13:36-38/베드로의 부인을 예언. 14:1-4/제자들을 위로. 14:5-7/도마에게 말함 14:8-21/빌립에게 말함. 14:22-

31/가룟인 아닌 유다에게 말함

B) 동산으로 가는 중 제자들에게 교훈: 15:1-11/그리스도와 믿는 자의 관계. 15:12-17/믿는 자들 과의 관계. 15:18-25/세상과 믿는 자들과의 관계. 15:26-27/진리의 성령이 오실 때. 16:1-15/성령이 하시는 일. 16:16-24/죽음과 부활을 예언. 16:25-33/내가 세상을 이기었노라.

C) 그리스도의 중보기도: 17:1-5/자신을 위하여 기도하심. 17:6-19/제자들을 위하여 기도하심. 17:20-26/모든 믿는 사람을 위하여 기도하심.

## 제5부 하나님 아들의 고난과 부활(18:1-21:25)

A. 배반당하심: 18:1-11/체포당하심. 18:12-14/안나스 앞에. 18:15-18/베드로의 부인. 18:19-24/대제사장에게 대답 18:25-27/베드로가 또 다시 부인. 18:28-38/빌라도 앞에서 18:39-40/아무 죄도 찾지 못함을 고백 19:1-16/빌라도가 예수를 넘겨줌

B. 십자가와 부활: 19:17-27/십자가에 못 박히심. 19:28-30/영혼이 떠나가심. 19:31-37/창으로 옆구리를 찌름. 19:38-42/새 무덤에 장사함. 20:1-10/부활

C. 나타나심: 20:11-18/막달라 마리아에게. 20:19-25/제자들에게. 20:26-29/도마와 제자들이 함께 있을 때 20:30-31/요한복음 기록 목적. 21:1-14/일곱 제자들에게. 21:15-23/베드로에게 세번의 질문과 사명 부여. 21:24-25/결론.

# 44. 사도행전 개관

| 주제 | 예수 그리스도는 우리 안에 살아 계신 하나님이시다. | 저자 | 사도 바울 |
|---|---|---|---|
| 기록연대 | A.D. 61-63년경(1. 바울의 로마 체재 이후(A.D. 61) 2.바울의 재판과 석방 (A.D. 63) 및 로마의 기독교 박해(A.D. 64) 이전) | | |
| 기록목적 | 오순절 성령 강림으로 인한 교회의 탄생과 교회의 성장 과정을 보여주고 유대인들과 이방인들에게 예수의 십자가와 부활을 증거하기 위한 목적으로 기록했다. | | |
| 개요 | 사도행전은 언약 자손인 예수 그리스도의 언약대로 성령이 오셔서 성도를 중생하게 하여 땅 끝까지 복음의 증인이 되게 하심으로 지상 교회를 확장하시는 내용이다. 교회의 시작과 로마와 세계 전역에 기독교가 전파되는 과정을 담고 있는 본서는 신약 성경 중 유일한 역사서로서 복음서와 서신서를 연결하는 역할을 한다. 누가는 복음 전파 과정을 주도한 것은 성령이심을 강조하여 말씀한다. 누가는 교회의 설립과 확장, 그리고 성장 과정을 이야기하면서 베드로와 바울을 중심으로 하여. 성령의 사역, 선구적 선교 활동, 각종 개종 사건들, 기독교 공동체 내의 삶 등을 말한다. 유대인과 이방인 간의 알력, 교회가 당한 핍박, 재판 사건 등이 주요 문제점들로 부각되었다. 사도행전은 예수 사건의 핵심인 십자가의 죽음과 부활을 삶으로 관통한 사람들이 '영원한 생명'을 소유하고 질주해 나가는 책이다. 그래서 오늘날에도 그의 십자가와 부활을 깊이 경험한 사람이 읽는 책이다. 만약 아직 복음서의 핵심인 '주의 죽으심과 부활'을 깊이 공감하지 못한 이들이 읽는다면 사도행전은 너무나 재미없는 책이다. 본서는 핵심 요절(1:8)에 의거하여 내용을 구분하면 다음 세 부분으로 대별된다. | | |

내용 분해

**제1부 예루살렘에서의 증거(1:1-7:60)**

A) 교회의 권능(1:1-2:47)  B)교회의 성장(3:1-7:60)

## 제2부 유대와 사마리아에서의 증거(8:1-12:25)

A) 사울의 박해(8:1-3)  B) 빌립의 증거(8:4-40)  C) 사울의 회심(9:1-31)

D) 베드로의 증거(9:32-11:18)  E) 초대 교회의 증거(11:19-12:25)


## 제3부 땅 끝까지 증거함(13:1-28:31)

13장에서부터 본서의 초점이 베드로부터 바울로 옮겨지며, 교회의 근거지 또한 예루살렘으로부터 "수리아의 안디옥"으로 차츰 대치되었는데 바울이 세 차례에 걸친 전도 여행을 시작한 곳도 '수리아의 안디옥'이었다. 바울의 1차 전도 여행(A.D. 47-48년)은 바시디아의 안디옥, 이고니온, 루스드라, 데베 등 갈라디아 성읍들을 중심으로 시행되었고, 제2차 전도 여행(A.D. 50-52)은 마게도냐와 헬라 지방에까지 확장되었다. 그리고 제3차 여행(A.D. 53-58) 때 바울을 에베소에서 거의 3년가량 장기 체류한 후 마게도냐와 헬라 지방을 재차 방문하였다.

그후 바울은 유대 종교 지도자들의 고소로 체포되어 가이사랴 주재의 벨릭스 총독에게로 압송된 지 2년 만에 로마로 호송되었다(A.D. 59년).


A) 바울의 제1차 전도여행(13:1-14:28): 순서: 안디옥 출발 → 실루기아 → 살라미 → 바보 → 버가 → (비시디아지역의)안디옥 → 이고니온 → 루스드라 → 더베 → 루스드라 → 이고니온 → (비시디아 지역의 안디옥) → 버가 → 앗달리아 → 안디옥 도착

B) 예루살렘 공의회에서(15:1-35)

C) 제2차 전도 여행(15:36-18:22): 순서:안디옥 출발 → 더베 → 루스드라 → 드로아 → 사모드라게 → 네압볼리 → 빌립보 → 암비볼리 → 아볼로니아 → 데살로니가 → 베뢰아 → 아덴 → 고린도 → 겐그레아

성경이 해답이다

→ 에베소 → 가이사랴 → 예루살렘 → 안디옥 도착

D) 바울의 제3차 전도 여행(행 18:23-21:16): 순서: 안디옥 출발 → 에베소 → 고린도 → 빌립보 → 드로아 → 앗소 → 미둘레네 → 기오 → 사모 → 밀레도 → 고소 → 로도 → 바다라 → 두로 → 돌레마이 → 가이사랴 → 예루살렘

E) 바울의 로마 여행(행 21:17-28:31)

    1) 예루살렘에서 증거(21:17-23:35)

    2) 가이사랴에서 증거(24:1-26:32)

    3) 로마에서 증거(27:1-28:31)

## 45. 로마서 개관

| 주제 | 예수 그리스도는 우리의 의(義)이시다. | 저자 | 사도 바울 |
|---|---|---|---|
| 기록연대 | A.D. 57년 말엽 - 58년 초(제3차 전도 때 고린도에서 3개월 머무는 동안) | | |
| 기록목적 | 로마에 있는 성도들에게 예수 그리스도를 통한 하나님의 구원 계획과 기독교의 핵심 교리 및 유대인과 이방인 간의 관계를 체계적으로 가르치기 위해. | | |
| 개요 | 로마에 있는 성도들에게 쓴(롬 1:7) 것이며 로마에는 유대인과 이방인이 섞여 있었다. 로마 교인은 지중해를 중심으로 여러 지방에서 이주해온 사람들이다. 바울은 세계의 수도인 로마로 가기를 원했다(롬 15:23-25). 바울은 로마 교회가 당면하고 있는 실제 문제를 다룬 것이 아니라 구원과 그리스도 인의 생활의 기본적 진리에 관하여 쓴 것이다. 그리고 로마서는 갈라디아서와 비슷한 점이 많은데 이 두 편지의 기본 교훈은 구원이 행함으로 얻는 것이 아니라 믿음으로 말미암아 얻는 다는 것이다. 로마서의 중심 사상은 "내가 복음을 부끄러워하지 아니하노니 이 복음은 모든 믿는 자에게 구원을 주시는 하나님의 능력이 됨이라 먼저는 유대인에게요 그리고 헬라인에게로다 복음에는 하나님의 의가 나타나서 믿음으로 믿음에 이르게 하나니 기록된 바 오직 의인은 믿음으로 말미암아 살리라 함과 같으니라(롬 1:16-17)는 말씀이다. 로마서가 다른 어떤 성경보다도 사람들을 크게 변화시킬 수 있게 된 이유는 복음이란 무엇인가에 대해 가장 분명하게 설명해 주고 있기 때문이다. | | |

개요

로마서는 서론(롬 1:1-17), 본론(롬 1:18-15:13), 결론(15:14-16:27)로 구성되어 있는데 본론 부분(1:18-15:13)은 1.왜 구원을 받아야 하는가(1:18-3:20) 2. 어떻게 구원을 받을 수 있는가(3:21-4:25) 3. 한 번 받은 구원은 영원한가(5:1-8:39) 4. 유대인의 구원과 이방인의 구원은 어떤 관계인가(9:1-11:36) 5. 구원 받은 사람은 어떻게 살아야 하는가(12:1-15:13)를 서술하였다.

## 내용 분해

### 1부 인간은 왜 구원을 받아야 하는가(1:18-3:20)

서문(1:1-17)에는 인사말(1:1-7)과 로마에 대한 애정 어린 관심(1:8-15)을 표하고, 성경 전체의 핵심이기도 한 믿음을 통해 하나님의 의(義)에 이르며 구원을 받는다는 기독교 교리의 핵심 진리(1:16-17)를 서술한다.

이방인이건, 유대인이건 모든 사람이 죄를 지었다. 하나님이 이방인에게는 양심이라는 하나님의 법을 주었고, 유대인에게는 율법이라는 하나님의 법을 주셨다. 하지만 이방인도 유대인도 하나님의 법을 온전히 순종하지 못했다. '기록된 바 의인은 없나니 하나도 없으며'(롬3:10) '모든 사람이 죄를 범하였으매 하나님의 영광에 이르지 못하더니'(3:23) 죄인은 결국 하나님의 심판을 받아야 한다. 인간은 구원이 필요한 존재다.

A) 정죄(1:18-3:20): "하나님의 구원의 필요성"에 대해

　　1) 이방인의 죄(1:18-32)  2) 유대인의 죄(2:1-3:8)  3) 인류의 죄(3:9-20)

### 2부 어떻게 구원을 받을 수 있는가(3:21-4:25)

믿음을 통해 은혜로 말미암아 의롭다(=구원) 하심을 받게 됨(3:21-31)을, 믿음으로 의롭다(= 구원) 하심을 받은 아브라함(4:1-5)을 예로 들었다. 세상의 모든 종교는 행위로 구원을 받으려고 한다 그러나 기독교는 인간의 행위로는

구원을 받을 수 없으며 오직 하나님을 믿을 때만 구원을 받을 수 있다. 왜 사람들은 자신의 행위와 노력으로 구원을 받을 수 없을까 그것은 인간이 불완전한 죄인으로 아무리 노력해도 의인이 될 수 없기 때문이다(흑인으로 태어나서 흑인 이듯 죄를 지어서 죄인이 아니라 죄인으로 태어나서 죄인이다.).

인간의 율법과 행위로는 구원을 받을 수 없고, 오직 '하나님의 방법'을 통해서만 구원을 받을 수 있다. 하나님의 방법이란 예수님이 우리의 구원을 위한 모든 값을 지불하시고 우리를 죄에서 건져 주신 사실을 [믿음으로 받아들이는] 것이다. 구원은 전적으로 하나님이 우리에게 주시는 선물(은혜=롬 3:24)이다. 구원이란 선물을 믿음으로 받는 것이다(4:16-25).

A) 믿음으로 말미암는 구원(3:21-31)  B) 아브라함을 통한 의의 예증(4:1-25)

### 3부 한 번 받은 구원은 영원한가(롬 5:1-8:31)

바울은 예수를 믿음으로 의롭다 함을 받은 사람은 절대로 구원이 취소될 수 없다고 말한다. 그 이유는 우리가 구원의 확신을 가질 수 있는 근거는 하나님의 무조건적인 사랑 때문이다(롬 5:1-11). 하나님이 우리를 구원해 주신 것은 우리가 의인으로서의 선행을 했을 때가 아니라 죄인 되었을 때이다(롬 5:8). 우리가 구원의 확신을 갖게 되는 또 다른 이유는 그리스도와 연합되었기 때문이다(롬 5:12-21).

성도들이 믿음으로 의롭다 함을 받는 순간 성도들은 그리스도와 함께 영원히 연합된 것이다(6:1-14). 우리가 그리스도와 연합되었기 때문에 그리스도께서 순종하심으로 이루신 승리로 말미암아 우리는 죄의 세력에서 해방되었고, 율법에서 해방되었으며(6:15-7:25), 마지막으로 성령님이 성도들 안에 거한다(8:1-39).

하나님이 우리를 무조건적인 사랑으로 구원해 주셨기 때문에 구원받은 이후 성도들이 허물을 범해도 구원이 취소될 수 없다(롬 8:31-39). '예수를 죽은 자 가운데서 살리신 이의 영이 너희 안에 거하시면 그리스도 예수를 죽은 자 가운데서 살리신 이가 너희 안에 거하시는 그의 영으로 말미암아 너희 죽을 몸도 살리시리라'(8:11) '또 미리 정하신 그들을 또한 부르시고, 부르신 그들을 또한 의롭다 하시고 의롭다 하신 그들을 또한 영화롭게 하셨느니라'(롬 8:30)고 말씀한 것처럼 성도들 안에 계신 성령님은 성도들로 하여금 믿음으로 승리할 수 있도록 도와준다.

A) 의(義)(=구원)의 결과(5:1-11)  B) 의와 정죄의 대조(5:12-21)
C) 성화와 죄(6:1-23)  D) 성화와 율법(7:1-25)  E)성화와 성령(8:1-39)

**4부 유대인의 구원과 이방인의 구원은 어떤 관계인가?**(9:1-11:36)

하나님이 B.C. 2000경 아브라함이라는 인물을 불러 유대인의 조상을 삼으심으로서 세상은 유대인과 이방인(비 유대인 전부)으로 나뉘어졌다. 이 때부터 예수님이 초림 할 때까지 구원의 은혜는 주로 유대인에게 한정되었다. 예수님이 오시고 난 후부터는 이 상황이 역전되었다 예수님이 오시고 난 이후 이방인들이 주로 예수님을 구주로 영접하기 시작한 것이다. 그렇다면 하나님이 유대인을 버린 것인가라는 의문이 생긴다. 바울은 하나님은 이방인들의 충만한 수가 차면 다시 유대인이 예수님을 믿고 구원받도록 계획하셨다(11:25-26). 유대인과 이방인의 구원에 있어 가장 중요한 사실은 민족적이고 혈통적인 의미에서의 유대인과 이방인의 구별이 아니라 유대인이건 이방인이건 누구나 예수를 믿음으로 구원받은 사람만이 유대인 즉 참 이스라엘이라고 말씀한다.

_____ 성경이 해답이다

A) 이스라엘을 과거에 선택함(9:1-29)

B) 이스라엘을 현재 유기(遺棄)(9:30-10:21)

C) 이스라엘이 미래에 회복(11:1-36)

## 5부 구원받은 사람은 어떻게 살아야 하는가(12:1-16:27)

우리가 분명하게 알아야 할 것은 기독교의 윤리는 기독교의 교리에서 비롯된 것이다. 기독교 교리의 핵심이 우리를 위한 하나님의 행동이라면 기독교 윤리의 핵심은 하나님과 다른 이웃을 위한 우리의 행동이다. 교리부분(1-11장)은 주로 직설법이 사용되고 로마서의 윤리 부분(12-16장)은 주로 명령형으로 사용되었다.

성도들의 기독교 윤리는 자신의 몸과 마음 전부를 사용해서 일상 생활 자체를 하나님께 예배로 드리는 것이다(12:1-2). 그리고 자신의 은사가 무엇인지를 발견하고 은사를 잘 사용하여(12:3-8), 교회 내에 다른 성도들과 서로 사랑하며 서로 존경하는 삶을 살아야 한다(12:9-16), 자신을 핍박하고 괴롭히는 원수들에 대해서는 악을 악으로 갚지 말고 선으로 악을 이기는 삶을 살아야 한다(12:17-21). 또한 성도들은 시민의 한 사람으로서 국가에 대한 기본적인 존중함과 세금의 의무를 다해야 하며(13:1-7), 율법의 완성인 사랑의 자세로 삶을 살아야 한다(13:8-10), 예수님의 재림이 이루어질 것에 대한 종말론적인 빛에 비추어 오늘의 현실을 살아야 한다(13:11-14). 또한 성도들은 교회 내의 믿음이 강한 사람과 약한 사람과의 관계에 있어서 강한 사람은 약한 사람을 무시하지 말고, 약한 사람은 강한 사람을 비판하지 말며 사랑 안에서 하나 되기를 힘써야 한다(14:1-15:13).

A) 성도의 의무(12:1-14:23)  B) 바울의 마지막 권면(15:1-16:27)

# 46. 고린도전서 개관

| 주제 | 예수 그리스도는 우리의 주님이시다. | 저자 | 사도 바울 |
|------|-----------------------------------|------|-----------|
| 기록연대 | A.D. 55년경(제3차 전도 여행(A.D. 53-58년) 중 에베소 체류 기간 동안) | | |
| 기록목적 | 바울은 자신의 사도권에 근거하여 여러 가지 고린도 교회의 문제점을 올바로 잡아 주고 거짓 교사들의 헛된 교훈을 척결하기 위해 기록했다. | | |
| 개요 | 고린도 교회는 바울의 전도와 노력으로 세워진 교회다. 그러나 바울이 A.D. 51년 가을, 고린도를 떠나자 그 교회는 고린도 시의 타락한 분위기의 영향과 그들의 미약한 신앙으로 말미암아 여러 가지 문제가 발생하였다. | | |
| 개요 | 고린도 교회는 바울의 전도와 노력으로 세워진 교회다. 그러나 바울이 A.D. 51년 가을, 고린도를 떠나자 그 교회는 고린도 시의 타락한 분위기의 영향과 그들의 미약한 신앙으로 말미암아 여러 가지 문제가 발생하였다. 고린도 교회 안에 분파가 생겨 서로 다투고, 성적으로 타락하여 계모와 동거 하고 창녀들과 간음하며 성만찬 때 부유한 자는 마음껏 먹고 가난한 자는 빈약한 음식을 먹고 특별히 감성주의에 빠져 성령의 은사에 지나친 관심을 기울이고 절제치 못하여 예배의 질서가 파괴되곤 했다. 더욱이 죽은 자의 부활을 부정하는 자들이 있고 결혼과 독신의 문제, 우상의 제물을 먹는 문제 등이 있었다 이에 사도 바울은 그들의 잘못을 지적하고 진리의 말씀과 믿음 위에 굳게 세우기 위해 분쟁, 음행, 소송 사건, 혼인문제, 성만찬과 은혜의 남용, 등의 문제들에 대해 구체적으로 교훈 한다. 본서는 고린도 교회의 구체적인 문제를 해결하기 위한 실제적인 지침이자 권면으로 그 지도 원리는 깊은 영적 진리에 입각해 있다(13, 15장). | | |

## 내용 분해

### 제1부 교회 분쟁 문제에 대한 책망 및 답변(1:1-4:21)

A) 서론(1:1-17)  B) 분쟁의 이유(1:18-4:21)

### 제2부 음행 문제에 대한 답변(5:1-6:20)

A) 5:1-13/부도덕한 형제를 심판함  B) 6:1-11/형제를 고소하는 문제.

C) 6:12-20/몸으로 하나님께 영광을 돌려야 함

**제3부 편지의 질문에 대한 답변**(7:1-16:24)

A) 혼인에 대한 권고(7:1-40)  B) 우상 재물에 대한 권고(8:1-11:1)

C) 공공 예배에 대한 권고(11:2-34)

D) 성령의 은사 활용(12:1-14:40): 1) 12:1-3/성령의 인도.  2) 12:4-11/은사의 다양성.  3) 12:12-31/은사의 중요성.  4) 13:1-7/사랑의 은사. 5) 13:8-13/은사 중의 제일은 사랑  6) 14:1-19/예언의 우월성  7) 14:20-25/방언의 은사.  8) 14:26-40/공공 예배에서의 은사.

E) 부활에 대한 교훈(15:1-58) 1) 15:1-11/그리스도의 부활.  2) 15:12-19/그리스도 부활의 중요성.  3) 15:20-28/부활의 질서.  4) 15:29-34/부활에 대한 도덕적 적용.  5) 15:35-50/부활한 육체.  6) 15:51-58/변화된 존재.

F) 결론(16:1-24) 1) 16:1-12/성도를 위한 헌금.  2) 16:13-24/권면과 축복 인사

## 47. 고린도후서 개관

| 주제 | 예수 그리스도는 우리의 만족이시다. | 저자 | 사도 바울 |
|---|---|---|---|
| 기록연대 | A.D. 55년경(고린도 전서를 기록한 직후 제3차 전도여행 중) | | |
| 기록목적 | 바울 자신의 사도로서의 소명과 권위를 분명히 밝힘과 동시에 성도들을 양육하고 지도해야 할 의무가 있는 주의 사역자들의 참된 자세에 대해 규명해 준다. | | |
| 개요 | A.D. 55년경 고린도전서를 기록한 바로 그해 가을에 마게도냐에서 본서신을 저술하여 고린도 교회의 바울에 대한 오해를 시정하고 자신의 사도직의 정당성을 변호하며(4-6장, 10-13장) 교회 안에 아직도 남아 있던 유대주의자들을 척결함(8-9장)과 동시에 예루살렘 성도들의 구제를 위한 연보의 필요성을 강조한다. 초대 교회와 바울의 생애 연구에 있어서 중요한 자료가 되는 본서에서 바울이 자신의 체험을 직. 간접으로 암시하며 강조하는 것은 '그리스도인의 환난'이다. 바울의 인간성과 속죄관이 드러난 본 글에서 현대 성도는 그리스도인으로서의 자신의 삶을 저절로 돌아보게 하는 경험을 갖는다. | | |

내용 분해

## 제1부 바울 자신의 사역에 대한 변호(1:1-7:16)

A) 서론(1:1-11)  B) 계획의 변경(1:12-2:11)  C) 바울의 사역 정신(2:12-5:21)

D) 고린도 교회를 향한 바울의 권고(6:1-7:16)


## 제2부 예루살렘의 성도들을 위한 바울의 모금 운동(8:1-9:15)


## 제3부 자신의 사도직에 대한 변호(10:1-13:13)

A) 고발자에 대한 바울의 답변(10:1-18)  B) 사도권을 변호(11:1-12:13)

C) 자신의 임박한 방문을 알림(12:14-13:13)


## 48. 갈라디아서 개관

| 주제 | 예수 그리스도는 우리의 자유이시다. | 저자 | 사도 바울 |
|---|---|---|---|
| 기록연대 | A.D. 53-58년경(제3차 전도여행(A.D. 53-58)말기 중 마게도냐에서 기록) | | |
| 기록목적 | 율법에 의해 구원을 얻을 수 있다고 가르치는 유대 율법주의자들의 잘못된 가르침을 꾸짖고, 예수 그리스도 안에 구원과 자유 함이 있음을 가르치기 위해 기록했다. | | |
| 개요 | 갈라디아 교인들이 유대인 율법주의자들의 잘못된 율법 옹호론에 미혹되는 현실을 직시한 바울은 믿음을 통해서만 의롭다 함을 받을 수 있다는 복음의 원리를 강력하게 설파한다(갈 2:16). 이와 같이 율법에서 해방되어 참된 자유를 누리는 비결이 선포된 본서는 '기독교 자유의 대헌장'이라고 불리워진다. 바울은 믿음으로 얻게 되는 의나 자유에 대한 은혜의 복음이 참된 진리임을 아래와 같은 논리로 전달한다. | | |

내용 분해

## 제1부 이신 득의(以信得義)에 대한 변호(1:1-2:21)

**제2부 이신 득의(以信得義)에 대한 설명**(3:1-4:31)

복음의 핵심을 8개 항목의 역사적인 사실과 논리적인 변증으로써 구명하고 있다.

1) 3:1-5/너희가 성령을 받은 것이 율법의 행위로냐 혹은 듣고 믿음으로냐?

2) 3:6-9/아브라함의 경우와 같이 믿음으로 의롭다 함을 받는 원리는 항상 적용된다.

3) 3:10-14/그리스도를 믿음으로써 율법의 저주는 구속되어진다.

4) 3:15-18/아브라함에게 주어진 언약은 율법으로 소멸되지 않는다.

5) 3:19-22/율법의 목적은 구원이 아니라 믿음을 주는 것이다.

6) 3:23-4:7/예수에 대한 믿음은 하나님의 양자가 되게 하며 율법에서 해방시킨다.

7) 4:8-20/그리스도 안에 존재하는 원래의 자유를 찾아야 한다.

8) 4:21-31/두 아들 비유로 아브라함에게 주신 약속이 율법보다 우월함을 보여준다.


**3부 이신 득의(以信得義)의 적용**(5:1-6:18):

1 )5:1-15/그리스도인의 자유에 대하여

2) 5:16-26/육체의 일과 성령의 열매.

3)6:1-5/서로 짐을 지라.

4) 6:6-10/선을 행할 때 낙심하지 말라.

5) 6:11-18/할례와 그리스도의 십자가

# 49. 에베소서 개관

| 주제 | 예수 그리스도는 우리의 모든 것이 되시는 분이다. | 저자 | 사도 바울 |
|---|---|---|---|
| 기록연대 | A.D 62년경(바울이 1차로 투옥되어 있던 로마에서 기록됨) | | |
| 기록목적 | 유대인과 이방인 간의 분열을 방지하기 위해 바울은 그리스도의 몸인 교회를 설명하고 그리스도 안에서 모두가 한 몸이라는 참 교회 의식을 일깨워 준다. | | |
| 개요 | 에베소서는 빌립보서, 골로새서, 빌레몬서와 함께 옥중 서신으로 "구원과 교회의 대 서사시"라고 일컬어진다. 본서의 핵심 구절인 "우리가 그리스도 안에서 그의 은혜의 풍성함을 따라 그의 피로 말미암아 구속 곧 죄사함을 받았으니"(엡 1:7)이다.<br>구속 사역은 하나님의 창조 사역보다도 훨씬 더 위대한 사역이다. 세상 만물을 지으실 때 하나님께서는 말씀만 하시면 되었으나 세상을 구속하시기 위해서는 사랑하시는 독생자의 생명을 그 값으로 치르셔야 했다.<br>구속한다는 것은 값을 치르고 도로 사는 것을 말한다. 이것은 우리가 죄의 노예가 되어 있을 때 그리스도께서 우리를 위해 행하신 일이다. 에베소서는 특히 하나님의 선택, 화해, 교회론 등 교리적인 내용이 다양하고 체계적으로 서술되어 있다. | | |

## 내용 분해

### 제1부 하나님의 은혜와 성도의 지위(1:1-3:21)

A) 구속에 대한 찬양(1:1-23): 1:1-2/인사말. 1:3-6/성부에 의한 선택. 1:7-12/성자에 의한 구원. 1:13-14/성령에 의한 인치심. 1:15-23/계시를 구하는 바울의 기도

B) 성도의 지위(2:1-3:21): 1) 성도의 개인적 지위: 2:1-3/거듭나기 전. 2:4-10/거듭난 후. 2) 성도의 교회적 지위: 2:11-22/유대인과 이방인의 화해. 3:1-13/교회의 신비에 대한 계시. 3:14-21/그리스도의 사랑을 알게 하시기를 기도

**제2부 성도의 생활(4:1-6:24)**

A) 교회의 통일성(4:1-16): 4:1-3/교회의 통일성에 대한 권고. 4:4-6/교회
　 의 통일성에 대한 설명. 4:7-11/교회의 통일성을 위한 도구. 4:12-16/
　 성령의 은사를 주신 목적

B) 성결의 삶(4:17-5:21): 4:17-24/옛 사람과 새 사람. 4:25-32/성령을 근심
　 하게 하지 말라. 5:1-14/하나님을 본받는 자가 되라. 5:15-21/성령 충
　 만을 받으라.

C) 가정 생활의 의무(5:22-6:9): 5:22-24/아내들에 대하여. 25-33/남편들
　 에 대하여. 6장 1-4/자녀들에 대하여. 6:5-9/종과 상전에 대하여.

D) 성도의 영적 전쟁(6:10-24): 6:10-17/하나님의 전신 갑주를 취하라.
　 6:18-20/경건함을 위한 기도. 21-24/인사와 축복 기도.


## 50. 빌립보서 개관

| 주제 | 예수 그리스도는 우리의 기쁨이시다. | 저자 | 사도 바울 |
|---|---|---|---|
| 기록연대 | A.D 62-63년경(로마의 옥중 생활(A.D 61-63) 말기) | | |
| 기록목적 | 에베소서(교회론) 골로새서(기독론)등은 교리적인데 빌립보서는 그리스도 안에서 발견되는 소망과 기쁨을 제시함으로써 위로하고 격려하고자 기록했다. | | |
| 개요 | 빌립보서는 유럽에서 처음으로 설립된 교회에 보내진 편지였다. 바울은 "마게도냐로 건너와서 우리를 도우라"(행 16:9)고 하는 환상을 보고 순종했다. 바울 자신의 신앙간증과 옥중에서 느낀 사랑과 기쁨에 대한 고백이 서술되어 있다. 빌립보 교회에 대한 따뜻한 애정과 선택 받은 성도로서의 기쁨이 내재되어 있는 본서는 오늘날에도 어려움에 처한 성도들에게 용기를 주며 역동적인 삶을 살아가게 한다. 그리스도만이 기쁨의 보고(寶庫)임을 간증하며 기쁨을 삶의 기쁨(1장), 봉사의 기쁨(2장), 친교의 기쁨(3장), 상급의 기쁨(4장)으로 설명하고 있다. | | |

내용 분해

### 1부 바울의 상황에 대한 설명(1:1-30)

1:1-11/인사 1:12-18/바울의 매임이 복음 전파를 증진시킴. 1:19-26/바울의 삶의 목적 1:27-30/복음에 합당하게 생활하라.

### 2부 그리스도의 마음을 품어라(2:1-30)

2:1-4/겸손에 대한 권고. 2:5-11/예수의 겸손 2:12-18/하나님의 흠 없는 자녀의 삶. 2:19-30/디모데와 에바브로디도의 헌신.

### 3부 그리스도를 아는 지식(3:1-21)

3:1-16/그리스도 예수에 잡힌 바 된 삶. 3:17-21/우리의 시민권은 하늘에 있다.

### 4부 그리스도와 화평한 삶(4:1-23)

4:1-3/형제들과의 화평. 4:4-9/그리스도와의 화평. 4:10-19/모든 환경 속에서 화평. 4:21-23/마지막 인사.


## 51. 골로새서 개관

| 주제 | 예수 그리스도는 우리의 생명이시다. | 저자 | 사도 바울 |
|---|---|---|---|
| 기록연대 | A.D 62-63년경(로마의 옥중에서 다른 옥중 서신과 비슷한 시기에 기록) | | |
| 기록목적 | 골로새 교회에 침투하여 교인들을 혼란시키는 이단 사상을 배격하고, 복음에 입각한 그리스도의 참된 진리를 알려줌으로써 교회를 바로 세우고자 기록했다. | | |

| 개요 | 에베소서는 "그리스도의 몸"이라 불리는 모든 신자들에 대하여 말하고, 골로새서는 그 몸의 "머리"가 되시는 예수 그리스도에 대하여 말한다. 에베소서는 "그리스도의 교회"가 강조된 반면에 골로새서는 "교회의 그리스도"가 강조된다.<br>바울은 골로새 교회 내에 성행하던 잘못된 철학, 유대적 의식주의, 천사 숭배의 신비주의, 금욕주의를 불식시키기 위해 바울은 그리스도께서 성도에게 모든 영적 실질적 욕구를 채워 주시므로 이러한 이단 사상이 필요 없음을 강조한다. 즉 그리스도의 뛰어나심과 만물의 중심되심을 밝힘으로써 그분 만이 우리의 푯대가 되심을 논증하며(1-2장) 따라서 성도는 그분에게 복종해야 함을 권고한다(3-4장). |
|---|---|

내용 분해

**제1부 푯대 이신 그리스도(1:1-2:23)**

A) 서론(1:1-14): 1:1-2/인사. 1:3-8/하나님께 감사. 1:9-14/그리스도 안에서의 속량.

B) 뛰어나신 그리스도(1:15-2:3) 1:15-17/만물이 다 그리스도를 위해 창조. 1:18-23/그리스도는 교회의 머리 되심. 1:24-2:3/그리스도는 영광의 소망.

C) 그리스도 안의 자유(2:4-23): 2:4-7/믿음에 굳게 서라 2:8-10/헛된 철학에서 자유. 2:11-17/판단에서 자유. 2:18-19/천사 숭배에서 자유. 2:20-23/초등학문에서 자유.


**제2부 그리스도에 대한 복종(3:1-4:18)**

A) 성도의 지위(3:1-4): 3:1-4/그리스도와 함께 살리심을 받은 존재.

B) 성도의 삶(3:5-4:6) 3:5-11/옛 사람을 벗으라. 3:12-17/새 사람을 입으라. 3:18-21/가정 생활. 3:22-4:1/사회 생활. 4:2-6/공공 생활.

C) 결론(4:7-18). 4:7-9/두기고에 대한 칭찬. 4:10-14/문안 4:15-18/마지막 권면.

# 52. 데살로니가 전서 개관

| 주제 | 예수 그리스도는 다시 오신다. | 저자 | 사도 바울 |
|---|---|---|---|
| 기록연대 | A.D 51년경(바울의 제2차 전도여행(A.D 50-52년) 중 고린도에서 기록) | | |
| 기록목적 | '그리스도의 재림'에 관한 건전하고 참된 진리를 세워줌으로써 시련과 환난 중에 있는 믿음의 형제들을 격려하는 가운데 성결한 삶을 살아가길 교훈한다. | | |
| 개요 | 유대인들의 훼방으로 데살로니가 전도가 중단되었으나(행 17:5-10) 그 교회를 향한 바울의 열정은 식지 않았다. 고난 가운데 두고 온 성도들에 대한 바울의 애정이 평범한 문체 중에 잘 나타나 있다. 본서는 데살로니가 교회가 이룩한 믿음의 진보에 대한 칭찬(1장)과 역경 중에 굳게 서며 행위에 있어서 더욱 그리스도인으로 성장할 것에 대한 권면(2장), 그리고 그리스도 안에서 죽은 자들을 사랑하는 자들에 대한 위로의 내용(3장)을 담고 있다. 그러나 이 서신에서 가장 중요하게 취급되는 것은 그리스도의 재림이며, 특히 4:13-5:11은 이러한 주제가 성경 가운데서 가장 치밀하게 서술되어 있다. 본서는 두 부분으로 나누어진다. | | |

내용 분해

**1부 바울의 개인적인 권고**(1:1-3:13)

1:1-10/인사와 신앙생활을 칭찬. 2:1-16/바울의 교회 설립. 2:17-20/사단이 훼방. 3:1-5/바울이 디모데를 보냄. 3:6-10/디모데의 기쁜 소식. 3:11-13/바울이 교회 방문을 원함.

**2부 실생활에 대한 교훈**(4:1-5:28)

4:1-12/성결한 생활에 관하여. 4:13-18/주의 강림과 죽은 자들의 부활. 5:1-11/주님의 날에 대하여. 5:12-24/거룩한 삶에 대하여. 5:25-28/기도의 부탁과 축복 인사.

성경이 해답이다

# 53. 데살로니가 후서 개관

| 주제 | 예수 그리스도는 다시 오시는 주님이시다. | 저자 | 사도 바울 |
|---|---|---|---|
| 기록연대 | A.D. 51년경(데살로니가 전서를 기록한 몇 달 후 고린도에서 기록) | | |
| 기록목적 | 그리스도의 재림에 대한 그릇된 견해를 올바로 잡아주면서 재림의 날 만을 고대하며 현실의 삶을 도피하는 자들에게 현실에 충실해야 함을 기록했다. | | |
| 개요 | 데살로니가 전서는 "그리스도는 꼭 다시 오신다"고 말하고 후서는 "그러나 주님이 오실 때까지 일하며 깨어 있으라"고 강조한다. 그리스도의 재림에 관한 말씀이 신약 성경 260장 안에 318회나 언급된다. 주님의 재림은 명약관화하다.<br>그리스도께서는 다시 오신다고 약속하셨다. "가서 너희를 위하여 거처를 예비하면 내가 다시 와서"(요 14:3). 십자가의 사랑을 믿고, 부활 승천의 핵심 진리를 믿는다면 재림을 믿고 소망 가운데 기쁨 가운데 살게 될 것이다.<br>데살로니가 교회의 상황이 "데살로니가 전서"를 쓸 당시와 크게 달라지지 않았음을 안 바울은 1. 박해 받는 신자들을 격려하며(1:5-10) 2. 재림에 대한 오해를 시정하고(2:1-12) 3. 생계를 위해 노력할 것(2:13-3:15)을 권고하기 위해 썼다<br>바울이 데살로니가 전서를 통해 가르친 내용을 곡해하고 잘못된 종말관을 유포함으로써 바르지 못한 행동을 자행하는 풍토를 조성한 데살로니가 교회에 대한 훈계와 권면이 단호한 어조로 서술되어 있는 본서는 3부분으로 구성되어 있습니다. | | |

내용 분해

**1부 박해에 대한 바울의 격려**(1:1-12)

1:1-2/인사 1:3-4/박해를 이기는 교회에 대한 감사. 1:5-10/박해에 대한 격려. 1:11-12/하나님의 축복을 위한 기도.

**2부 주의 재림에 관한 징조**(2:1-17)

2:1-3/배교자들이 나타남. 2:4-5/인간의 죄. 2:6-8/적 그리스도의 출현. 2:8-12/주의 재림. 2:13-17/주의 날에 믿는 자들을 위로.

**3부 교회에 대한 바울의 권고(3:1-18)**

3:1-5/인내함으로 주를 기다리라. 3:6-15/악을 떠나라 3:16-18/축복으로 마침.

## 54. 디모데 전서 개관

| 주제 | 예수 그리스도는 우리의 스승이시다. | 저자 | 사도 바울 |
|------|-----------------------------------|------|-----------|
| 기록연대 | A.D. 63-65년경(로마 감옥에서 제1차로 석방되어 동방을 여행 중 기록) | | |
| 기록목적 | 바울은 사랑하는 믿음의 아들 디모데에게 실제적인 목회 지침을 제시함으로써 목회 사역을 격려하고 주님의 교회를 잘 돌보기를 원해 기록했다. | | |
| 개요 | 본서는 순수한 목회 서신으로 교회 생활의 제반 문제를 다루고 있어 오늘날 교회에도 많은 영향력을 행사하고 있다.<br>개인적인 서신임에도 불구하고 교회의 조직과 감독, 이단에 대한 경계, 교인들의 윤리적 권면 등 구체적인 목회 지침을 시달하고 있기 때문이다.<br>디모데는 성격이 소심하고 나이가 어렸기 때문에 에베소 교회에서 목회하는 중에 많은 어려움과 고통을 겪었다. 이에 바울은 본서를 통해 디모데에게 구체적인 교회 조직 및 목회 원리를 설명함과 아울러 부성에 넘치는 위로와 격려를 주고 있다.<br>여기서 바울은 거짓 교사들의 가르침에 대해 복음의 진리로 맞서 싸우며 하나님의 말씀으로 성도들을 가르쳐 그 들로 하여금 그리스도인의 삶의 자세를 견지하도록 권면하면서 디모데에게 맡겨진 사명을 완수토록 명령한다. | | |

내용 분해

**1부 교리에 관한 교훈(1:1-20)**

1:1-11/디모데를 향한 권고. 1:12-17/그리스도 은혜에 대해 자신의 삶으로 간증. 1:18-20/디모데에게 바울의 권면.

**2부 공중 예배에 관한 교훈(2:1-3:16)**

2:1-8/공중 기도의 중요성. 2:9-15/교회에서 여자의 역할과 태도. 3:1-7/

감독의 자격. 3:8-13/집사의 자격. 3:14-16/경건의 비밀

### 3부 거짓 교사에 관한 교훈(4:1-16)

4:1-5/거짓 교사. 4:6-10/그리스도의 좋은 일꾼. 4:11-16/은사를 활용하여 모든 일에 전심 전력하라.

### 4부 교회 질서에 관한 교훈(5:1-25)

5:1-2/모든 성도에 대해. 5:3-16/과부들에 대해. 5:17-20/장로들에 대해. 5:21-25/바울의 권면.

### 5부 목회자의 자격에 관한 교훈(6:1-21)

6:1-2/종들에 대해. 6:3-10/경건에 관한 교훈. 6:11-19/믿음의 선한 싸움. 6:20-21/부탁한 것을 지키라.

## 55. 디모데 후서 개관

| 주제 | 예수 그리스도는 우리의 모본이시다. | 저자 | 사도 바울 |
|---|---|---|---|
| 기록연대 | A.D. 66년경(제2차 투옥되어 순교 직전 로마 감옥에서 저술함) | | |
| 기록목적 | 에베소 교회에 활동하던 거짓 교사들로부터 복음을 지키고 복음 사역을 끝까지 감당할 수 있는 용기와 힘을 주고 죽기 전에 디모데를 만나기 위해 기록했다. | | |
| 개요 | 자신의 순교의 순간이 가까워 온 것을 깨달은 바울 사도는 이 마지막 서신을 통해 에베소에서 어렵게 목회하고 있는 디모데를 위로하고 그에게 새로운 힘과 용기를 주고자 한다. 디모데의 소심한 성격과 연약한 육체를 걱정하면서 그에게 맡겨진 사명을 인내로서 감당할 것을 간곡하게 촉구한다. 바울은 디모데를 '그리스도 예수의 좋은 군사'(2:3)라고 부름으로써 목회 사역은 하나의 영적 전투이며 승리하기 위해서는 하나님의 말씀과 진리의 복음 위에 굳게 서야 함을 역설한다. | | |

내용 분해

**1부 현재 시련에 대한 인내**(1:1-2:26)

1:1-5/인사와 디모데를 칭찬. 1:6-14/복음을 위해 고난을 각오. 1:15-18/
바울의 주변 상황을 알림. 2:1-2/교사에 대한 훈련. 2:3-7/예수의 좋은 군사.
2:8-13/죽음과 부활의 예수를 기억하라. 2:14-19/인정받는 일꾼. 2:20-23/
귀한 그릇. 2:24-26/온유한 종.

**2부 말세의 시험에 대한 인내**(3:1-4:22)

3:1-7/말세에 나타날 타락상들. 3:8-13/경건한 성도들이 박해를 받음.
3:14-17/배우고 확신하는 일에 거하라. 4:1-5/말씀을 전파. 4:6-8/죽음 후 받
을 면류관. 4:9-22/감옥 안의 상황과 인사.

## 56. 디도서 개관

| 주제 | 예수 그리스도는 우리의 선생이시다. | 저자 | 사도 바울 |
|------|--------------------------------|------|----------|
| 기록연대 | A.D. 66년초(디모데 전서가 기록된 장소인 마게도니아에서 기록) | | |
| 기록목적 | 그레데 섬에서 교회를 돌보고 있던 복음의 아들이며 동역자인 디도에게 교회를 잘 돌볼 수 있도록 실제적이고 적절한 목회 지침을 알려 주려고 기록했다. | | |
| 개요 | 디도서는 바울이 자신의 유능한 동역자인 디도에게 보낸 목회 서신으로 그 내용이 디모데 전서와 비슷하며 목회 서신 중 가장 이론적이며 신학적이다. 거짓 교사들에 대한 경계와 모든 성도들에게 적용될 올바른 신앙과 실천을 강조함으로써 성도들의 교회 생활과 사회 생활에 대한 여러 규범을 제시해 주고 있다. | | |

내용 분해

**1부 장로들을 임명**(1:1-16)

1:1-9/감독의 자격. 1:10-16/거짓 교사들을 비난.


**2부 일반적인 권면**(2:1-3:15)

2:1-10/바른 교훈에 합당한 말. 2:11-15/신앙 양육의 진정한 동인(動因). 3:1-11/성도의 사회 생활`. 3:12-15/마지막 당부.


## 57. 빌레몬서 개관

| 주제 | 예수 그리스도는 우리의 주인과 상전이시다. | 저자 | 사도 바울 |
|---|---|---|---|
| 기록연대 | A.D. 62년경(바울이 1차 투옥된 A.D. 62년경 로마 옥중에서 기록함) | | |
| 기록목적 | 회개하고 돌아가는 노예 오네시모를 주인된 빌레몬이 그리스도의 사랑으로 받아들여 줄 것을 부탁하면서, 믿는 자들에게 용서와 사랑의 도를 가르치기 위해 기록함. | | |
| 개요 | 바울은 빌레몬에게 죄를 짓고 도망친 노예에 대해 용서하고 사랑하라는 권면을 통해 모든 성도들은 그리스도 안에서 계급이나 지위, 성별 적 차이와는 무관하게 서로 사랑하고 존중해야 할 한 형제라는 점을 감동적으로 서술하고 있다. 빌레몬서는 노예에 대한 사랑의 실천을 권면하기 위해 사도의 권위로 강요하기 보다는 겸허한 자세로 요청하는 태도가 모든 그리스도인들에게 귀감이 된다. 잘못하면 사형 선고를 받을지도 모르는 노예 신분의 형제에 대한 그리스도인의 사랑과 용서의 정신이 잘 제시되어 있는 본서는 모든 그리스도인 주인과 직원들에게 적용되는 사랑의 실천서다. | | |


내용 분해

1:1-3/인사 1:4-7/빌레몬의 믿음과 사랑에 감사.

1:8-16/오네시모를 위한 바울의 간구.

1:17-22/빌레몬을 향한 바울의 약속. 1:23-25/마지막 인사.

# 58. 히브리서 개관

| 주제 | 그리스도는 하나님의 보좌에 계신 우리의 중보자이시다. | 저자 | 사도 바울 |
|---|---|---|---|
| 기록연대 | 저자를 바울로 추정(문체와 내용). A.D. 64-68년(?)으로 추정함 | | |
| 기록목적 | 구약의 실체이며 복음의 핵심인 '예수 그리스도'를 중심으로 구약 성경을 재해석하여 유대교들에게 기독교 신앙의 절대적 필요성을 일깨워 주기 위해 기록. | | |
| 개요 | 히브리서는 제5복음서라고 불려져 왔다. 4복음서는 그리스도의 지상 사역을 말하고 있으나 히브리서는 하나님 우편에 앉으신 그리스도의 하늘에서의 사역을 말해준다. 유대교에 대한 그리스도의 우월성을 구약과의 연관 하에 논리적으로 증명할 뿐만 아니라 권면과 경고, 위로와 보증 등의 방법을 사용하여 복음 안에 거할 것과 고난을 이기고 승리할 것을 권면하고 있다. 그리스도는 품성에 있어서 천사나, 모세나 여호수아보다 우월하시며 그 성취에 있어서도 완전한 대제사장으로서 구약의 모든 언약을 자신의 희생을 통해 성취하셨다. 본서에서 저자는 유대교로 되돌아갈 위험에 처해 있는 유대인 성도들을 향해 권면(13:22)과 몇 가지 엄중한 경고와, 위로와 보증을 통해 복음의 진리를 굳게 붙들 것을 권면한다. | | |

## 내용 분해

### 제1부 뛰어나신 그리스도(1:1-4:13)

A) 선지자들 보다(1:1-3)  B) 천사보다(1:4-2:18)  C) 모세보다(3:1-4:13)

### 제2부 뛰어나신 그리스도의 사역(4:16-10:18)

A) 뛰어나신 제사장직(4:14-7:28)  B) 새 언약의 대제사장인 그리스도(8:1-13)

C)그리스도의 몸을 통한 완전한 속죄(9:1-10:18)

### 제3부 그리스도 안에서 뛰어난 성도의 능력(10:19-13:25)

A) 그리스도에 대한 믿음의 능력(10:19-11:40)  B) 그리스도에 대한 소망의 능력(12:1-29)  C) 그리스도에 대한 사랑의 능력(13:1-25)

# 59. 야고보서 개관

| 주제 | 예수 그리스도는 우리의 모본(模本)이시다. | 저자 | 주의 형제 야고보 |
|---|---|---|---|
| 기록연대 | A.D. 60-62년경(네로 황제의 기독교 박해가 시작되기 직전 예루살렘에서) | | |
| 기록목적 | 야고보(주의 형제)가 그리스도인들의 참된 믿음이란 그 믿음에 근거하여 실제적인 실천의 삶을 사는 것임을 가르치기 위해 기록했다. | | |
| 개요 | 유대인들과 로마 제국의 가혹한 핍박에 직면해 참된 사랑과 교제를 상실한 유대인 성도들에게 환난 가운데 인내할 것을 권면하고 믿음을 실천함으로써 윤리적 의와 사랑의 교제를 회복하도록 하기 위함이다. 특히 교리적인 내용보다도 신앙의 실천적인 면을 강조하여 윤리적 훈계서라 할 수 있다. 바울은 믿음으로 말미암아 의롭게 된다는 점을 강조했으나 야고보는 행동하는 산 믿음을 강조했다. 바울은 "복음을 안으로 받아들이라"고 말하는 반면 야고보는 "복음을 밖으로 나타내라"고 말한다. 바울은 우리 신앙의 근원을 말하고 야고보는 우리 신앙의 결실을 말한다. 바울은 그리스도 안에 기초를 세우고 야고보는 그 위에 건물을 지어 올린 것이다. 야고보는 "행동하는 산 믿음"을 강조하며 시험을 이기는 믿음(1:1-21), 행동에 나타나는 믿음(1:22-2:26), 말에 나타나는 믿음(3:1-18), 순결한 인격에 나타나는 믿음(4:1-17), 기도 생활에 나타나는 믿음(5:1-20)을 말한다. | | |

## 내용 분해

### 제1부 믿음의 시련(1:1-18)

1:1/문안 인사. 1:2-11/시험의 목적. 1:12-15/시험의 원인. 1:16-18/하나님이 은혜와 축복의 참된 근원.

### 제2부 믿음의 특성(1:19-4:17)

1:19-27/말씀을 들음과 행함의 경건 훈련. 2:1-13/형제에 대해 차별과 편견이 없는 공평한 처신. 2:14-26/행함이 없는 믿음은 죽은 믿음. 3:1-12/말을 조심하라. 3:13-18/참된 지혜. 4:1-5/세상과 벗하지 말라. 4:6-10/참된 겸

손. 4:11-12/비방하지 말라. 4:13-17/허탄한 생각을 버리라.


### 제3부 믿음의 승리(5:1-20)

5:1-6/부한 자에게 주는 경고. 5:7-12/주의 재림을 기다리는 인내. 5:13-18/믿음의 기도의 효용성. 5:19-20/미혹된 형제들을 구원하라.


## 60. 베드로전서 개관

| 주제 | 예수 그리스도는 우리 믿음의 보배로운 모퉁이 돌이시다. | 저자 | 베드로 |
|---|---|---|---|
| 기록연대 | A.D.64년경 (네로 황제의 박해가 본격적으로 시작되기 직전 로마에서 기록) | | |
| 기록목적 | 베드로가 외적 박해에 대비해 성도들로 하여금 그리스도에 대한 믿음과 소망을 갖고 인내할 수 있도록 격려하기 위해 기록했다. | | |
| 개요 | 베드로는 구약의 내용과 예언들을 예수 그리스도의 빛 아래서 새로운 의미로 부각시켜 기독교의 기본 교리를 설명하는 한편 고난 가운데 살아가는 성도들에게 참된 소망과 위로를 주고 있다. 베드로는 그리스도인들은 가혹한 '불 시험'을 이겨낼 때 비로서 그 고통 뒤에 숨어 있는 하나님의 크신 경륜을 깨달을 수 있으며 영적 성숙과 믿음의 진보를 가져올 수 있다고 말한다. 특히 본서는 우리에게 참된 위로와 평강의 근원은 인간이 아니라 오직 하나님 한 분이심을 분명하게 보여주며 '희망의 서신'이라고 불리어 진다. 그래서 바울을 "믿음의 사도" 요한을 "사랑의 사도" 베드로를 "소망의 사도"라 일컫는다. | | |


내용 분해

### 1부 성도의 구원(1:1-1:12)

1:1-2/인사말. 1:3-4/산 소망. 1:5-9/현재의 시련. 1:10-12/옛 선지자들의 상고(詳考).

### 2부 성도의 성화(1:13-2:12)

1:13-25/모든 행실에 거룩한 자가 되라. 2:1-3/신령한 젖을 사모하라. 2:4-10/거룩한 제사장이 되라. 2:11-12/육체의 정욕을 제어하라

### 3부 성도의 복종(2:13-3:12)

2:13-17/정부에 대하여. 2:18-25/고용주에 대하여 복종할 것과 그리스도의 고난을 말함. 3:1-7/남편에 대하여. 3:8-12/범사에 대하여.

### 4부 성도의 고난(3:13-5:14)

3:13-17/고난 중에 선을 행함. 3:18-4:6/그리스도의 모범. 4:7-19/고난에 임하는 태도. 고난 중의 사역: (1)5:1-4/장로들, 목자들, 양떼들. (2)5:5-11/겸손과 믿음으로 승리하라. 5:12-14/마지막 인사

## 61. 베드로후서 개관

| 주제 | 예수 그리스도는 우리의 힘이시다. | 저자 | 사도 베드로 |
|---|---|---|---|
| 기록연대 | A.D. 66년경(네로 황제의 집권 말기에 로마에서 기록한 것으로 추정) | | |
| 기록목적 | 거짓 교사들의 방종한 사생활과 거짓된 교리를 구체적으로 지적함으로써 그들이 본질 상 진노와 심판의 자녀임을 보여주며, 성도들로 하여금 주의 재림과 심판의 날을 소망하는 가운데 경건한 삶을 살아야 함을 교훈 하기 위해 기록했다. | | |
| 개요 | 본서는 교회 안에서 발생한 문제 즉 배교와 거짓 교사들의 잘못된 가르침을 경고하고, 성도들로 하여금 복음의 진리 위에 굳게 서서 부도덕한 쾌락주의와 싸워 이기길 강권한다. 특히 거짓 교사들에 대한 심판의 당위성과 준엄성이 특별히 강조되어 있다 초대 교회에는 많은 이단자들이, 성도들을 교리적 오류와 도덕적 방종으로 몰고 갔으며 교회를 분열의 위기에까지 빠뜨렸다. 이에 베드로는 성도들에게 그리스도를 믿음으로 말미암는 중생과 | | |

## 내용 분해

### 1부 그리스도인의 성숙(1:1-21)

1:1-2/인사말. 1:3-11/그리스도 안에서의 성장.

1:12-18/변화 산상의 일을 목격함. 1:19-21/성경의 확실한 증거.

### 2부 거짓 교사들에 대한 경고(2:1-22)

2:1-3/거짓 교사들의 위험. 2:4-11/거짓 교사들이 받을 형벌. 2:12-22/거짓 교사들의 특성.

### 3부 그리스도의 재림에 대한 확신(3:1-18)

3:1-7/재림의 확실성. 3:8-10/재림의 긴박성. 3:11-18/재림을 위한 준비.

## 62. 요한일서 개관

| 주제 | 예수 그리스도는 우리의 생명이시다. | 저자 | 사도 요한 |
| --- | --- | --- | --- |
| 기록연대 | A.D. 90년경(요한복음(A.D 85-90)기록 후 에베소에서 기록한 것으로 추정) | | |
| 기록목적 | 사도 요한이 '사랑의 편지' 또는 '진리의 변증서'라고 일컬어지는 본서는 그리스도인들의 사랑의 실천의 중요성을 구원론적인 관점에서 서술하고, 구원의 유일한 방편이신 그리스도에 관한 올바른 지식을 가르치기를 위해 기록하였다.<br>요한일서는 이단(영지주의자들)의 거짓된 정체를 폭로하고 그 가르침을 논박함으로써(2:26) 믿는 자들에게 구원의 확신을 심어 주기 위해(5:3) 쓰여졌다. | | |

| | |
|---|---|
| 개요 | 요한 일서의 주제는 교제와 사랑이다. 하나님과 교제하려면 하나님께 순종하고 진리를 추구하는 삶을 살아야 하고 이웃과 교제하려면 서로 사랑해야만 한다. 무엇보다도 요한일서는 장엄하고 위대한 사상을 간결하면서 알기 쉽게 전개하고 있다.<br>독자들을 아들처럼 다정하면서 권위있게 엄숙하게 가르치고 있고, 빛과 어두움, 진리와 거짓 등과 같은 영적 도덕적인 반대개념을 대조 비교함으로써 믿는 자와 믿지 않는 자 사이의 경계 영역을 분명히 구분하고 있다.<br>특히 믿음으로 그리스도 안에 거하는 자는 하나님과 영적인 교제 관계에 있음으로 성령을 통해 하나님의 능력과 은혜를 맛보게 된다. 그러므로 윤리적 의와, 사랑 실천의 의무가 있음을 밝힌다. |

내용 분해

### 제1부 교제의 근거(1:1-2:27)

A) 서론(1:1-4)  B) 교제의 조건(1:5-2:14)  C) 교제를 위한 권고(2:15-27)

### 제2부 교제의 실천(2:28-5:21)

A) 교제의 특성(2:28-5:3) 2:28-3:3/순결한 삶. 3:4-12/의의 실천. 3:13-24/행함과 진실함의 사랑. 4:1-6/영 분별 법. 4:7-5:3/그리스도의 사랑으로 사랑.

B) 교제의 결과(5:4-21) 5:4-5/세상에 대한 승리. 5:6-13/구원의 확신 5:14-17/기도에 대한 태도. 5:18-21/성화의 근거와 실천

## 63. 요한이서 개관

| 주제 | 예수 그리스도는 우리의 진리이시다. | 저자 | 사도 요한 |
|---|---|---|---|
| 기록연대 | A.D. 90년경 (요한일서와 같은 시기 노년에 감독으로 있던 에배소에서 기록) | | |
| 기록목적 | 기독교 진리를 왜곡하면서 궤변으로 성도를 미혹하는 적그리스도를 경계하고 주님의 새 계명을 쫓아 성도들 간에 서로 사랑할 것을 권고하기 위해 기록했다. | | |

| 개요 | 요한은 요한일서와 마찬가지로 성도들에게 사랑의 실천의 중요성을 역설한 후(4-7) 영지주의 이단에 대해 특별히 경계한다(8-11).<br>요한이 권장한 사랑은 단순히 무분별한 사랑이 아니라 영적 통찰력이 수반된 사랑으로, 진리이신 그리스도의 기초 위에 세워진 것이다. |
| --- | --- |

### 내용 분해

A) 하나님의 계명에 대한 순종(1:1-6)  B) 거짓 교사에 대한 경계(1:7-13)

## 64. 요한삼서 개관

| 주제 | 예수 그리스도는 우리의 길이시다. | 저자 | 사도 요한 |
| --- | --- | --- | --- |
| 기록연대 | A.D. 90년경(요한 이서와 같은 시기 에베소에서 기록됨) | | |
| 기록목적 | 가이오의 선행과 진리 안에 거함을 칭찬하고 디오드레베의 악행을 지적함으로써 진리를 위해 애쓰는 순회 교사들을 잘 대접할 것을 촉구하기 위해 기록. | | |
| 개요 | 본서는 그 분량이 적음에도 불구하고 당시 초대 교회 복음 전파사의 일면을 보여주는 귀중한 자료다. 여기서 사도 요한은 가이오의 충성되고 정성스런 대접과 순회 교사들에 대한 디오드레베의 적대와 배척을 구체적으로 대조 시킴으로써 성도들로 하여금 말씀을 충성 되이 가르치는 자들에 대해 정성껏 예우할 것과 진리 안에 거할 것을 간곡하게 권면한다. | | |

### 내용 분해

A) 가이오에 대한 칭찬(1:1-8)  B) 디오드레베를 책망함(1:9-15)

## 65. 유다서 개관

| 주제 | 예수 그리스도는 우리의 보호자이시다. | 저자 | 주의 형제<br>유다 |
| --- | --- | --- | --- |

성경이 해답이다

| 기록연대 | A.D. 70-80년경(예루살렘에서 기록된 것으로 추정됨) |
|---|---|
| 기록목적 | 유다는 교회는 언제든지 도전해 오는 이단적 사상과 거짓된 가르침에 강력하게 대항함으로써 올바른 기독교 신앙을 지켜야 함을 일깨워 주기 위해 기록. |
| 개요 | 당시 소아시아 일대에는 영지주의 이단 그 중에서도 특히 구원을 빙자하여 육체적 방종을 일삼는 도덕 페기론자들의 활동이 극성을 떨었으며 교회도 이들에 의해 심각한 영향을 받고 있었다. 이에 주의 형제 유다는 이단들을 극렬하게 논박, 정죄하며 성도들로 하여금 복음의 진리를 위해 굳게 설 것을 권면하고 있다. |

내용 분해

A) 1:1-4/기록 목적.  B) 1:5-16/거짓 교사들에 관한 설명.  C) 1:17-23/성도들에 대한 경고.  D) 송영(1:24-25)


# 66. 요한계시록 개관

| 주제 | 예수 그리스도는 우리의 영원한 승리의 왕이시다. | 저자 | 사도 요한 |
|---|---|---|---|
| 기록연대 | A.D. 95-96년경(도미티안 치세 말기에 기록된 것으로 추정) | | |
| 기록목적 | 큰 환난과 핍박 중에 있는 교회들에게 사탄의 멸망과 그리스도의 최후 승리를 확신시켜 주며, 신앙의 정절을 지키고 주님의 재림을 소망하도록 기록하였다. | | |
| 개요 | 계시록은 세상 끝날 전우주가 뒤바뀌고 사단의 세력의 등장 다음에 도래할 영원한 천국의 등장 과정을 다루고 있다.<br>도미티안 치세 말기 성도들로 하여금 박해를 이겨내며 신앙을 지키게 하기 위해 즉 사탄의 영적 위협은 그리스도의 재림으로 끝나며 하나님의 백성이 누릴 축복은 영원하다는 것을 말한다. 성도에게 영적 싸움을 이길 힘을 주기 위해 썼으며 구약 계시 문학(이사야, 예레미야, 에스겔, 다니엘)을 배경으로 하며 고도의 상징성을 지닌 신약 유일의 그리스도 중심의 종말론적 예언서이다. | | |

내용 분해

**1부 요한이 본 것**(1:1-20)

본서 전체의 서론 부분으로 요한이 받은 계시의 본질을 규명하고 있다. 본서의 예언들이 전달된 경로는 하나님 → 예수 그리스도 → 천사들 → 사도 요한 → 일반 사람들이다. 이 책은 특별히 읽는 자에게 축복이 예비된 단 한 권의 책인 반면 예언된 계시를 가감하는 자에게 저주가 선포되어 있기도 하다(1:3, 22:18-19). 종말론적 심판이 묘사되어 있는 본론에 들어가기 전의 예비적 성격을 띤다.

머리말(1:1-8)과 요한이 본 환상(1:9-20)의 두 부분으로 나누어진다. 첫째: 머리말은 계시의 진정성 및 예수 그리스도께서 본서의 중심 되는 주체임이 강조되어 있으며(1:1-3) 그 당시 고난 중에 있던 각 성도들에 대한 축복과 인사가 나오고 있다(1:4-8) 둘째: 과거의 일에는 요한이 본 환상의 배경(1:9-10)과 계시의 대상 및 내용(1:11, 1:19) 그리고 계시의 참된 주체 이신 그리스도와 그 신부인 교회에 대해 상징적으로 묘사되어 있다(1:12-18, 1:20).


**2부 이제 있는 일**(2:1-3:22)

소아시아의 일곱교회에 보내는 메시지를 담고 있는 본문은 요한 당시뿐 만 아니라 초기 기독교 시대로부터 그리스도의 재림 전까지 모든 교회의 영적 상황과 이에 대한 주의 증거를 반영하고 있다. 교회에게 보내는 편지로서 각 교회의 형편을 감찰하고 계신 그리스도의 칭찬과 책망과 충고와 약속들을 계시하였다.


**제3부 장차 일어날 일**(4:1-22:21)

A) 심판 자(4:1-5:14)

B) 환난에 관한 예언들(6:1-19:6)

1) 심판의 일곱 인(印)(6:1-8:5)  2) 심판의 일곱 나팔(8:6-11:19)  3) 예언적 계시에 관한 설명(12:1-14:20)  4) 일곱 대접의 심판(15:1-18:24)

C) 재림에 관한 예언(19:1-21)  D) 천년 왕국에 관한 예언(20:1-15)  E) 영원한 나라에 관한 예언(21:1-22:5)  F) 결론(22:6-21)

## 1. 창세기 개관

| 주제 | 예수 그리스도는 창조주 하나님이시다. | 저자 | 모세 |
|---|---|---|---|
| 기록연대 | B.C.1446-1406년경(출애굽한 B.C1446년 이후 모세가 느보 산에서 죽은 B.C1406년 이전의 어느 시기) | | |
| 기록목적 | 모세가 기록한 창세기는 "태초에 하나님이 천지를 창조하시니라"라는 선언적 말씀으로 시작되는데 우주의 시작(1:1), 인류의 기원(1:27), 안식일의 시작(2:2-3), 결혼의 시작(2:22-24), 죄의 기원(3:6), 구원의 시작(3:15), 민족의 시작(11:), 선택된 이스라엘 민족을 통한 하나님의 구원사역의 시작(12:)등 모든 것의 기원을 밝히기 위해 기록하였다. | | |
| 개요 | 창세기는 하나님이 존재하며 이스라엘의 조상들에게 말씀과 행동으로 그분 자신을 계시하셨다는 사실을 전제로 하여 기록되었다. 또한 창세기는 하나님의 존재를 논증하기 보다는 단순히 만물이 하나님으로 말미암아 존재한다고 주장한다. 창세기 신학의 핵심은 하나님께서 지상의 모든 족속에게 | | |
| 개요 | 복을 주기 위한 수단으로 이스라엘을 세우신 일이다. 창세기는 신정(神政), 곧 모든 피조물에 대한 하나님의 통치권의 확립이라는 모세 오경의 주요 주제에 대한 서론을 이루고 있다.<br>그것은 신정 확립의 배후에 있는 기원들 특히 아브라함의 후손이 가나안 땅에 거하리라는 복의 약속을 보여준다.<br>창세기는 1)우주 만물을 창조하셨을 뿐 아니라 친히 섭리 주관하시는 전능하신 하나님의 존재 계시를 통하여 인간이 경배하고 섬겨야 할 대상은 유일하신 여호와 하나님 뿐임을 가르쳐 준다. 2) 무에서 유로 생명을 이끌어 내신 그 하나님께서 타락으로 인해 죄악의 어둠 속에서 신음하고 있는 인간들을 여인의 후손(창 3:15)인 예수 그리스도를 통해 구원하여 주실 것이라는 복음의 태동을 계시한 것이다. 3) 창세기는 인류의 일반 역사가 아니고 죄와 사망에 처한 인간의 '구속역사'의 관점에서 기록된 책으로 창세기는 '구원역사'에 대한 고귀한 영적 서술이다. | | |

내용 분해

## 제1부 4대 사건중심의 전 인류의 역사(1:1-11:32)

성경전체에 대한 기초 역할을 하는 것으로서 네가지 주요 사건에 관심을 집중시키고 있다(1:1-11:32).

A)천지 창조(1:1-2:25)  B) 아담의 타락(3:1-5:32)  C)노아와 대홍수(6:1-10:32)
D) 바벨탑(11:1-11:32)

## 제2부 4대 인물중심의 택한 백성의 역사(12:1-50:26).

하나님은 한 사람과 그의 후손을 선택하셔서 그를 통해 모든 민족 만세대에 복을 내리 시고자 계획했다. 이것은 메시아의 출현에 대한 예언과 선택된 백성 이스라엘 형성이라는 사건에서 구체적으로 드러난다(12:1-50:26).

아브라함의 소명 및 가나안 이거(移居) 로부터 야곱 가족의 애급 이주까지 4대 족장 1) 아브라함(창 12:1-22:24)  2) 이삭(창 21:1-26:35)  3) 야곱(창 27:1-36:43)  4) 요셉(창 37:1-50:26)


## 2. 출애굽기 개관

| 주제 | 예수 그리스도는 유월절 어린 양이시다. | 저자 | 모세 |
|---|---|---|---|
| 기록연대 | B.C.1446-1406년경(출애굽 이후 모세가 죽기 이전의 어느 시기일 것임) | | |
| 기록목적 | 모세가 하나님의 구원 약속대로 하나님께 선택된 이스라엘 백성들이 애급에서 해방된 사건을 보여주고, 하나의 국가로서 차츰 정비되고 발전되어가는 과정을 보여주기 위해 기록했다. | | |
| 개요 | 창세기가 우주와 인류의 기원을 보여주고 있다면 출애굽기는 택한 백성과 그 구속의 기원을 보여준다. 본서는 구약 성경의 그 어느 책보다도 신약과 밀접한 관련을 맺고 있는 책으로서 그리스도의 성품과 사역에 관한 모형 적 사건들이 빈번히 나타나고 있는 "구속 계시의 책"이다. 창세기가 4대 족장(아브라함, 이삭, 야곱, 요셉)에 관해 기록한 책이라면 창 15:13-14에 계시된 하나님의 약속이 성취되는 과정을 기록한 출애굽기는 이들 족장들의 | | |

| | |
|---|---|
| 개요 | 후손에 관한 내용이다. 이는 율법서로서 나머지 오경 전체를 섭렵하고 있으며 오경의 본질적 이해를 돕는 가장 핵심적인 책이다. 창세기의 마지막 내용과 이어지는 출애굽기는 한마디로 창15:13-14에 계시된 하나님의 구원 약속이 마침내 성취되어 이스라엘 백성들이 애굽에서 탈출해 나오는 사실을 기록하였다.<br>구속사의 핵(核)이자 구약의 십자가 사건인 출애굽 사건을 통하여 택한 백성을 죽음으로부터 구별하시는 하나님의 사랑과 언약을 성취하시는 구속자 하나님의 신실성을 말한다. 그리고 역사를 주관해 나가시는 전능하신 하나님의 주권을 계시하시며 동시에 율법 제정과 성막 건립 사건을 통하여 신정 국가 이스라엘로 예표 된 영원한 하나님 나라의 지상 도래를 선포하고 있다. |

내용 분해

### 제1부 선택받은 이스라엘 백성의 해방(1:1-18:27)

이스라엘 백성들이 애굽에서 구출되어(B.C 1446년 1월 15일) 홍해를 건너 시내산에 이르게 되는(B.C. 1446년 3월 15일)과정을 유월절 사건을 중심으로 생생하게 묘 사한다. 여기서 하나님은 자신을 이스라엘의 구속자(히, 고엘)로 계시하신다.

A) 압제 받는 이스라엘(1:1-7:13)  B) 애굽에 임한 10가지 재앙(7:14-11:10)  C) 유월절 어린 양의 피와 애굽 탈출(12:1-15:21)  D) 광야에서의 보호하심(15:22-18:27)

### 제2부 시내 산의 언약(19:1-40:38)

시내 산상의 계시에 전적 근거하고 있는 이 부분은 율법 제정과 성막 건립이라는 2대 사건으로 요약되는데 이 두 사건은 출애굽 사건으로 인해 민족적 존재가 부여된 이스라엘에게 있어 새로운 신정 국가로서의 면모를 갖추는 데 필수적인 사건들이다. 이는 이스라엘 민족이 시내산을 떠날 때(B.C.1445년 2월 20일)까지의 약 11개월 5일 동안 발생한 사건의 기록으로 하나님은 자신을 이스라엘의 통치자로 계시하신다.

A) 옛 언약의 계시(19:1-31:18)  B) 언약에 대한 이스라엘의 반응(32:1-40:38)


## 3. 레위기 개관

| 주제 | 예수 그리스도는 우리 죄를 위한 속죄 제물이시다. | 저자 | 모세 |
|---|---|---|---|
| 기록연대 | B.C.1446-1406년경(다른 모세 오경과 동일) | | |
| 기록목적 | 모세가 이스라엘 백성들에게 거룩하신 하나님을 올바르게 섬기는 방법을 지도해 주고 하나님의 백성 답게 성결 하게 살아가는 법을 안내해 주기 위한 기록 | | |
| 개요 | 레위기의 모든 내용들은 출애굽 후 만 1년째 되던 해인 B.C.1445년 1월 1일 성막 건축을 마친 후(출 40:17)로부터 시내 산을 떠나기 전(민 10:11) 즉 B.C.1445년 2월20일까지의 기간인 약 1개월 20일 동안에 주어진 것이다. 레위기는 지리적인 이동이 없다. 즉 출애굽한 이스라엘 백성들이 시내 산 기슭에서 진을 치고 있는 기간 동안에 주어진 내용이다. 레위기는 구속함을 받아 제사장 나라로 세워진 이스라엘 백성들이 이제 거룩하신 하나님께 어떠한 모습으로 가까이 나아가 섬겨야 하는지 그 방법을 안내해 주는 하나님의 지침서다. 즉 거룩하신 하나님을 거룩하게 섬겨야 | | |
| 개요 | 하는 인간의 성결 의무를 명시한 책으로 본서는 특별히 제사장직과 레위인의 직분을 중심으로 제사 의식 및 성결 의식이 강조되어 있다. 본서에 나타나는 제물과 제사에 대한 규례들은 장차 오실 새 언약의 중보 자 그리스도를 바라보며 기록한 것이다. | | |

내용 분해

**제1부 하나님께 나아가는 길: 희생 제사(1:1-17:16):**

여호와께서는 성막에 그의 백성들 중에 임재 하시고, 백성들은 규정된 제물(1-7장)과 규정된 제사장 제도(8-10장)을 통하여 여호와께 가까이 나간다. 이 만남의 과정에서 여호와께서는 백성들에게 성결을 요구하셨고(11-15장)

_____ 성경이 해답이다

특별히 속죄일을 제정하여 타락한 백성들과의 교제가 끊어지지 않도록 준비해 두셨으며(16장) 제사 드리는 규례(17장)을 명령하셨다.

A) 제사법(1:1-7:38)  B) 제사장의 성별 법(8:1-10:20)  C) 정결 법(11:1-15:33)

D) 민족의 속죄에 관한 규례(16:1-17:16)


### 제2부 하나님과 교제하는 길: 성화(18:1-27:34)

여호와께서는 성막에 그의 백성들 중에 임재 하시고, 백성들은 규정된 제물(1-7장)과 규정된 제사장 제도(8-10장)을 통하여 여호와께 가까이 나간다. 이 만남의 과정에서 여호와께서는 백성들에게 성결을 요구하셨고(11-15장) 특별히 속죄일을 제정하여 타락한 백성들과의 교제가 끊어지지 않도록 준비해 두셨으며(16장) 제사 드리는 규례(17장)을 명령하셨다.

A) 제사법(1:1-7:38)  B) 제사장의 성별 법(8:1-10:20)  C) 정결 법(11:1-15:33)

D) 민족의 속죄에 관한 규례(16:1-17:16)


## 4. 민수기 개관

| 주제 | 예수 그리스도는 우리의 인도자이시다. | 저자 | 모세 |
|---|---|---|---|
| 기록연대 | B.C.1446-1406년경 (다른 모세 오경과 동일) | | |
| 기록목적 | 모세가 이스라엘 백성들이 왜 하나님께서 주시기로 약속하신 가나안 땅에 들어가지 못하고 오랜 기간 동안 거친 광야에서 방랑해야 했는지를 알도록 기록. | | |
| 개요 | 이스라엘 백성들이 출애굽한 후 제2년 2월 1일 즉 시내산을 떠난 날로부터 모압 광야에 도달(B.C1406)하기까지 약 38년 동안 광야에서의 고생이 불순종으로 인한 징계와 선민으로서의 자질을 향상시키는 연단의 의미가 있음을 밝힘으로써 역사의 주권 자 이신 하나님에 대한 신뢰를 갖게 한다. 시내산에서부터 가나안 건너편 모압 광야에 이른 과정을 기록한 민수기는 일반 백성은 물론 아론과 미리암의 실수와, 모세의 잘못 및 그에 대한 하나님의 징계를 기록하여 인간의 한계성과 이와 대조되는 하나님의 전능하심을 알게 하였다. | | |

거듭되는 시련과 이에 대한 하나님의 배려로 이스라엘은 출애굽 13개월의 유아에서 약속의 땅을 차지할 수 있는 자격을 갖춘 훌륭한 성인으로 성장하고 있다.

내용 분해

### 제1부 약속의 땅을 얻기 위한 구 세대의 준비(1:1-10:10)

출애굽을 통해 하나님의 전능하심과 택한 백성을 향한 자비로우심을 직접 경험한 출애굽 세대들은 시내 산 기슭에서 또다시 하나님의 명령을 받았다. 인구 조사 실시는 하나님이 질서를 중히 여기신다는 사실을 교훈 하며 성막 주위에 백성들을 배치시킨 사실은 조직적인 행위로써 하나님을 섬겨야 함을 교훈 하고 있다(1-4장) 그러나 하나님은 이스라엘 민족의 성결을 강조하심으로 외적인 것보다 내적인 상태에 관심을 촉구하셨다 (5-10장).

A) 이스라엘 민족의 조직(1:1-4:49)  B) 이스라엘 민족의 성결(5:1-10:10)

### 제2부 약속의 땅을 얻지 못하게 된 구세대(10:11-25:18):

하나님의 축복에도 불구하고 이스라엘은 불평하였으며, 불신앙의 죄를 범했다. 그 가운데 가장 대표적인 사건이 가데스바네아에서의 12정탐꾼과 관련된 반역이다. 하나님의 전능하심과 신실하심에 대한 이스라엘의 불신은 기성 세대가 축복의 땅을 밟지 못하는 비극을 초래하였다. 즉 소망의 가나안 땅을 소유할 자는 신앙을 값싼 충동적 감정과 바꾸지 않는 여호수아와 갈렙 같은 자임을 말한다. 하나님은 복을 주시 되 자신을 신뢰하는 자에게 주시며 자격을 갖추지 못하는 자에게는 그 축복을 지연하신다. 구세대가 역사에서 사라지고 신세대가 가나안 정복의 역사적 과업을 이룬 것도 이러한 의미를 지닌다.

_____ 성경이 해답이다

A) 가데스 바네아로의 행진 시의 실수(10:11-12:16)  B) 가데스 바네아에서의 결정적 실수(13:1-19:22)  C) 모압에로의 행진 시에 저지른 실수(20:1-25:18)

**제3부 약속의 땅을 얻기 위한 신 세대의 준비(26:1-36:13)**

440여년의 역사가 경과하는 중에 선민으로서의 자격을 상실한 구세대가 모두 정리되고 새로운 국면을 맞게 될 신세대가 역사의 전면에 부각되었다. 모압 광야에 이른 이들은 새로운 교훈을 받고 인구 조사를 다시 실시함으로 새 역사의 주역으로서 준비를 갖추었다. 인구 조사와 더불어 모세에 이은 여호수아의 부각과 신세대의 등장 및 성격을 알려 준다.

A) 이스라엘 민족의 재조직(26:1-27:23)  B) 제사와 서원에 관한 규례들(28:1-30:16)  C)이스라엘의 정복과 땅의 분배(31:1-36:13)


## 5. 신명기 개관

| 주제 | 예수 그리스도는 창조주 하나님이시다. | 저자 | 모세 |
|---|---|---|---|
| 기록연대 | B.C.1446-1406년경(출애굽한 B.C1446년 이후 모세가 느보 산에서 죽은 B.C1406년 이전의 어느 시기) | | |
| 기록목적 | 모세가 기록한 창세기는 "태초에 하나님이 천지를 창조하시니라"라는 선언적 말씀으로 시작되는데 우주의 시작(1:1), 인류의 기원(1:27), 안식일의 시작(2:2-3), 결혼의 시작(2:22-24), 죄의 기원(3:6), 구원의 시작(3:15), 민족의 시작(11:), 선택된 이스라엘 민족을 통한 하나님의 구원사역의 시작(12:)등 모든 것의 기원을 밝히기 위해 기록하였다. | | |
| 개요 | 모세 오경의 마지막 책인 본서에는 모세를 통해 주어졌던 율법들이 상세하게 종합 정리되었다. 즉 시내산에서 하나님의 율법을 받았던 구세대가 사라지고 신세대가 장차 들어가게 될 가나안 정복의 주인공으로 등장하자 다시 한 번 과거에 주었던 율법을 반복, 적용, 확장시켜 전달할 필요가 생겨서 가나안 입성 직전에 이스라엘의 과거 역사와 율법의 의미를 다시 정리한 내용이 신명기다. 율법에 익숙하지 않은 신세대에게 다시 한번 율법을 | | |

## 내용 분해

### 제1부 모세의 첫번째 교훈: 역사적 회상(1:1-4:43)

A) 머리말(1:1-8)  B) 광야 생활 40년(1:6-4:43)

### 제2부 모세의 두번째 교훈: 하나님의 율법(4:44-26:19)

A) 기본적인 계명들(4:44-11:32)

B) 예배와 거룩한 생활에 대한 규례들(12:1-26:19)

1) 의식법(12:1-16:18)  2) 시민법(16:19-20:20)  3) 사회법(21:1-26:19)

### 제3부 모세의 세번째 교훈: 경고와 예언(27:1-34:12)

A) 가나안 땅에서 지켜야 할 규례들(27:1-28:68)  B) 모압 평지에서 맺은 언약(29:1-30:20)  C) 언약 중보자의 교체(31:1-34:12)

## 6. 여호수아 개관

| 주제 | 예수 그리스도는 우리의 구원의 주이시다. | 저자 | 모세 |
|---|---|---|---|
| 기록연대 | B.C. 12세기 이전(B.C. 1350-1050년경) | | |
| 기록목적 | 하나님께서 "가나안 땅을 주리라"(창 12:2/12:7)는 약속의 말씀이 실제 이스라엘의 역사 속에서 어떻게 구체적으로 이루어지는가? 그 과정과 정복과 정착에서 나타난 하나님의 신실함과 죄를 징벌하는 하나님의 공의로움을 기록하였다. | | |

| 개요 | 여호수아서는 이스라엘 백성이 마침내 약속의 땅 가나안에 들어가 정착하기까지의 과정을 묘사하고 있다. 여호수아서는 5개의 기둥으로 기록되었다. 1-2장/여호수아 취임식. 3-4장/요단강 도하. 5-12/가나안 정복전쟁 13-22장/토지 분배. 23-24장/여호수아 고별사. 전반부(1:1-12:24)는 7년 동안의 가나안 정복 전쟁을 그리고 후반부(13:1-24:33)는 가나안 땅의 분할과 정착 과정을 다루었다. |
|---|---|

내용 분해

**제1부 가나안 정복(1:1-12:24).**

A) 이스라엘의 정복 준비(1:1-5:15)  B) 이스라엘의 가나안 정복(6:1-12:24)

**제2부 가나안 정착(13:1-24:33).**

A) 요단 동편 지경의 정착(13:1-33)  B) 요단 서편 지경의 정착(14:1-19:51)

C) 종교적 공동체의 정착(20:1-21:45)

D) 영구한 정착을 위한 조건(22:1-24:33)

# 7. 사사기 개관

| 주제 | 예수 그리스도는 우리 구원의 사사이시다. | 저자 | 사무엘(?) |
|---|---|---|---|
| 기록연대 | B.C. 1050-1000년경(사울 또는 다윗이 다르시던 초기 왕정 시대) | | |
| 기록목적 | 사무엘(?)은 이스라엘 백성이 죄악의 길에 빠지면 사람 막대기와 인생 채찍으로 징벌을 하시지만 잘못을 깨닫고 회개하면 언제든지 용서해 주심을 기록. | | |
| 개요 | 하나님의 축복으로 가나안에 정착한 이스라엘인들은 하나님의 백성으로서 거룩한 삶을 살기는 커녕 오히려 급속히 이방 문화와 죄악에 물들어 간다. 거듭된 타락과 이방 민족의 침입 등으로 여호수아가 죽은 후 이스라엘은 약 350년 동안 암흑기로 빠져 들게 되었다. 사사기는 이스라엘의 타락상을 일곱 차례의 순환 과정과 두 차례의 예증을 통해 크게 세 부분으로 나누어 말씀한다. | | |

내용 분해

## 제1부 이스라엘의 퇴보와 가나안 정복의 실패(1:1-3:6)

A) 가나안 정복의 실패(1:1-1:36)  B)정복 사업에 대한 하나님의 심판(2:1-3:6)


## 제2부 일곱 번 반복되는 이스라엘의 구원(3:7-16:31)

A) 남부 전투(3:7-41)  B) 북부 전투(4:1-5:31)  C) 중부 전투(6:1-10:5)

D) 동부 전투(10:6-12:7)  E) 두번째 북부 전투(12:8-15)

F) 서부 전투(13:1-16:31)


## 제3부 가나안의 범죄를 따른 이스라엘의 타락(17:1-21:25)

A) 신상 숭배(17:1-18:31)  B) 불륜 행위(19:1-30)  C) 동족 상쟁(20:1-21:25)


# 8. 룻기 개관

| 주제 | 예수 그리스도는 우리의 기업 무를 자이시다. | 저자 | 사무엘(?) |
|------|------|------|------|
| 기록연대 | B.C.1010-970년경(다윗의 통치기에 기록됨) | | |
| 기록목적 | 이방 여인 룻이 언약의 백성이 되며 메시아가 출생할 다윗 왕가의 일원이 되는 것을 통하여 하나님이 온 민족의 하나님임을 기록하였다. | | |
| 개요 | 사사 시대는 불신앙과 퇴폐 풍조가 만연하여 영적 암흑기였다. 따라서 룻, 보아스 등 본서에 등장하는 신앙 인물들은 마치 암흑 속의 반짝이는 별처럼 빛을 발한다. 특히 룻은 이방 여인이었음에도 불구하고 시모 나오미와 근족 보아스에게 고결한 사랑을 보인 '현숙한 여인'이다. | | |


내용 분해

## 제1부 헌신적인 룻의 사랑(1:1-2:23)

A) 룻의 결심(1:1-18)  B) 룻의 헌신(1:19-2:23)

_____ 성경이 해답이다

**제2부 룻의 사랑에 대한 보상**(3:1-4:22)

A) 보아스에게 기업 무를 것을 간청함(3:1-18)

B) 보아스로 인한 룻의 상급(4:1-22)

## 9. 사무엘상 개관

| 주제 | 예수 그리스도가 우리의 왕이시다. | 저자 | 사무엘(?)및 익명의선지자 |
|---|---|---|---|
| 기록연대 | B.C. 930-722년경 | | |
| 기록목적 | 익명의 선지자는 이스라엘의 사사인 사무엘의 활동과 이스라엘의 초대 왕인 사울의 생애, 다윗 왕국의 성립 배경에 하나님의 주권적 섭리가 있음을 기록. | | |
| 개요 | 사무엘 상은 사사 통치 시대로부터 왕이 통치하는 왕정 정치로의 전환을 다루고 있다. 여기서 지향하는 왕정 정치는 이방 세계의 전제 군주제가 아니라 신정적 군주제를 말한다. 이 점에 있어서 사울의 왕정은 실패로 끝나고 하나님의 마음에 합한 사람 다윗이 신정적 군주 정치의 주인공으로 준비되어진다. 본서는 사무엘(1-7장), 사울(8-15장), 다윗(26-31장)을 중심으로 이야기가 전개된다. | | |

내용 분해

**제1부 최후의 사사 사무엘**(1:1-7:17)

A) 엘리에서 사무엘로 지도력 전환(1:1-3:21)

B) 사무엘의 사사직 수행(4:1-7:17)

**제2부 최초의 왕 사울**(8:1-31:13)

A) 사무엘에서 사울로 지도력 전환(8:1-12:25)

B) 사울 왕의 통치(13:1-15:9)

C) 사울에서 다윗으로 전환(15:10-31:13)

# 10. 사무엘하 개관

| 주제 | 예수 그리스도가 우리의 진정한 왕이시다 | 저자 | 익명의 선지자 |
|---|---|---|---|
| 기록연대 | B.C. 930-722년경(솔로몬 사후 분열 왕국 시대) | | |
| 기록목적 | 익명의 선지자는 사울 왕가의 몰락과 더불어 다윗 왕국의 정착 및 중흥 과정과 다윗 왕의 의로운 통치를 통해 장차 도래할 메시야 왕국을 대망하도록 기록. | | |
| 개요 | '사무엘 하'는 다윗을 중심한 통일 이스라엘 왕국의 번영과 수치가 적나라하게 묘사되어 있는 인물 중심의 역사서이다. 다윗은 약 40년간(7년 반 동안은 헤브론에서의 유다 실권자로 그 후 33년 동안은 예루살렘에서 통일 정부의 수반으로 재임) 하나님께서 위임하신 이스라엘의 왕으로서 하나님의 기대에 부응하는 삶을 살았다. 밧세바와의 간음으로 인한 비극적인 사건들(간음, 살인, 반란 등)이 진행되기는 했으나 다윗은 하나님께서 건설하고자 하셨던 신정 왕국 이스라엘의 체제 및 질서가 바로 잡힐 수 있도록 최선을 다하였다. 이러한 다윗의 노력 이면에는 무한한 '하나님의 은혜'가 숨어 있다(22-23장). | | |

내용 분해

**제1부 다윗의 부흥기**(1:1-10:19)

A) 다윗의 정치적 승리(1:1-5:25)

B) 영적 승리(6:1-7:29)

C) 군사적 승리(8:1-10:19)

**제2부 다윗의 침체기**(11:1-20:26)

다윗은 간음과 살인이라는 2중적 범죄를 통해 인간은 항상 범죄할 가능성이 있는 나약한 존재임을 교훈 해 준다. 그는 하나님의 축복을 자신의 육신적 욕심을 만족시키는 데 악용함으로써 여태껏 상승해 오던 자신과 이스라엘의 운명을 혼란과 범죄의 나락으로 떨어뜨리고 말았다.

11장 이후에 진행되는 모든 재난(강간, 살인, 역적 모의, 반란, 역병 등)의 궁극적 원인이 다윗의 범죄에 귀착된다는 사실에서 범죄가 얼마나 치명적인가를 대변해 준다.

A) 다윗의 죄(11:1-27)  B) 집안의 재난(12:1-13:36)  C) 왕국의 재난(13:37-24:25)

**제3부 다윗의 통치에 대한 평가(21:1-24:25)**


## 11. 열왕기상 개관

| 주제 | 예수 그리스도만이 우리의 진정한 왕이시다. | 저자 | 예레미야(?) |
|---|---|---|---|
| 기록연대 | B.C. 561-537경(여호아긴이 풀러 난(B.C 561)이후, 포로 귀환(B.C 537)이전) | | |
| 기록목적 | 예레미야(?)는 여호와의 율법을 순종하면 흥하고, 거역하면 멸망한다는 신명기적 역사관을 후세에 전하기 위해 이스라엘 백성의 생존과 번영 여부는 외부적인 여건이 아니라 역사의 주관 자 되시는 하나님의 언약에 대한 그들의 자세에 달려 있음을 말해 준다. | | |
| 개요 | 통일 왕국 시대의 황금기였던 솔로몬의 영화와 뒤 이은 왕국 분열의 역사를 기록한 본서는 단순한 사실의 나열이 아니다. 본서는 오히려 여호와의 율법을 순종하면 흥하고, 거역하면 멸망한다는 신명기적 역사관을 후세에 전하기 위해 B.C. 561-537경 이스라엘 백성의 생존과 번영 여부는 외부적인 여건이 아니라 역사의 주관 자 되시는 하나님의 언약에 대한 그들의 자세에 달려 있음을 보여주고 있다. 성전 건립을 중심으로 한 솔로몬 시대의 신정정치를 부각시킴으로 분열 왕국 이후의 혼란하고 암담한 인위적 통치와 극명한 대조를 보여주고 있다.<br>본서의 전반부는 솔로몬의 행적에 관한 기록으로 하나님께로부터 탁월한 지혜를 받아 이스라엘을 그 판도와 영예에 있어 절정기에 이르나 사후에 발발한 내란으로 말미암아 이스라엘은 남북으로 분열되고 말았다. | | |

내용 분해

**제1부 통일 왕국(1:1-11:43)**

A) 솔로몬의 왕의 즉위(1:1-2:46)  B) 왕의 치세(3:1-8:66)

C) 왕의 몰락(9:1-11:43)


**제2부 분열 왕국**(12:1-22:53)

A) 왕국의 분열(12:1-14:31)  B) 유다의 두 왕 통치(15:1-24)  C) 이스라엘의 다섯 왕 통치(15:25-16:28)  D) 이스라엘 왕 아합의 통치(16:29-22:40)

E) 유다 왕 여호사밧의 통치(22:41-50)  F) 이스라엘 왕 아하시야의 통치(22:51-53)


## 12. 열왕기하 개관

| 주제 | 예수 그리스도만이 우리의 진정한 왕이시다 | 저자 | 예레미야(?) |
|---|---|---|---|
| 기록연대 | B.C. 562-537년경(여호야긴이 풀려 난(B.C 561)후, 포로 귀환(B.C 537)이전) | | |
| 기록목적 | 예레미야는 (북)이스라엘과 (남)유다의 역사를 보여주고 배후에 하나님이 계심을 알리며, 순종은 축복을, 불순종은 멸망을 가져온다는 진리를 기록. | | |
| 개요 | 열왕기 상에 이어지는 본서는 멸망을 향해 내리 달리는 이스라엘과 유다의 쇠퇴 과정을 추적한다. 하나님께서는 이러한 비극적 역사 가운데서도 엘리사를 통하여 은혜를 베푸셨고, 표면적으로는 잘 드러나지 않으나 아모스, 호세아, 오바댜, 요엘, 이사야, 미가, 나훔, 하박국, 스바냐, 예레미야 등의 선지자를 보내어 택한 백성의 역사를 바로잡기 위해 노력하시는 자비를 보이셨다. B.C. 562-536경에 하나님의 통치를 거부한 이스라엘의 참담한 운명을 적나라하게 그려냄으로써, 장차 도래할 메시야 왕국을 대망 하도록 하였다. 본서 1-17장에서는 열왕기 상에 이어 분열 왕국의 역사를, 그리고 18-25장에서는 (남)왕국 유다의 역사를 각각 추적하고 있다. | | |

내용 분해

**제1부: 분열 왕국**(1:1-17:41)

A) 이스라엘 왕 아하시야 통치(왕상 22:51-왕하 1:18)  B) 이스라엘 왕 여호람 통치(2:1-8:15)  C) 유다 왕 여호람 통치(8:16-24)  D) 유다 왕 아하시야 통치

(8:25-9:29) E) 이스라엘 왕 예후 통치(9:30-10:36) F) 유다 여왕 아달랴 섭정
(11:1-16) G) 유다 왕 요아스 통치(11:17-12:21) H) 이스라엘 왕 여호아하스 통
치(13:1-9) I) 이스라엘 왕 요아스 통치(13:10-25) J) 유다 왕 아마샤 통치(14:1-
22) K) 이스라엘 왕 여로보암2세 통치(14:23-29) L) 유다 왕 아사랴 통치
(15:1-7) M)이스라엘 왕 스가랴 통치(15:8-12) N)이스라엘 왕 살룸 통치(15:13-
15) O) 이스라엘 왕 므나헴 통치(15:16-22) P) 이스라엘 왕 브가히야 통치
(15:23-26) Q) 이스라엘 왕 베가 통치(15:27-31) R) 유다 왕 요담 통치(15:32-38)
S) 유다 왕 아하스 통치(16:1-20) T) 이스라엘 왕 호세아 통치(17:1-41)

**제2부 유다 왕국의 생존(18:1-25:30)**

A) 유다 왕 히스기야 통치(18:1-20:21) B) 유다 왕 므낫세 통치(21:1-18) C) 유
다 왕 아몬 통치(21:19-26) D) 유다 왕 요시야 통치(22:1-23:30) E) 유다 왕 여
호아하스 통치(23:31-35) F) 유다 왕 여호야김 통치(23:36-24:7) G) 유다 왕
여호야긴 통치(24:8-16) H) 유다 왕 시드기야 통치(24:17-25:21) I) 유다 지도
자 그달리야의 집권(25:22-26) J) 유다 왕 여호야긴의 복위(25:27-30)

## 13.역대상 개관

| 주제 | 예수 그리스도만이 우리의 영원한 왕이시다. | 저자 | 에스라 |
|---|---|---|---|
| 기록연대 | B.C. 450-430년경(바벨론 포로가 끝나고 귀환한 후) | | |
| 기록목적 | 에스라는 다윗 왕의 통치를 하나님이 어떻게 평가하셨는지를 보여주고, 하나님의 신정(神政)정치의 영화를 회상함으로써 여호와의 신앙을 회복하도록 기록. | | |
| 개요 | 왕국 시대의 이스라엘 역사를 소개한 본서는 역사의 사실적이며 객관적인 접근보다는 다윗 왕국을 긍정적 시각에 평가하는 저자의 주관적 제사장적 관점에서 기술되었다. 이스라엘 백성은 선택된 백성임을 보여주기 위한 상세한 족보를 기술했고, 영광스런 통일 왕국의 이미지를 위한 다윗 가문의 | | |

| 개요 | 긍정적 평가와 하나님 중심주의를 나타내는 성전에 관해 치밀하게 묘사하였다. 저자인 에스라는 바벨론의 포로에서 돌아온 귀환민들에게 하나님께서 허락하셨던 선조들의 위대한 역사를 회상시켜 주기 위해 지금까지의 모든 역사를 더듬어 보고 있다. |
|---|---|

내용 분해

[역대상]은 [사무엘상·하]의 보조서이다.

[부록 3을 참조]해서 사무엘 상하와 병행하여 봉독 한다.

## 14. 역대하 개관

| 주제 | 예수 그리스도만이 우리의 영원한 왕이시다. | 저자 | 에스라 |
|---|---|---|---|
| 기록연대 | B.C. 450-430년경(바벨론 포로가 끝나고 귀환한 후) | | |
| 기록목적 | 에스라는 유다 왕들의 통치를 기록함으로써 다윗 왕조인 남 왕국 유다의 정통성을 강조하고 성전 건축의 역사와 제사 제도 및 성전 예배의 정립을 기록했다. | | |
| 개요 | 사무엘 서와 열왕기가 세계 만국을 다스리는 하나님에 관심을 둔 반면, 역대기는 레위인과 제사장들을 비롯해 하나님 말씀에 따라 예배하는 자에 대한 축복에 주안점을 두었다. 역대 하는 통일 왕국 말기(솔로몬 통치)로부터 유다 왕국이 멸망당하기 까지의 역사를 다룬다.<br>열왕기는 주로 선지자적 관점에서 (북)이스라엘과 (남)유다의 역사를 비교적 균등하게 배분하여 서술한 반면, 역대기 하는 제사장적 관점에서 (남)유다의 역사를 집중적으로 기록했다. 역대기 하는 (남)유다 열왕들의 패역 성에도 불구하고 성전과 다윗 왕가를 향하신 하나님의 관심과 계시 역사가 면면히 진행되어 가고 있다. | | |

내용 분해

[역대하]는 분열 왕국 시대의 남 유다 만을 다룬 [열왕기상·하]의 보조서

이다.

[부록 3을 참조]해서 열왕기 상하와 병행하여 봉독 한다.

## 15. 에스라 개관

| 주제 | 예수 그리스도는 우리의 구속 주이시다. | 저자 | 에스라 |
|------|-----------------------------------|------|--------|
| 기록연대 | B.C. 444년경(바벨론 포로 귀환 후) | | |
| 기록목적 | 에스라는 바벨론 포로 귀환을 통해 언약을 지키시는 하나님의 신실하심을 보여 주고, 언약의 백성인 이스라엘의 부흥과 보존에 대한 기록을 통하여 언약의 주(主) 이신 여호와께서 택한 백성을 영원토록 지켜 주심을 말한다. | | |
| 개요 | 에스라는 역대하의 끝부분과 연결되며 포로 귀환에 관한 하나님의 약속(렘 29:10-14)이 어떻게 성취되는가를 보여준다.<br>포로 생활 중에 이스라엘은 지상에서 멸절 되는 듯한 위기감을 느꼈을 것이나 하나님께서는 이스라엘을 향하신 영원한 언약을 완성시키기 위해 고난 가운데 있는 이스라엘 백성들과 늘 함께 계셨다.<br>본서는 스룹바벨과 에스라에 의해 각각 주도된 두 차례의 포로 귀환 사건을 묘사하고 있으며 성전 재건(1-6장)과 개혁(부흥)운동(7-10장) 등의 두 부분으로 대별된다. | | |

내용 분해

**1부 성전 재건**(1:1-6:22)

약 2세기 전에 이사야는 성전 재건에 관하여 예언한 바 있으며 그 조력자의 이름을 고레스라고 구체적으로 언급까지 하였다(사 44:28-45:4). 그 예언대로 바사 왕 고레스는 B.C. 538년에 유대인들의 귀환을 허락하였다.

A) 스룹바벨이 인도한 제1차 귀환(1:1-2:70)  B) 성전 건축(3:1-5:17)

C) 성전의 완공(6:1-22)


**2부 이스라엘 백성들의 개혁**(부흥)**운동**(7:1-10:44))

A) 에스라가 인도한 제2차 귀환(7:1-8:36)

B) 백성들의 부흥 운동(9:1-10:44)


## 16. 느헤미야 개관

| 주제 | 예수 그리스도가 우리의 통치자이시다. | 저자 | 느헤미야 |
|---|---|---|---|
| 기록연대 | B.C. 421-400년경(바벨론 포로 귀환 후) | | |
| 기록목적 | 느헤미야는 포로 생활에서 회복된 이스라엘에게 지속적으로 일하는 하나님의 사랑에 대한 체험을 구속사적 관점에서 후대 사람들에게 전달하고자 기록. | | |
| 개요 | 탁월한 행정력과 조직력을 갖춘 느헤미야의 하나님에 대한 사랑과 민족에 대한 애정 그리고 거룩한 도성 예루살렘의 회복을 향한 피나는 노력이 역사적인 사실 기록 속에 용해되어 있다. B.C.421-400년경 포로 생활에서 회복된 이스라엘에게 지속적으로 임하는 하나님의 사랑에 대한 깊이 있는 | | |
| 개요 | 체험을 구속사적 관점에서 후대 사람들에게 전달하고 있다. 에스라서가 영적인 요소를 많이 취급한데 반하여 본서는 사실적인 사건을 많이 기록한 충실한 역사서이다.<br>본서는 약속된 메시아가 탄생하기 약 400년 전에 해당하는 구약 역사의 마지막 부분을 소개하고 있다. 그리고 본서는 성벽 재건(1-7장)과 영적 부흥 운동(8-13장) 등 두 부분으로 대별된다. | | |


내용 분해

**제1부 성벽 재건**(1:1-7:73)

A) 성벽 재건을 위한 준비(1:1-2:20)  B) 성벽 재건(3:1-7:73)


**제2부 백성들의 영적 부흥 운동**(8:1-13:31)

A) 언약의 갱신(8:1-10:39)  B) 언약에 대한 순종(11:1-13:31)

# 17. 에스더 개관

| 주제 | 예수 그리스도는 우리의 대변자이시다. | 저자 | 익명의 유대인 |
|---|---|---|---|
| 기록연대 | B.C. 464-436년경(아하수에로 왕 치세(B.C485-464)이후) | | |
| 기록목적 | 에스더와 모르드개의 이야기를 통해 하나님은 세상 어느 곳에서 든 모든 것들을 주관하시는 분임과 그 분은 자기 백성을 사랑하고 돌보시는 분임을 기록. | | |
| 개요 | 에스더는 스룹바벨에 의한 1차 귀환과 에스라에 의한 2차 귀환 사이에 일어난 일이다(에스라 6-7장 사이). 스룹바벨의 귀환 당시 대부분의 유대인들은 귀환을 포기하고 생활 기반이 형성된 바사에 살고자 하였다. 하나님의 | | |
| 개요 | 이름이 나오지 않지만 본서 전반에 걸쳐 당신의 백성을 보호하시기 위해 평범한 남녀를 들어 쓰셔서 불가능해 보이는 상황들을 극복하게 하시고 자신의 은혜로우신 목적들을 성취케 하시는 하나님의 손길이 존재함을 깨닫게 하는 내용으로 서술하고 있다. | | |

내용 분해

**제1부 위기에 처한 유대인**(1:1-4:17)

A) 왕후로 간택된 에스더(1:1-2:20)  B) 하만의 흉계(2:21-4:17)


**제2부 유대인들의 승리**(5:1-10:3)

A) 하만을 물리친 모르드개(5:1-8:3)  B) 승리한 이스라엘(8:3-10:3)


# 18. 욥기 개관

| 주제 | 예수 그리스도만이 나의 구원 주이시다. | 저자 | 작자 미상 |
|---|---|---|---|
| 기록연대 | B.C. 10세기경(저자: 미상) | | |

| 기록목적 | 이 세상의 모든 사건들은 하나님의 통제 아래에 있다는 것과 경건한 욥을 통해 하나님의 주권적 섭리 및 참된 신앙의 의미를 가르쳐 주기 위해 기록했다. |
|---|---|
| 개요 | 본서는 하나님 주권과 인간의 갈등과 관련되는 주제의 선명성 그리고 인간의 끊임없는 관심사였던 신정론 문제의 부각 등으로 인하여 오늘날 많은 각광을 받고 있다. 주인공 욥은 B.C. 2000년경에 살았던 실재 인물(겔 14:14, 약 5:11)이며 하나님의 선하심과 공의로우심을 의심하는 자들에게 고난도 하나님의 섭리에 포함된다는 사실을 밝히며 하나님 주권에 대한 인간의 갈등은 순종으로만 해결됨을 가르쳐 주고 있고 동방의 의인 욥이 극도의 고난을 겪으면서 새로운 삶의 전기를 맞게 되는 과정을 그리고 있다. 이러한 과정이 진행상 세 부분으로 나뉘어진다. |

내용 분해

### 제1부 욥에게 닥친 고난(1:1-2:13) 1:1-5/욥의 환경.

### 제2부 욥의 변론(3:1-37:24)

A) 첫번째 변론(3:1-14:22)  B) 두번째 변론(15:1-21:34)

C) 세번째 변론(22:1-26:14) D) 욥의 마지막 답변(27:1-31:40)

E) 엘리후의 답변(32:1-37:24)

### 제3부 욥의 구원(38:1-42:17)

A) 욥을 향한 하나님의 첫번째 말씀(38:1-40:5)  B) 욥을 향한 하나님의 두번째 말씀(40:6-42:6)  C) 욥과 친구들의 회복(42:7-17)

## 19. 시편 개관

| 주제 | 예수 그리스도는 우리의 모든 것이 되신 분이시다. | 저자 | 다윗을 비롯한 여러 저자들 |
|---|---|---|---|

성경이 해답이다

| 기록연대 | B.C.15-5세기(1,000여 년 동안) |
|---|---|
| 기록목적 | 하나님께 기쁨과 슬픔, 감사와 찬양, 죄의 고백과 회개 등을 표현하고, 더불어 이스라엘의 예배와 축제 때에는 찬양 및 신앙의 교본으로 삼기 위해 기록. |
| 개요 | 시편은 주지하다시피 별다른 관련을 갖지 않는 시들을 각 시대별로 5차에 걸쳐 편집한 것이므로 특별한 편집상의 일관성이나 전체 구성상의 조직성을 찾기 힘든다. 그러나 시편이 5권으로 편집된 것은 다분히 5권으로 구성된 모세 오경이 고려된 때문인 듯하다. 한편 1편은 시편 전체의 서론에 해당하므로 맨 처음 부분에 배치하고, 150편은 전체 송영으로 마지막에 배치하였다. |

내용 분해

**1권**(1:1-41:13)은 "창세기"에 비견되는 본문의 대 주제는 "창조와 사랑" 이다.

**2권**(42:1-72:20)은 "출애굽기"에 비견되는 본문의 대주제는 "해방과 구원"이다.

**3권**(73:1-89:52)은 "레위기"에 비견되는 본문의 대주제는 "성소와 예배" 이다.

**4권**(90:1-106:48)은 "민수기"에 비견되는 본문의 대주제는 "방랑과 고난"이다.

**5권**(107:1-150:6)은 "신명기"에 비견되는 본문의 대주제는 "율법과 찬양"이다.


## 20. 잠언 개관

| 주제 | 예수 그리스도가 우리의 지혜이시다. | 저자 | 솔로몬 |
|---|---|---|---|
| 기록연대 | B.C. 970-700년경(솔로몬 재위 기간에 쓰여지고 히스기야 때 정리됨) | | |
| 기록목적 | 사람들에게 하나님을 경외하는 것이 지혜의 참된 근본임을 깨닫도록 하여 무엇보다 하나님을 경외하는 신앙과 지혜의 삶을 살도록 인도하기 위해 기록하였다. | | |

| | |
|---|---|
| 개요 | 하나님에 대한 사랑과 인간 상호간의 철저한 윤리 의식이 심층에 흐르는 히브리 지혜 문학의 백미인 본서는 삶의 모든 부문에 걸쳐 도덕적이고 교훈적이며 신앙적인 격언이 고도의 비유법과 세련된 대귀 법을 사용하여 기술되었다.<br>대부분 솔로몬의 제위 기간(B.C. 970-931년경)에 의해 쓰여졌고 모든 부분이 히스기야 재위 기간(B.C. 728-697)에 정리되었다. 가장 고상한 지식, 즉 하나님께서 원하시는 삶이 무언인지 깨달아 이를 실천하도록 교훈 하였다. |

내용 분해

A) 잠언의 목적(1:1-7)  B) 청년에 대한 잠언  C) 솔로몬의 잠언(10:1-24:34)

D) 히스기야의 신하들에 의해 편찬된 잠언(25:1-29:27)

E) 아굴의 잠언(30:1-33)  F) 르무엘 왕의 잠언(31:1-31)

## 21. 전도서 개관

| 주제 | 예수 그리스도는 우리 모든 삶의 목적이시다. | 저자 | 솔로몬 |
|---|---|---|---|
| 기록연대 | B.C. 935년경(솔로몬 생애의 말기) | | |
| 기록목적 | 솔로몬 왕 자신의 젊은 날의 삶과 경험을 모든 세대들에게 하나님 없는 삶, 하나님을 떠난 삶은 아무런 의미가 없다는 사실을 깨우쳐 주기 위해 기록 하였다. | | |
| 개요 | 한 인간인 솔로몬이 인생의 황혼기에 하나님을 상실한 삶의 허무를 자기 체험을 통하여 적나라하게 고백하고 있다. 솔로몬은 인생의 바른길을 뼈저리게 깨닫게 되어 인생의 실패 체험에서 얻은 인생의 참 진리와 행복에 대한 교훈을 자신의 체험을 솔직히 고백 증언한다. 진리의 도를 전함에 있어서 인생 실패에서 겪은 탄식과 번민의 과정을 적나라하게 열거함으로써 진리를 역설적이고 간접적으로 전달하고 있다. | | |

내용 분해

**제1부 "모든 것이 헛되다"는 논제(1:1-11)**

## 제2부 모든 것이 헛됨의 증거(1:12-6:12)

A) 경험으로부터의 증거(1:12-2:26)  B) 관찰로부터의 증거(3:1-6:12)


## 제3부 헛된 인생에 대한 조언(7:1-12:14)

A) 악한 세상에서의 대처 방안(7:1-9:18)

B) 불확실한 삶에 대한 조언(10:1-12:8)

C) 결론(12:9-14)


## 22. 아가서 개관

| 주제 | 예수 그리스도는 우리의 연인이시다. | 저자 | 솔로몬 |
|---|---|---|---|
| 기록연대 | B.C. 965년경(솔로몬 통치의 절정기) | | |
| 기록목적 | 신랑과 신부 간의 순수한 사랑을 통한 결혼의 중요성을 보여주고, 신랑 신부의 사랑 이야기를 통하여 자기 백성을 향한 하나님의 사랑을 전하기 위해 기록. | | |
| 개요 | 아가서는 섬세한 애정, 정열적 욕망, 우정, 쾌락, 결합의 기쁨, 갈등의 괴로움, 상호 간의 신실과 친절 등의 여러 요소가 곳곳에 뒤섞여 있다. 그러나 전체적으로 볼 때에는 사랑의 성숙 순으로 성숙해 가는 사랑을 묘사하고 있다. | | |


내용 분해

### 1부 사랑의 시작(1:1-5:1)

A) 사랑에 빠짐(1:1-3:5)  B) 사랑으로 연합됨(3:6-5:1)


### 2부 사랑의 성숙(5:2-8:14)

A) 사랑의 갈등(5:2-7:10)  B) 사랑의 성숙(7:11-8:14)

# 23. 이사야 개관

| 주제 | 예수 그리스도는 약속된 우리의 메시야이시다. | 저자 | 이사야 |
|---|---|---|---|
| 기록연대 | B.C. 739-680년경 (웃시야가 죽던 해 이후 므낫세 통치 기간 중 순교?) | | |
| 기록목적 | 이스라엘 백성들의 죄를 지적하여 죄를 깨닫고 회개토록 인도하고, 또한 장차 메시야를 통하여 하나님의 구원이 이루어질 것임을 알려 주기 위해 기록하였다. | | |
| 사역시기 | (남)유다에서 웃시아 왕, 요담, 아하스, 히스기야 왕 때(왕하 15:1-20:21) | | |
| 개요 | 본서는 구원을 성취하기 위해 오실 그리스도에 대한 예언을 그 주요 내용으로 하므로 "제5복음" 혹은 "이사야 복음"등으로도 불리워 진다. (남)유다와 (북)이스라엘 그리고 당시 이들과 관계를 맺던 열방들에 대한 하나님의 심판과 구원이 기록되었고 그리스도의 사역과 인격 및 그의 구속 사역에 대한 예언적 내용이 많아 아주 중요시된다. 1-39장은 39권으로 이루어진 구약 성경과 유사하게 죄에 대한 심판이 묘사되어 있고 40-66장은 27권으로 이루어진 신약 성경과 유사하게 메시야 구원에 대한 소망이 묘사되어 있다. 본서는 성경 전체의 축소판적 성격을 지니고 있으며 3개의 큰 구분으로 나뉘어진다. | | |

내용 분해

### 제1부 하나님의 심판에 대한 예언(1:1-35:10)

하나님의 공의로운 심판은 범죄한 모든 자에게 내려진다. 이사야는 먼저 자기 고향 유다(1-12장)로부터 시작하여 주위의 열방에 이르기까지 정죄 받을 것을 예언한다(13-23장). 그 대상에는 바벨론, 앗수르, 블레셋, 모압, 수리아, 구스, 애굽, 바벨론(2차) 에돔, 아라비아, 예루살렘, 두로 등 당시의 모든 열강들이 포함되어 있다. 이사야는 하나님이 세우시는 민족의 영원함을 묘사하고(24-27장), 이스라엘과 유다는 선택받은 민족이지만 범죄함으로 인하여 정죄 받을 수밖에 없으며(28-33장) 이러한 파멸은 장차 새 나라에 내리실 축복의 전조에 해당함을 암시하고 있다(34-35장).

A) 유다에 대한 예언(1:1-12:6)  B) 열방에 대한 예언(13:1-23:18)

C) 여호와의 날에 대한 예언(24:1-27:13)

D) 심판과 축복에 대한 예언(28:1-35:10)

## 제2부 역사적인 사건(36:1-39:8)

본서에는 주로 미래에 일어날 일들이 예언되어 있으나 이 부분은 과거 일에 대한 회상과 현실에 대해 묘사한다. 이사야는 B.C. 701년에 유다가 앗수르의 포위 공격을 면한 사실을 회상(왕하20장)한 후 앞으로 있을 바벨론 침공은 피할 수 없을 것임을 예언한다(36-37장). 또한 히스기야 왕의 수명을 연장시키는 신앙(38장)과 더불어 그의 어리석음으로 인한 파멸이 묘사되어 있다(39장).

A) 앗수르로부터 구원받은 히스기야(36:1-39:8)

## 제3부 위로의 예언(40:1-66:24)

이전 부분에는 범죄와 심판이라는 침울한 내용이 기록되어 있으나 이 부분부터는 이스라엘의 회복과 하나님께로부터 비롯되는 소망의 밝은 내용이 기록되어 있다. 이러한 소망은 하나님의 주권과 위엄에 근거한다(40-48장).

한편 49-57장은 고난 받는 종으로 오실 메시아의 도래에 초점을 맞추고, 58-66장은 메시아를 믿을 때만 구원에 이를 수 있다는 사실을 밝히고 있다. 시온에서의 메시아 통치가 이루어지면 하나님의 새롭게 하시는 역사로 인하여 이 땅에 평화와 번영과 정의가 이룩될 것이다.

A) 이스라엘의 구속(40:1-48:22)  B) 이스라엘의 구속자(49:1-57:21)

C) 이스라엘의 영광스러운 미래(58:1-66:24)

# 24. 예레미야 개관

| 주제 | 예수 그리스도는 우리의 의(義)이시다. | 저자 | 예레미야 |
|---|---|---|---|
| 기록연대 | B.C. 627-586년경(52장은 B.C562년 이후 기록됨(52:31) | | |
| 기록목적 | 예레미야는 (남)유다 요시아 왕 때 (포로 이전) 죄악에 대해서는 반드시 하나님의 심판이 있음을 눈물로 경고함으로써 유다 백성들이 자신들의 죄악을 회개하고 하나님께 돌아오도록 인도하기 위해 기록하였다. | | |
| 사역시대 | (남)요시아 왕 때부터 예루살렘 함락(B.C 586)때까지(왕하 22:1-왕하 25:30) | | |
| 개요 | 본서에는 예레미야의 망국에 대한 애국적인 고민과 범죄에 대한 의분, 그리고 하나님에 대한 신뢰와 이스라엘 회복에 대한 확신이 시와 산문의 형태로 기록되어 있다. 예레미야는 먼저 범죄하는 백성들과 정치, 종교 지도자들에게 심판의 당위성을 선포하고 있으며 또한 백성들로 하여금 역사적 현실 속에서 삶을 포기하지 않도록 하기 위하여 소망과 회복의 예언을 선포하고 있다. | | |

내용 분해

**제1부 예레미야의 소명**(1:1-19)

**제2부 유다를 향한 예언**(2:1-45:5)

예레미야는 본 단락에서 12편의 설교를 하면서 심판의 불가피성과 회복의 언약을 반복하여 선포함으로 백성들에게 소망을 주기 위한 회개 운동을 유도한다. 그러나 예레미야는 바벨론에 투항하라는 그의 메시지(2:25) 때문에 투옥을 당하는 등 온갖 고난을 겪는다(26-45장).

A) 유다에 대한 정죄(2:1-25:38)

1) 제1 설교(2:1-3:5유다의 고의적 범죄) 2) 제2 설교(3:6-6:30 유다의 심판) 3) 제3 설교(7:1-10:25 유다의 위선적인 신앙) 4)제4설교(11:1-12:17 언약을 파기한 유다) 5) 제5설교(13:1-27유다와의 관계 개선) 6) 제6설교(14:1-15:21) 7) 제7설교(16:1-17:27 독신생활) 8) 제8설교(18:1-20:18 토기장이의 집) 9) 제9설교(21:1-23:8 유다의 왕) 10) 제

10설교(23:9-40 유다의 거짓 선지자들)  11) 제11설교(24:1-10 무화과 두 광주리) 12) 제

12설교(25:1-38, 70년간의포로생활)

B) 예레미야의 투쟁(26:1-29:32)

C) 예루살렘의 회복(30:1-33:26)

D) 예루살렘의 함락(34:1-45:5)

**제3부 열방들을 향한 예언**(46:1-51:64)

본 단락에는 모두 9개국에 대한 예언이 시리즈(Series) 형태로 모아져 있다.

**제4부 예루살렘의 함락**(52:1-34)


## 25. 예레미야애가 개관

| 주제 | 예수 그리스도는 의로운 가지이시다. | 저자 | 예레미야 |
|---|---|---|---|
| 기록연대 | B.C. 586년경 (예레미야가 예루살렘 멸망 직후) | | |
| 기록목적 | 포로시기에 바벨론 군대에게 멸망한 성도(聖都) 예루살렘에 깊은 슬픔을 표하고 죄악이 얼마나 무서운 결과를 초래했는지를 생생하게 일깨워 주기 위해 기록. | | |
| 사역시대 | (남)유다에서 사역 예루살렘 함락 직후(B.C. 586년) | | |
| 개요 | 예레미야 애가는 예루살렘 멸망에 대한 슬픈 감정과 죄에 대한 증오심이 간결한 문체로 다섯 개의 애가(哀歌)다 즉 예레미야는 무려 40년 동안에 걸친 회개 촉구의 노력을 거역한 동족을 원망하는 대신 눈물로써 그들의 대오 각성을 유도하였다. | | |


내용 분해

A) 황폐된 예루살렘(1:1-22)  B) 하나님의 진노(2:1-22)

C) 비탄에 빠진 선지자(3:1-66)  D) 포위 당시의 슬픈 정경(4:1-5:22)

# 26. 에스겔 개관

| 주제 | 예수 그리스도는 우리의 인자이시다. | 저자 | 에스겔 |
|------|-----------------------------------|------|--------|
| 기록연대 | B.C. 565년경((남)유다 선지자로 바벨론 포로 시기에) | | |
| 기록목적 | 예루살렘과 하나님의 백성에게 닥친 비극적인 상황은 죄에 대한 하나님의 엄중한 심판임을 알려 줌으로써 회개하고 신앙을 회복하도록 하기 위해 기록. | | |
| 사역시대 | 에스겔의 사역 기간(B.C. 593-570년경) (남)유다 선지자로 바벨론 포로 때 | | |
| 개요 | BC565년경 바벨론 포로민들에게 죄 때문에 재앙이 임했다는 교훈을 각성시켜 주는 것과 그럼에도 불구하고 하나님께서는 자기 백성을 영원히 버리지 않고 다시 회복시켜 주실 것이기 때문에 절망적인 환경 속에서도 희망을 잃지 않도록 격려하는 내용이다. 바벨론에 포로로 잡혀간 유대인을 대상으로 선포한 예언을 기록한 에스겔서는 그 내용에 있어서 예레미야의 예언과 상통하다. 즉 두 예언서는 모두 하나님에 대하여 신실하지 못한 유다에 임한 심판과 장래의 회복을 선포하였다. 본서는 첫째 부분(1-32장)은 죄에 대한 심판과 경고가, 둘째 부분(33-48장)은 위로와 구원의 예언으로 나뉘어 있다. | | |

## 내용 분해

### 제1부 에스겔의 소명과 임무(1:1-3:27)

A) 에스겔이 본 하나님의 영광(1:1-28)  B) 에스겔이 받은 임무(2:1-3:27)


### 제2부 유다에 임할 심판(4:1-24:27)

A) 심판에 대한 네 가지 상징(4:1-5:17)  B) 심판에 대한 두 가지 메시지(6:1-7:27)  C) 심판에 대한 네 가지 이상(8:1-11:25)  D) 유다에 대한 상징과 비유의 메시지(12:1-24:27)


### 제3부 열방들에 임할 심판(25:1-32:32)

**제4부 이스라엘의 회복**(33:1-48:35)

A) 파수꾼으로 임명된 에스겔(33:1-33)  B) 이스라엘의 목자들(34:1-31)  C) 이스라엘의 재건(35:1-36:38) D) 이스라엘의 부흥(37:1-14)  E) 이스라엘과 유다의 재통일(37:15-28)  F) 곡과 마곡에 대한 이스라엘의 승리(38:1-39:29)  G) 새 성전(40:1-43:27)  H) 새 예배(44:1-46:24)  I) 거룩한 땅(47:1-48:35)

## 27. 다니엘 개관

| 주제 | 예수 그리스도는 우리의 뜨인 돌이시다. | 저자 | 다니엘 |
|---|---|---|---|
| 기록연대 | B.C. 530년경 (바벨론 포로 시) | | |
| 기록목적 | 이스라엘을 비롯하여 세계 열국의 모든 역사를 주관하시는 하나님의 절대 주권을 보여주고, 바벨론 땅의 포로 된 하나님의 백성에게 소망을 주기 위해 기록. | | |
| 사역시대 | 바벨론 함락(B.C 539)년 직후, 느브갓네살, 벨사살, 다리오 고레스 왕 때 | | |
| 개요 | 느부갓네살의 1차 침공(B.C. 606년) 때 바벨론에 포로로 잡혀간 다니엘은 하나님이 주신 지혜로 바벨론과 바사에서 신뢰를 받았으며 사역했다. 이스라엘의 장래에 대한 예언을 말하여 "구약의 계시록"으로 하나님의 절대 주권과 고통받는 이스라엘에 대한 보호와 구원을 분명하게 제시함으로써 복음으로 인해 고난을 당하는 오늘날의 교회에 대해서도 많은 위로와 격려를 준다.<br>본서에 언급된 바벨론, 페르시아, 그리스, 로마 등의 세상 제국들은 변화와 흥망 성쇠를 거듭하는 제한된 존재에 불과하지만 예수 그리스도의 성육신과 재림으로 성취될 하나님의 나라는 그의 구원받은 백성들과 더불어 영원 무궁할 것이며, 무한한 영광으로 덧입게 될 것을 말한다. 다니엘서의 내용은 크게 세 단락으로 구분된다. | | |

내용 분해

**제1부 다니엘의 이력**(1:1-21)

**제2부 열방들에 대한 예언**(2:1-7:28)

A) 느부갓네살 왕의 꿈(2:1-49)  B) 느부갓네살 왕의 금 신상(3:1-30)

C) 큰 나무에 관한 느브갓네살 왕의 꿈(4:1-37)  D) 벨사살 왕과 벽의 글씨(5:1-31)  E)다리오 왕의 금령(6:1-28)  F) 네 짐승에 대한 다니엘의 환상(7:1-28)

7장의 네 짐승의 환상인  1. 사자는 바벨론을 상징.  2. 곰은 메대 바사제국을 상징. 세 갈빗대는 메대와 바사의 연합군이 정복한 바벨론, 루디아, 애굽을 상징.  3. 표범은 그리스제국(알렉산더 대왕)을 상징. 새의 날개 넷은 알렉산더 사후에 1) 톨레미의 이집트와 팔레스틴, 2) 셀루쿠스의 시리아, 3)키신더의 마케도니아, 4) 리시마쿠스의 소아시아와 인접지역(트라키아, 비두니아)의 네 나라로 분할통치.  4. 넷째 짐승은 로마. 열 뿔= 로마 제국 이후 모든 나라를 가리킨다.


**제3부 이스라엘의 장래에 대한 예언**(8:1-12:13))

A) 수양과 수염소의 환상(8:1-27):

"두 뿔 가진 숫양"은 메대-바사 제국, "현저한 뿔 있는 숫염소"는 헬라
제국을 상징.

"현저한 뿔 넷"은 헬라 제국이 알렉산더가 죽은 후 넷으로 분열될 것
을 말한다.

B) 다니엘의 70이레에 관한 환상(9:1-27)

C) 이스라엘 장래에 관한 환상(10:1-12:13)

성경이 해답이다

## 28. 호세아 개관

| 주제 | 예수 그리스도는 모든 상처의 치유자이시다. | 저자 | 호세아 |
|---|---|---|---|
| 기록연대 | B.C. 753-722년경((북)여로보암 2세(B.C. 753-715) 통치 기간 | | |
| 기록목적 | 호세아와 고멜 사건을 통해 하나님의 사랑이 얼마나 크고 변함없는지를 보여줌으로써 죄와 우상 숭배에서 돌이켜 하나님께 나아오도록 하기 위해 기록했다. | | |
| 사역시대 | (북)여로보암 2세(B.C. 793-753)때부터 마지막 호세아 왕(722년)때까지 | | |
| 개요 | 본서는 인간의 패역에도 불구하고 하나님께서 얼마나 자기 백성을 사랑하고 계시는지에 대해 교훈 한다. 고멜은 하나님과 맺은 언약 관계(출 19:5-8/신 6:1-25)를 저버리고 우상 숭배와 각종 범죄를 일삼던 당시의 이스라엘 백성을 상징하며 그 같은 아내를 버리지 아니하고 끝까지 권념 하는 호세아는 하나님을 상징한다. 고멜과 호세아와의 관계를 통해 이스라엘과 하나님 간의 관계를 비유적으로 설명하는 본서는 그 내용상 크게 두 단락으로 구분할 수 있다. | | |

### 내용 분해

**1부 음란한 아내와 진실한 남편**(1:1-3:5)


**2부 음란한 이스라엘과 신실하신 하나님**(4:1-14:9)


## 29. 요엘 개관

| 주제 | 예수 그리스도는 우리의 회복자이시다. | 저자 | 요엘 |
|---|---|---|---|
| 기록연대 | B.C. 830년경 (남)유다 왕 요아스 재위(B.C. 835-796) 기간 | | |
| 기록목적 | (남)유다의 선지자 요엘은 유다 백성들에게 메뚜기 떼의 재앙을 통해 장차 올 하나님의 심판날을 경고함으로써 죄악에서 돌이키도록 하기 위해 기록하였다. | | |
| 개요 | 요엘서의 신학적 의미는 두 가지로 요약된다. 첫째는 의(義)의 교사(教師)로 나타나는 메시야 예언이요(2:23), 둘째는 성령 강림의 약속이다. 하나님께서는 메시야를 보내 주신 후에 성령을 부어 주실 것을 요엘 선지자를 통하여 약속(2:28) 했다. 메시아 약속과 성령 강림 약속 이 두 약속은 하나님 | | |

| 개요 | 의 구속 역사에 있어서 두 개의 큰 봉우리이다. 본서는 아모스와 더불어 미래에 있을 하나님의 심판과 영광을 다루고 있는 중요한 책이다. 사도행전을 신약의 성령전이라 한다면 본서는 구약의 성령전이라 칭할 만큼 성령 강림을 예언하고 있다(2:28-29). 이는 신약 시대에 이르러 오순절 성령 강림 사건(행 2:1-3)으로 말미암아 성취되었다. |

내용 분해

A) 유다가 당할 재앙(1:1-2:17)  B) 다가올 여호와의 날(2:18-3:21)

## 30. 아모스 개관

| 주제 | 예수 그리스도는 하늘의 농부이시다. | 저자 | 아모스 |
| --- | --- | --- | --- |
| 기록연대 | B.C. 760-750년경 (북)여로보암2세와 (남)웃시야 왕 통치 기간 이후 | | |
| 기록목적 | (북)여로보암2세 때 (북)이스라엘의 선지자인 아모스는 하나님의 율법을 무시하고 우상을 숭배하며 가난한 자들을 착취하고 압제하는 사람들에게 하나님의 공의로운 심판이 있을 것을 경고해 주기 위해 기록하였다. | | |
| 사역시대 | (남)웃시야 왕 (남)요담 왕 (북)여로보암 2세의 통치 기간 | | |
| 개요 | 아모스는 선지자의 아버지라 할 정도로 배교와 방종으로 얼룩진 현재의 (북)이스라엘에게 임박한 멸망을 선포함으로써 회개의 길을 돌이키게 하며 말씀을 순종하는 자가 종국적으로 얻게 될 새 나라의 구원을 선포함으로써 희망을 갖게 한다. 아모스서는 쉽게 네 부분으로 나눌 수 있다. 8개의 예언(1-2장), 3개의 설교(3-6장), 5개의 환상(7:1-9:10), 5개의 언약(9:11-15)이다. 아모스서는 열방들에게 심판을 예언하며 이스라엘에게 하나님이 심판하신다는 말씀과 환상을 전한다. | | |

내용 분해

A) 서론(1:1-2)  B) 여덟 가지 예언(1:3-2:16)  C) 세 가지 설교(3:1-6:14)

D) 심판에 대한 다섯 가지 환상(7:1-9:10)

# 31. 오바댜 개관

| 주제 | 예수 그리스도는 우리의 변함이 없는 구주이시다. | 저자 | 오바댜 |
|------|------|------|------|
| 기록연대 | B.C. 855-840년 (남)유다 왕 여호람 시대 | | |
| 기록목적 | 에돔에 대한 하나님의 심판을 통해 하나님과 그의 백성을 대적하는 세상의 모든 악한 세력에 대하여, 심판하시는 하나님의 주권을 보여주기 위해 기록했다. | | |
| 개요 | 본서는 형제국인 에돔에게서조차 멸시와 수난을 당한 이스라엘의 회복에 대해 예언하고 있는데(1:17-21) 이는 하나님과 그의 백성의 관계가 어떠한 것인지를 우리에게 잘 보여준다. 하나님을 대적하는 자들에게 반드시 그 행위대로 보응 하신다는 점과 비록 택한 백성이라 할지라도 범죄할 때는 징계하시지만 결코 완전히 버리시지는 아니하신다는 점을 분명히 말한다. | | |

내용 분해

1) 1-9/에돔에 대한 심판의 예고.

2) 10-14/에돔이 심판을 받아야 할 이유.

3) 15-18/에돔이 심판을 받은 결과.

4) 19-21/이스라엘이 얻을 에돔의 재물.

# 32. 요나 개관

| 주제 | 예수 그리스도는 우리의 부활과 생명이시다. | 저자 | 요나 |
|------|------|------|------|
| 기록연대 | B.C. 760년경 (북)왕국 여로보암 2세(B.C. 793-753) 때 사역 중 | | |
| 기록목적 | 요나는 요나의 물고기 속에서의 3일간 체류는 인류 구속의 위업을 이루시기 위해 성육신 하셨던 예수 그리스도의 죽으심과 부활을 예시한다. | | |
| 개요 | 본서가 추구하는 바는 전 인류에 대한 하나님의 주권 선포와 선민 이스라엘의 이방 세계에 대한 선지자적이며 제사장적인 사역의 강조이다. | | |

| 개요 | 하나님은 어느 민족이나 종파에 국한되실 만큼 제한적인 존재가 아니시다. 그러나 편협한 신앙관에 얽매여 있던 이스라엘은 이방 세계에 대한 복의 전달자로서의 사명(창 12:1-3)과 온 세계에 대한 하나님의 주권과 율법을 전파해야 할 책무를 망각하고 말았다(사 42:1). 하나님은 니느웨라는 이방 세계를 설정하시고 선교사로 요나를 택정하였다. 이스라엘은 항상 영적으로 주변 국가를 압도하지 못할 때 내환, 외환의 시련을 겪는다. 본서는 이방 선교는 성도들의 운명적인 사명임을 말한다. |
|---|---|

## 내용 분해

**제1부 이방 선교를 포기한 요나**(1:1-2:10)

A) 요나의 도피 과정(1:1-17)  B) 요나의 회개 기도(2:1-10)

**제2부 이방의 멸망을 희구한 요나**(3:1-4:11)

A) 니느웨의 심판 선언과 참회(3:1-10)

B) 인류구원을 바라시는 하나님 마음(4:1-11)

# 33. 미가 개관

| 주제 | 예수 그리스도는 거역하는 나라들에 대한 증인 이시다. | 저자 | 미가 |
|---|---|---|---|
| 기록연대 | B.C. 700년경(요담~히스기야(B.C. 742-687)시대 말기) | | |
| 기록목적 | 미가는 부패한 지도자들에게는 하나님의 공의로운 심판이 있을 것임을 경고하고 이스라엘의 회복과 관련된 메시아의 베들레헴 탄생에 대한 예언을 기록했다. | | |
| 개요 | 유다 출신의 선지자 미가가 (남)유다와 (북)이스라엘 두 왕국을 대상으로 하나님의 말씀을 선포하는데 대개는 (남)유다에 관한 것이고 (북)이스라엘의 회복과 관련된 메시아의 베들레헴 탄생에 대한 예언은 매우 특이하다(5:2). (북)이스라엘 및 (남)유다에 대한 하나님의 공의의 심판과 장차 도래할 영광스러운 메시아 왕국에 대해 알려 줌으로써 백성들에게 하나님 앞에서 경성케 할 뿐 아니라 암담한 현실 속에서도 소망을 잃지 않도록 세 부분으로 말씀하였다. | | |

내용 분해

A) 심판의 예언(1:1-3:12)  B) 회복에 관한 예언(4:1-5:15)

C) 회개 촉구(6:1-7:20)

## 34. 나훔 개관

| 주제 | 예수 그리스도는 환난 날의 산성이시다. | 저자 | 나훔 |
|------|-----------------------------------|------|------|
| 기록연대 | B.C. 663-654년경 (남)유다 왕 므낫세(663-654년) 시대에 활동 | | |
| 기록목적 | 나훔은 니느웨에 대한 엄중한 경고를 통하여 앗수르가 강할지라도 그들의 교만과 죄악은 하나님에 의해 공의의 심판을 받게 됨을 일깨워 주기 위해 기록. | | |
| 개요 | 나훔은 앗수르 제국이 막 멸망하고 유다 왕 요시야(B.C. 640-609)가 집권할 무렵 하나님께서 모든 민족과 국가의 주가 되심을 가르칠 뿐 아니라 불의한 국가와 부패한 백성은 반드시 패망케 된다는 사실을 말씀하였다. | | |

내용 분해

A) 니느웨의 멸망이 선포됨(1:1-15)  B) 니느웨가 멸망(2:1-13)

C) 니느웨의 멸망에 대한 필연성(3:1-19)

## 35. 하바국 개관

| 주제 | 예수 그리스도는 나의 구원의 하나님이시다. | 저자 | 하박 |
|------|-------------------------------------|------|------|
| 기록연대 | B.C. 612-589년경(유다의 마지막 다섯 왕 시대) | | |
| 기록목적 | 하나님은 살아 계셔서 모든 역사를 주관하고 계신다는 사실과 죄인은 하나님의 심판을 받게 되지만 오직 의인은 믿음으로 말미암아 살게 됨을 기록하였다. | | |

| | 일종의 신앙 변증서라고 할 수 있을 만큼 중요한 신학 사상을 담고 있는 책이 |
|---|---|
| 개요 | 다. 즉 이 책은 성도라면 누구라도 의문을 제기할 수 있는 신앙 문제에 대한 해답을 주고 있는데 곧 그 질문은 어떻게 해서 불의가 선보다 득세할 수 있느냐는 것이며 그에 대한 답은 "의인은 믿음으로 말미암아 살리라"는 것이다. |

### 내용 분해

A) 하나님과의 대화(1:1-2:20)  B) 하박국의 찬양(3:1-19)


## 36. 스바냐 개관

| 주제 | 예수 그리스도는 투기하시는 주님이시다. | 저자 | 스바냐 |
|---|---|---|---|
| 사역장소 | (남)유다 | | |
| 기록연대 | B.C. 640-621년경(요시야의 종교 개혁 운동이 일어나기 전) | | |
| 기록목적 | 스바냐는 하나님의 공의로운 심판이 임할 "여호와의 날"을 선포함으로써 죄악에 빠진 악인에게는 회개를 촉구하고 의인에게는 구원의 소망을 주기 위해 기록. | | |
| 개요 | 스바냐는 유다왕 요시야 재위 기간 중에 활동한 선지자이다. 그 당시 유다 백성들은 선왕 므낫세와 아몬(왕하 21:1-26)의 영향을 받아 각종 우상 숭배와 죄악에 젖어 있었는데 이에 하나님께서 스바냐를 통해 '여호와의 날'이 임박하였음을 경고하면서 회개를 촉구하고 있는 것이다. | | |

### 내용 분해

A) 여호와의 날에 임할 심판(1:1-3:8)  B) 여호와의 날에 임할 구원(3:9-20)


## 37. 학개 개관

| 주제 | 예수 그리스도는 모든 나라의 소망이시다. | 저자 | 학개 |
|---|---|---|---|
| 사역장소 | 포로 귀환 후 예루살렘 | | |

_____ 성경이 해답이다

| 기록연대 | B.C. 520년경(유다 총독 스룹바벨 시대) |
|---|---|
| 기록목적 | 학개는 난관에 부딪혀 오랫동안 중단된 성전 재건의 사역을 다시 시작 하도록 격려하고 '하나님 중심'의 올바른 신앙의 삶을 살아가도록 이끌기 위해 기록. |
| 개요 | 예루살렘 성전 재건과 관련하여 첫째, 하나님의 뜻에 대한 순종과 불순종의 결과가 어떻게 다를 것인지를 증거하고 있으며, 둘째, 이 같은 성전 재건 작업은 장차 오실 메시아를 맞이하는 데에 그 의의가 있음을 역설하고 있다.<br>학개가 하나님께로부터 받아 전한 4편의 간결한 메시지로 구성되어 있다. |

내용 분해

A) 성전 재건에 대한 호소(1:1-15)  B) 재건될 성전의 영광(2:1-9)  C) 하나님께 순종할 자가 받을 축복(2:10-19)  D) 약속을 통한 미래의 축복(2:20-23)


## 38. 스가랴 개관

| 주제 | 예수 그리스도는 의로운 분이시다. | 저자 | 스가랴 |
|---|---|---|---|
| 사역장소 | 예루살렘 | | |
| 기록연대 | 1-8장은 B.C. 520-518년경, 9-14장은 480-470년경 기록으로 추정 | | |
| 기록목적 | 스가랴는 바벨론 포로 귀환 이후 '성전 건축'이라는 거룩한 사역을 통해 장차 메시아로 인한 하나님의 구원 계획을 알려주어 믿는 자들로 소망을 갖도록 기록. | | |
| 개요 | 바벨론 포로 귀환 이후 성전 재건 공사를 계속한 동력을 상실해 버린 이스라엘 백성에게 선조들이 행한 악행을 다시는 반복하지 말고 하나님과 밀착된 삶을 살아 갈 것을 권면한다. 메시아 왕국에 대한 8가지 환상을 말하고 헛된 의식을 배격하라(7:4-7). 과거 불순종을 기억하라(7:8-14). 이스라엘의 회복과 위로(8:1-17) 이스라엘에 기쁨이 회복됨(7:8-14) 등 네가지 메시지를 통하여 강조한다. 또한 메시아에 관한 예언을 미래에 대한 경고와 하나님의 백성들이 맞게 될 영광스런 미래가 약속되었음을 말한다. | | |

내용 분해

A) 회개 촉구(1:1-6)  B)스가랴의 8가지 환상(1:7-6:8)

C) 스가랴의 네 가지 메시지(7:4-8:23)  D) 메시아에 관한 예언(9:1-14:21)


## 39. 말라기 개관

| 주제 | 예수 그리스도는 의로운 태양이시다. | 저자 | 말라기 |
|---|---|---|---|
| 사역장소 | 예루살렘 | | |
| 기록연대 | B.C. 433-432년경(유다 총독 느헤미야 시대) | | |
| 기록목적 | 말라기는 오랜 기다림에 지쳐 메시아 소망을 상실하고 영적인 나태와 도덕적인 타락에 빠진 이스라엘 백성들에게 올바른 메시아관을 세워 주기 위해 기록. | | |
| 개요 | 포로에서 귀환하여 학개와 스가랴의 지도로 성전을 재건하였으나 수십 년이 지나도 택한 백성에게 임하리라는 영광이 임하지 않고 고달픈 생활이 계속되자 그들의 신앙은 약화되기 시작했다. 이러한 상황에서 말라기 선지자는 하나님의 사랑(1:2)과 공의로운 통치(2:17) 및 말씀 순종(3:14)이 무의미 하다고 생각하는 자들에게 1.주께서 어떻게 우리를 사랑하였으며(1:2) 2.우리가 어떻게 주를 멸시하였으며(1:6) 3.어떻게 주를 더럽혔으며(1:7) 4.어떻게 주를 괴롭혔으며(2:17) 5.어떻게 주께 돌아갈 수 있으며(3:7) 6.어떻게 주의 것을 도적질하였으며(3:8) 7.어떻게 주를 대적하였는가(3:13)를 밝히고 있다. | | |

내용 분해

A) 이스라엘을 향한 하나님의 사랑(1:1-5)

B) 이스라엘에 대한 하나님의 진노(1:6-3:15)

C) 이스라엘을 향한 하나님의 약속(3:16-4:6)

_____ 성경이 해답이다

후기

# "성경을 입체적으로 봉독"하는
# 그리스도인의 자각과 사명

## 1. 세계에서 가장 우수한 민족, 세계에서 가장 한(恨)이 많은 민족

한국인은 세계에서 가장 뛰어난 민족이다. 세계인들의 IQ테스트에서 한국(IQ106)은 독일(IQ105) 중국(IQ103) 이스라엘 (IQ96)보다 우수한 민족임이 증명되었다. 그런데 한민족은 수많은 외침(外侵) 속에 살아왔다. 삼국시대, 고려시대, 조선시대 할 것 없이 끊임없는 주변 강대국들의 침략으로 역경을 견디며 살아왔다.

지정학적으로 흙 수저로 태어났기 때문이다. 지금도 세계 유일의 분단국으로 대륙세력과 해양세력의 경계선에서 중국과 일본 등 강대국의 야욕 속에 고통을 겪고 있다. 일본은 지금도 우리 땅 독도를 자기네 땅이라고 주장하며, 수단과 방법을 가리지 않고 남북 통일을 방해하고 있다.

중국은 동방공정 정책으로 한민족의 뿌리인 발해와 고구려의 역사를 지우며 북한의 땅을 정신적으로 경제적으로 침식하고 있다. 그런데 지정학적 흙 수저로 태어난 것은 변경할 수 없는 우리의 아픔이요 걸림돌이다.

오랜 고난을 겪는 사람들 중에는 스스로를 자학하고, 불행의식에 빠져 인간관계에서 원망과 미움과 조급함으로 아름다운 관계를 창조하지 못하는 경우가 많다.

한국인은 오랜 고난의 역사가 남북의 분단을 넘어, 남남 갈등으로 심화되어 가고 있다. 또한 부와 권력의 세습화와 교육의 편중화로 빈부의 격차가 갈수록 극심하여 지고 있다. 서로 간에 미움과 분노와 증오가 가슴에 자리 잡고 있다. 부와 권력을 가진 자는 더 이기적이고 집단적인 카르텔을 형성하여 기회를 독점함으로 기회 균등의 시스템이 무너졌다. 공정이 무너진 사회, 비판과 정죄만 있는 사회가 되었다. 그러나 우리 민족은 언제나 걸림돌을 디딤돌 삼아 세계사에 유래가 없을 정도로 최단 시간에 찬란한 발전을 이룩하여 왔다. 그런데 우리가 소망하는 분단 70년사의 종식도, 통일을 통한 한민족의 번영과 우리에게 주어진 선교의 사명도, 우리의 능력으로는 불가능하다. 성경 "신명기 28:1-14" 말씀에 해답이 있다.

## 2. 세계 각국에 흩어진 디아스포라

한민족은 침략을 당할 때마다 백성들은 착취당했고, 생존을 위해 디아스포라가 되었다[디아스포라(Diaspora)란 용어는 원래 유대인의 민족적 이산(離散) 상황을 뜻하는 용어이지만 오늘날에는 전쟁, 식민지화의 역사나 경험과 깊이 결부된 난민, 이민 상황을 가리키며 본래의 의미보다 넓은 맥락에서 사용되고 있다].

우리나라는 일제 36년간의 후유증으로 타의에 의해 세상에 흩어져 살고 있다[사할린, 연변, 북간도 등 세계 곳곳에 흩어져 있는 한인들] 또한 생존

_____ 성경이 해답이다

의 어려움 때문에 세계 곳곳에 부모 형제와 조국을 떠나 낯선 타국 땅에 살고 있다(디아스포라의 슬픔을 겪어보지 않은 사람은 모른다.).

한민족은 183국에 750만의 디아스포라들은 타의에 의해서 든, 생존을 위해서 든 창세기의 요셉처럼 '하나님의 특별한 섭리'(창 45:8)속에 한인교회에 소속되어 평신도 선교사 역할을 하며 "너희는 온 천하에 다니며 만민에게 복음을 전파하라"(막 16:15)는 사명을 감당하고 있다.

악한 형제들에 의해 디아스포라가 되었지만 고난이 가중될 때마다 한(恨)많은 요셉은 하나님의 약속에 의지하여 하나님께 더 가까이 나아가, 하나님의 축복으로 민족을 구원하는 위대한 인생을 살았던 것처럼 한민족은 지정학적 흙 수저로 태어나 한(恨)이 많은 민족이지만 우리도 요셉처럼 하나님께 더 가까이 나아가 하나님이 주시는 지혜와 능력을 힘입어 세계 선교에 큰 역할을 하고 있다

한국이 선교 2위국이다. 인구수와 비례한다면 세계1위의 선교대국이다. 선교의 사명을 감당해 온 한민족 위에 하나님의 특별한 축복이 있었고 앞으로도 지속될 것이다.


## 3. 성경은 한(恨)민족(民族)의 이야기다.

한민족(韓民族)은 지정학적 흙 수저로 태어나 수많은 외침에 시달려 가슴에 한(恨)이 맺힌 [한(恨)민족(民族)]이다. 남북 이산가족들에 만남의 현장을 볼 때면 너무나도 슬픈 한(恨)의 민족(民族)임을 목격하게 된다. 가족의 생이별보다 더 큰 아픔이 어디에 있겠는가? 외세에 의한 민족 상쟁과, 강대국에 의한 70년 분단사가 우리 민족의 가슴에 한(恨)으로 깊이 뿌리 박혀 있다. 어디 한민족(韓民族)에게만 국한된 이야기이겠는가?

성경은 연약한 가운데서 믿음으로 강하게 된 사람들의 이야기다(히 11:33-38).

건강이나 환경이나 가문이나 배움이나 재능이나 물질적으로 [태생적 흙 수저]로 태어나 불행과 실패의 악순환에 빠져 허우적거리는 연약한 사람들이 있다. 성실과 정직으로 부단한 노력 가운데 살아도 다람쥐 쳇바퀴 돌 듯 불행과 실패의 악순환을 벗어나지 못하여 절망하며 분통을 터뜨리는 사람들이 있다. 그러면 태생적 흙 수저로 태어난 사람들은 일생동안 불행한 삶만 살다가 죽는 것일까?

결코 아니다. 연약한 가운데서 강하게 된 사람들이 있다.

성경은 흙 수저로 태어났기에 연약한 가운데 있지만, [하나님의 말씀을 믿음으로](히 11:33-38) 하나님이 함께 하셔서 강하게 된 사람들의 이야기다.

고린도전서 1:26-29절에 "26.형제들아 너희를 부르심을 보라 육체를 따라 지혜로운 자가 많지 아니하며 능한 자가 많지 아니하며 문벌 좋은 자가 많지 아니하도다 27/… 하나님께서 세상의 미련한 것들을 택하사……세상의 약한 것들을 택하사 28.하나님께서 세상에 천한 것들과 멸시 받는 것들과 없는 것들을 택하사…"고 했다.

하나님은 미련하고, 약하고, 천하고, 멸시 받고, 가진 것 없는 흙 수저들을 택하여 하나님의 사랑과 지혜와 훈련으로 위대하게 만들어 하나님의 위대하심을 증명하셨다. 마치 명감독이 3류 선수를 택하여 사랑과 지혜와 훈련으로 승리케 하여 명감독임을 증명하듯이 말이다.

히브리서 11:33-38에 "그들은 [믿음으로]……연약한 가운데서 강하게 되기도 하며…… 이런 사람은 세상이 감당하지 못하느니라"고 했다. 연약한 가운데서 말씀이 [믿음으로] 강하게 되어 세상 사람들이 감당하지 못하는 위대한 인물들이 되었다. 그런데 롬 10:17절에 "믿음은…… 그리스도의 말

성경이 해답이다

씀으로 말미암았느니라"고 했다.

그리스도의 말씀인 "성경을 입체적으로 봉독"할 때 믿음이 생기고 그 [믿음으로] 구원을 받으며 그 [믿음으로] 연약한 가운데 강하게 되어 세상 사람들이 감당하지 못하는 위대한 인물들이 될 것이다.

## 4. 한국의 미래

한국의 놀라운 경제 성장과 민주주의 발전은 기독교인들의 믿음이 바탕이 되었다.

하나님의 은혜가 아니면 살 수 없는 나라임을 자각하고, 지금까지 하나님을 경외하고 말씀에 의지하여 산 각계 각층의 믿음의 사람들에 의해 한국이 한강의 기적을 이루었고 세계 12개국의 경제 성장의 발전과 민주주의 모범국이 되었다. 한국은 세계 선교역사와 인구수를 비교할 때 실질적으로 세계 선교 1위 국이며 세계 곳곳에 한인 디아스포라를 중심으로 선교에 새로운 역사를 쓰고 있다. 정치 경제 사회 교육 군사 등 모든 분야의 총체(總體)라 할 수 있고, 상상력과 창의력의 산물인 문화 예술은 세계 곳곳에서 한국인의 우수함을 증명하고 있다.

인간의 노동력을 배가 시켰던 제1차 산업혁명(기계혁명)에 이어 인간의 두뇌력을 배가 시킴으로써 인류의 삶에 큰 변화를 가져올 제2차 산업혁명(정보혁명)인 IT산업(information technology industry)은 한국이 세계를 선도하고 있다.

예수를 [주 예수 그리스도]로 믿으면 [하나님이 내 안에 성령으로 오셔서] 하나님의 지혜와 하나님의 사랑과 하나님의 능력으로 어떤 분야에서든 머리가 되고 꼬리가 되지 않게 하신다(신 28:1-14).

삼성을 세계적 기업으로 만든 이병철 회장은 천재 한 명이 10만명을 먹여 살린다고 말했는데 연약한 가운데 있는 [믿음의 사람] 요셉 한 명이 애굽 전체를 먹여 살렸다.

40년 동안 모진 훈련을 통해 [믿음의 사람]이 된 모세 한 명이 430년 동안 노예의 삶을 살던 이스라엘 백성들을 세계에 우뚝 선 민족으로 만들었다(신 28:1-14). 모세는 신명기 8:2-3절에 "2.네 하나님 여호와께서…… 3.너를 낮추시며 너를 주리게 하시며…… 만나를 네게 먹이신 것은 사람이 떡으로만 사는 것이 아니요 여호와의 입에서 나오는 모든 말씀으로 사는 줄을 네가 알게 하려 하심이니라"고 유언을 했다 "연약한 가운데 강하게 사는 비결은 성경말씀으로 살아야 한다"는 사실을 40년동안 각인 시켜 가나안을 정복했다. 인간의 힘도, 인간의 능력도, 인간의 지혜도 아니다. 하나님의 힘이요 하나님의 능력이요, 하나님의 지혜다. "하나님이 너와 함께 한다"는 말씀을 믿지 못해 자신을 메뚜기 같은 존재로 여겼을 때는(민13:25-33) 40년 동안 고난의 길을 갔지만, 하나님의 말씀을 믿고 순종했을 때(수 6:1-21) 여리고성을 무너뜨리고 가나안을 정복하고 풍성한 삶을 살게 되었다.

한 시대의 획을 긋는 위대한 인물들은 부모와 스승들의 "성실과 공의와 정직한 마음으로 주와 함께 주 앞에서 행하는"(왕상 3:6) 신앙의 삶을 보고 배운다.

야곱은 벧엘에서 하나님을 만났고(창 28:10-22) 삼촌 라반의 집에서(창30:1-31:55) 얍복강에서 하나님의 주권적 섭리를 체험(창 32:24-32)했다. 그는 기회 있을 때마다 자녀들에게 간증하고 하나님을 신뢰하는 삶을 살았다. 그 간증과 삶이 요셉을 애굽의 총리로 만들었다. 모세 어머니의 하나님을 경외하고 의지하는 신앙의 삶이 광야 40년 동안의 길고 긴 훈련의 터널을 통과하여 이스라엘 민족을 구원하는 모세를 만들었다.

삼위일체 하나님의 수많은 은혜를 체험한 우리들이 훌륭한 부모와 스승이 되어 하나님과 함께 하는 삶을 산다면 우리의 자녀와 제자들이 한 시대의 획을 긋는 요셉과 모세와 엘리야와 다니엘 같은 인물로 배출될 것이다.

모든 그리스도인은 북한 선교의 사명이 있다. 왜냐하면 우리는 북한 동포에게 복음에 빚진 자(롬 1:14)다. 다가올 통일을 위해 북한 선교를 철저히 준비해야 한다.

북한은 주님이 말씀하신 사마리아(행 1:8)다. 북한에 복음이 전해지고 실행될 때 예수님이 계획하시는 복음으로 남북이 통일되어 세계선교를 완성해 갈 것이다. 하나님께서 통일될 한국의 미래를 위해 탈북자들을 한국에 보내셨다. 탈북자들은 북한 선교의 모퉁이 돌(벧전 2:7)이 될 것이다. 꿈은 이루어진다. 그러나 이루어지지 않는 꿈은 무수히 많다. 하나님이 주신 비전은 하나님이 이루어 주신다. 비전을 가진 사람들은 끝까지 요동하지 않고 하나님께 간절히 기도하기 때문에 하나님이 이루어 주신다(요셉, 모세). 모든 그리스도인들은 "성경을 입체적으로 봉독"하여 각자에게 주어진 사명에서 열매 맺는 삶을 살아야 한다(15:1-8/딤후 2:1-7).

## 5. 바이블 미디어 세계 선교회(B. M. W. M)

성경은 수세기 동안 수많은 사람들에 의해 검증된 진리다. 믿음이란 "성경을 하나님의 말씀으로 믿고 앎"으로 시작되고 완성된다.

그러므로 "성경을 입체적으로 봉독"(봉독, 상고, 묵상, 암송, 하브루타, 성령일기 기록) 하도록 교육하고 훈련하는 것은 선교의 창의적 전략이다.

훈련된 제자들이 1)"성경을 입체적으로 봉독"하지 않는 그리스도인들과, 2) 하나님의 특별한 섭리 가운데 북한에서 조국의 품으로 인도된 사람들과,

3) 자의와 타의에 의해 세계 각국에 흩어진 디아스포라들에게 미디어를 통해 "성경을 입체적으로 봉독"하도록 섬기는 것은 사랑과 헌신의 실천이다.

특별히 빠르게 격변하는 21C에 청소년들을 요셉과 다니엘과 같은 영적 인재들로 육성하기 위해서는 "성경을 입체적으로 봉독"하도록 교육하고 훈련시켜야 한다. 사람들은 성장 과정과 개인의 성품과 주어진 재능과 은사가 다르고, 가치관과 성장 속도가 다르고, 개인마다 봄, 여름, 가을, 겨울이 다르다. 그러므로 하나님의 개개인을 향한 설계도와 기초공사를 외면하고, 모래 위에 집을 짓듯 신앙생활만을 추구하는 우를 범하지 말고 "성경을 입체적으로 봉독"하여 "성령님에 의한 참되고 거짓이 없는 가르침과 기름부음"(요일 2:27)을 받아야 한다.

독수리는 두 날개가 있어야 하늘에 왕자가 될 수 있는 것처럼 그리스도인은 신앙생활과 "성경을 입체적으로 봉독"을 병행할 때 권능(權能)의 삶을 살 수 있다.

"성경을 입체적으로 봉독"할 수 있도록 미디어를 통해 "나누고 섬기기" 위해 만든 "바이블 미디어 세계 선교회"에 동참을 원한다(Email: Powerful 0691 @ gmail.com).

5부

# 부록 1, 2, 3, 4

## 부록 1. 사복음서 연대기적 순서로 통합하여 봉독

처음에는 (*)표시된 부분만 반복하여 읽은 후 다음에 [#]와 비교하며 읽는다.

### 1) 예수님의 탄생 배경
- 눅 1:1-25 저자가 사실을 근원부터 살피고, 침례 요한의 출생을 예고
- 눅 1:26-38 가브리엘이 마리아에게 예수를 낳을 것을 미리 알림
- 눅 1:39-56 엘리사벳을 방문하여 불가능을 가능케 한 사실을 확인한 마리아 찬양
- 눅 1:57-80 하나님의 권능으로 사가랴가 받은 예언대로 침례 요한의 출생

### 2) 예수님의 탄생
- 눅 2:1-7=#[마 1:18-25]선지자(미가서 5:2)와 천사가 예언한대로 예수님이 탄생
- 눅 2:8-20 예수님의 탄생을 계시 받은 목자들이 아기 예수를 방문

- 눅 2:21-24 아기 예수의 정결 예식.
- 눅 2:25-38 주의 약속을 받은 시므온과 선지자 안나가 예수님을 찬양.
- 2:39-40=#[마 2:1-23] 헤롯을 피해 애굽으로 도피했다가 갈릴리 나사렛으로 옮김.
- 눅 2:41-50 예수님이 12살에 예루살렘 성전에 올라가심.
- 눅 2:51-52 예수님이 부모님께 순종하며 지혜와 키가 자람.

3) 하나님이신 예수
- 요 1:1-18 태초부터 계시고 말씀이신 하나님이 육신으로 세상에 오심을 말함.

4) 공생애 준비(침례와 시험을 받으심)
- 눅 3:1-20=#[요 1:19-34]=#[마 3:1-12]=[막 1:1-8]침례 요한이 예수님에 대해 증언.
- 눅 3:21-22=#[마 3:13-17]=[막 1:9-11] 예수님이 침례를 받으심.
- 눅 3:23-38=#[마 1:1-17] 예수님의 족보.
- 눅 4:1-13=#[마 4:1-11]=[막 1:12-13] 예수님이 광야에서 시험받으심.

5) 공생애 첫해(제자를 부르시고 첫 표적을 행하심)
- 요 1:35-51 네 제자를 부르심(안드레, 시몬, 빌립, 나다나엘).
- 요 2:1-12 물로 포도주를 만든 가나 표적(1)과 가버나움 방문.

6) 공생애 첫 유월절에 시작하신 첫 예루살렘 사역과 갈릴리 사역(제1년 4-12월)

- 요 2:13-17=[마 21:12-13]=[막 11:15-19]=[눅 19:45-46] 성전을 깨끗하게 하심.
- 요 2:18-25 예수님은 사람의 마음 속을 아시고 사람에게 의탁하지 않으심.
- 요 3:1-21 니고데모에게 거듭나야 함을 가르치심(꼭 상고하고 묵상하라).
- 요 3:22-36 예수님이 최초의 유대 전도와 침례 요한의 사역.
- 요 4:1-42 예수님이 유대를 떠나 갈릴리로 가실 때 사마리아에서 전도하심.
- 요 4:43-54=#[마 8:5-13] 갈릴리 전도와, 왕의 신하의 아들을 고치는 표적(2).

### 7) 공생애 둘째 해 갈릴리 사역 시작(제1년12월-제2년4월)

- 눅 4:14-15=[마 4:12-17]=[막 1:14-15] 갈릴리 여러 회당에서 가르치심.
- 눅 4:16-30=[마 13:53-58]=[막 6:1-6] 나사렛 회당에서 배척을 받으심.
- 눅 4:31-37=#[막1:21-28] 갈릴리에 오셔서 더러운 귀신 들린 사람을 고치심.
- 눅 4:38-41=#[마 8:14-17]=[막 1:29-34] 이사야의 예언대로 병자들을 다 고치심.
- 눅 4:42-44=#[막 1:35-39] 갈릴리 여러 회당에서 전도하심.
- 눅 5:1-11=#[마 4:18-22]=[막 1:16-20] 베드로의 만선의 기적과, 제자를 부르심.
- 눅 5:12-16=[마 8:1-4]=[막 1:40-45] 나병환자를 고치심.
- 눅 5:17-26=[마 9:2-8]=#[막 2:1-12] 중풍병자를 고치심.
- 눅 5:27-39=[마 9:9-17]=[막 2:13-22] 레위가 예수를 따름.

8) 여기부터 공생애 2년 시작(두번째 유월절 예루살렘 사역 제2년 4월)

• 요 5:1-47 유월절에 베데스다에서 38년된 병자를 고치는 표적(3).


9) 예루살렘에서 갈릴리로 다시 오셔서 갈릴리 사역

• 눅 6:1-5=#[마 12:1-8]=[막 2:23-28] 금식논쟁과 안식일 논쟁.

• 눅 6:6-11=[마 12:9-14]=[막 3:1-6] 손 마른 자 치유와 갈릴리에서 치유 사역.

• 눅 6:12-19=#[마 10:1-4]=[막 3:13-19] 열 두 제자를 임명하심.

• 눅 6:20-49=#[마 5:1-7:29] 갈릴리 북부지역 산에서 팔복과 산상 수훈.

• 눅 7:1-10=가버나움에서 전도하시면서 백부장의 하인을 고치심.

• 눅 7:11-17 나인에서 전도하시면서 과부의 아들을 살리심.

• 눅 7:18-35=#[마 11:2-19] 침례 요한의 질문에 대한 답변과 요한에 대해 설명.

• 마 11:20-30 회개치 않은 도시에 대한 심판과 무거운 짐 진 자들을 부르심.

• 눅 7:36-50 바리새인과 향유를 부은 여자.

• 눅 8:1-3 갈릴리 순회 전도.

• 눅 8:4-15=#[마 13:1-52]=[막 4:1-20]=씨 뿌리는 비유와 천국 비유.

• 눅 8:16-18=[막 4:21-25] 등불은 등경 위에.

• 눅 8:19-21=[마 12:46-50]=[막 3:31-35]예수님의 어머니와 동생들.

• 눅 8:22-25=[마 8:24-27]=[막 4:35-41]바람과 바다를 잠잠케 하심.

• 눅 8:26-56=#[막 5:1-43] 거라사 지역에서 사역 중 각종 질병을 치유.

성경이 해답이다

10) 이곳에 [눅 9-10장]과 [눅 11-12장]의 연대기적 순서가 바뀌어 있다.

- 눅 11:1-13 밤중에 찾아온 친구의 비유와 기도의 방법.
- 눅 11:14-36=#[마 12:22-50]=[막 3:20-30] 바알세불 논쟁과 예수님의 가족관.
- 눅 11:37-54=#[마 23:1-36]=[막 12:38-40] 바리새인과 율법교사.
- 눅 12:1-12=[마 10:26-33/12:32/10:19-20] 바리새인들의 외식을 주의 하라.
- 눅 12:13-48 한 부자의 비유와 염려에 대한 교훈과 지혜로운 청지기 비유.
- 눅 12:49-53=[마10:34-36] 분쟁을 일으키러 왔다.
- 눅 12:54-59=[마 5:25-26/16:2-3] 시대를 분별하고 화해하기를 힘쓰라.


11) 세번째 유월절에 여전히 갈릴리에서 사역(공 생애 3년 시작(제3년 4월 초순경)

- 막 6:1-6=나사렛에서 다시 배척 받으시며 갈릴리 순회 전도.
- 눅 9:1-6=#[마 10:5-42]=[막 6:7-13] 열 두 제자 파송.
- 눅 9:7-9=#[마 14:1-12]=[막 6:14-29] 침례 요한의 죽음.
- 눅 9:10-17=#[요 6:1-15]=#[마 14:13-21]=[막 6:30-44] 오천 명을 먹이신 표적(4).
- 막 6:45-56=#[요 6:16-21]=#[마 14:22-36] 물 위로 걸으신 표적(5).
- 막 7:1-30=#[마 15:1-31]손 씻는 전통 논쟁, 두로와 시돈에서, 수로보니게 딸 고침.
- 막 7:31-37 데가볼리 사역 귀먹거리와 벙어리를 고치심.
- 요 6:22-71 나는 생명의 떡이다. 나는…이다(1). 많은 제자들이 떠나 감.

12) 아직 갈릴리 북부 지역에서 사역하심(제3년 중간 시점)

- 막 8:1-10=[마 15:32-39] 사천 명을 먹이심.

- 막 8:11-21=#[마 16:1-12]표적을 구하는 자를 책망하시고 누룩에 대해 경계하심.

- 막 8:22-26 벳세다에서 맹인을 고치심.


13) 계속 갈릴리 북부 중심의 사역(제3년 초막절 10월 이전 9월경)

- 눅 9:18-27=#[마 16:13-28]=[막 8:27-9:1]베드로의 신앙고백과 죽음과 부활 예고.

- 눅 9:28-36=#[마 17:1-13]=[막 9:2-13] 예수님의 모습이 영광스럽게 변화되심.

- 눅 9:37-43=#[마 17:14-21]=#[막 9:14-29] 귀신들린 아이를 고치다.

- 눅 9:43-45=마 17:22-23=[막 9:30-32] 죽음과 부활을 다시 말씀하심.

- 마 17:24-27 납세에 대한 말씀.

- 눅 9:46-50=#[마 18:1-14]=[막 9:33-50] 천국에서 큰 사람.

- 마 18:15-35 용서에 대한 방법과 교훈.


14) 초막절에 유대지역으로(제3년 초막절(10월 12-19일)이 가까워 오는 때)

- 요 7:1-9 형제들의 불신을 받고, 초막절에 유대지역으로 이동하심

공생애 제2년 초엽 유월절에 베데스다 연못의 38년 된 병자를 고치시는 (요 5:1-47) 예루살렘 사역 이후, 여기까지 예수님은 약 1년 6개월 이상 갈릴리 사역을 해 오셨다. 갈릴리를 떠나 예루살렘을 향해 올라가시는데 앞으로 6 개월 간의 예수님 행로의 최종 방향은 예루살렘으로 가시는 것이다.

앞으로 읽을 복음서의 내용들은 십자가에 못박히시는 유월절(4월 16일 경)

까지의 6개월 간 일어난 일들이다. 이후 3개월은 예루살렘을 중심으로 왔다 갔다 하시고 3개월 동안은 베레아 지방에서 지내신다. 이제 갈릴리 사역은 끝이고 부활 후에 갈릴리에 가신다.

15) 예루살렘으로 올라가시는 도중에 하신 사역

- 눅 9:51-56 사마리아의 배척.
- 눅 9:57-62=[마 8:19-22] 나를 따르라.
- 눅 10:1-20=[마 11:20-24] 70인 전도단을 교육시키셔서 베레아 지방에 파송하심.
- 눅 10:21-24=[마 11:25-27]예수님의 감사 기도.
- 요 7:10-52 형제들의 불신과 초막 절 중간 즈음 예루살렘 성전에서 설교.
- 요 8:1-11 간음한 여인을 용서.
- 요 8:12-59 나는 세상의 빛이다. 나는……이다(2).
- 눅 10:25-42 선한 사마리아인 비유와 마르다와 마리아의 집에 유하심
- 요 9:1-41 맹인을 고치신 표적(6).
- 요 10:1-6 나는 양의 문이다. 나는…이다(3).
- 요 10:7-21 나는 선한 목자다 나는…이다(4).
- 요 10:22-42=[마 19:1-2]=[막 10:1] 수전절에 요단강 건너편으로 가심.
- 요 11:1-44 나사로를 살리시는 표적(7) 나는 부활이요 생명이다. 나는 …이다(5).
- 요 11:45-57 예수님을 죽이려 모의함으로 에브라임으로 가심.

16) 베레아 사역

- 눅 13:1-9 회개하지 않으면 망하리라. 열매 맺지 못하는 무화과 나무 비유.
- 눅 13:10-17 십팔 년 동안 불구인 여인을 고치심과 구원받은 자에 대한 비유.
- 눅 13:18-21=[마 13:31-33]=[막 4:30-32] 겨자씨와 누룩 비유.
- 눅 13:22-30=[마 7:13-14/마 7:21-23] 좁은 문 비유.
- 눅 13:31-35=[마 23:37-39] 예루살렘에 대한 예언.
- 눅 14:1-14 바리새인과 식사, 수종병을 고침, 상좌에 앉은 자에 대한 비유.
- 눅 14:15-24=[마 22:1-10] 큰 잔치의 비유.
- 눅 14:25-35=[마 5:13]=[막 9:50] 제자가 되는 길.
- 눅 15:1-7=[마 18:12-14] 잃은 양의 비유.
- 눅 15:8-32 잃은 은전의 비유와 잃은 아들의 비유.
- 눅 16:1-31 불의한 청지기의 비유와 부자와 나사로의 비유.
- 눅 17:1-10=[마 18:6-7/21:22]=[막 9:42] 인내, 겸손, 믿음에 대한 말씀.
- 눅 17:11-19 열 문둥병자의 치유.
- 눅 17:20-37=#[마 24:23-28, 37-41] 재난의 징조와 재림에 대한 말씀.
- 눅 18:1-14 굽힐 줄 모르는 과부의 비유와 바리새인과 세리의 비유.
- 마 19:1-12=#[막 10:1-12] 이혼에 대한 말씀.
- 눅 18:15-17=#[마 19:13-15]=#[막 10:13-16] 어린 아이들을 축복.
- 눅 18:18-30=#[마 19:16-30]=#[막 10:17-31] 부자 청년에 대한 말씀.
- 마 20:1-16 포도원 일꾼에 대한 비유.
- 눅 18:31-34=[마 20:17-19]=[막 10:32-34]=죽음과 부활을 세 번째로 말씀.

성경이 해답이다

## 17) 베레아에서 예루살렘으로 들어오는 길에 하신 사역

- 마 20:20-28=#[막 10:35-45]한 어머니의 요구.

- 눅 18:35-43=마 20:29-34=#[막 10:46-52] 맹인을 고치심.

- 눅 19:1-10 삭개오와의 만남.

- 눅 19:11-27=#[마 25:14-30]= 열 므나와 달란트 비유.

- 요 12:1-8=마26:6-13=#[막 14:3-9] 예수님께 향유를 부은 베다니의 마리아.

- 요 12:9-11 나사로까지 죽이려고 모의함.


## 18) 마지막 일 주일 간

일요일(처음에는 (*)표시만 읽고 나중에 #[ ]와 꼭 비교하며 읽을 것)

- 눅 19:28-44=#[요 12:12-19]=#[마 21:1-11]=[막 11:1-11] 예루살렘 입성.


월요일(처음에는 (*)표시만 읽고 나중에 #[ ]와 비교하며 읽을 것)

- 눅 19:45-46=[마 21:12-17]=#[막 11:15-19] 성전을 깨끗하게 하심.

- 마 21:18-22=[막 11:12-14/20-25] 무화과 나무를 저주하심.


화요일(처음에는 (*)표시만 읽고 나중에 #[ ]와 비교하며 읽을 것)

- 눅 20:1-8=[마 21:23-32]=[막 11:27-33] 권위에 대한 질문과 두 아들의 비유.

- 눅 20:9-18=#[마 21:33-46]=[막 12:1-12] 포도원 농부의 비유.

- 마 22:1-14 혼인 잔치 비유.

- 눅 20:19-26=[마 22:15-22]=[막 12:13-17] 세금에 대한 질문과 답.

- 눅 20:27-40=[마 22:23-33]=[막 12:18-27] 부활에 대한 논쟁.

- 마22:34-40=[막 12:28-34] 가장 큰 계명.

- 눅 20:41-44=[마 22:41-46]=[막 12:35-37] 그리스도와 다윗의 자손.

- 눅 20:45-47=#[마 23:1-39]=[막 12:38-40] 바리새인의 위선을 질책.

- 눅 21:1-4=[막 12:41-44] 가난한 과부의 헌금.

- 요 12:20-50 이방인들의 질문과 불신에 대한 마지막 날과 심판.

- 눅 21:5-38=#[마 24:1-51]=#[막 13:1-37] 종말 설교 대환난의 징조와 미래의 일들.

- 마 25:1-46 종말 설교 열 처녀, 달란트 비유, 심판날에 대한 말씀.

- 눅 22:1-6=[마 26:1-5/14-16] 유대인과 가룟 유다의 음모.


수요일(예수님의 이 날 행적을 기록하고 있지 않기에 Silent Wednesday라고 불림)

예수님의 행적은 기록되어 있지 않지만 매일 성전에서 가르치시는 일과 정리하는 시간을 가지셨다. 반면 가룟 유다와 지도자들은 예수를 죽이기 위한 음모를 꾸민다.

- 눅 22:3-6/마 26:14-16/막 14:10-11


목요일(처음에는 (*)표시만 읽고 나중에 #[ ]와 비교하며 읽을 것)

- 눅 22:7-13=#[마 26:17-30]=[막 14:12-26]유월절 준비.

- 눅 22:14-23=#[마 26:26-30]=[막 14:22-26] 마지막 만찬.

- 눅 22:24-38=#[마 26:31-35]=[막 14:27-31]베드로가 세 번 부인할 것을 예언.

- 눅 22:39-46=#[마 26:36-46]=[막 14:32-42]감람산에서 기도하시다.

- 요 13:1-38 제자들의 발을 씻으시고, 유다의 배반, 새 계명, 베드로의 부인을 예언.


_____ 성경이 해답이다

- 요 14:1-31 제자들을 위로하시고 내가 길이요 진리요 생명이라 말씀하신다.
- 요 15:1-27 포도나무와 포도나무가지의 비유를 통해 세종류의 관계에 대해 말씀.
- 요 16:1-33 성령의 중요성과 성령의 사역에 대해 구체적으로 말씀하신다.
- 요 17:1-26 예수님이 자신과 제자들과 믿는 자들을 위해 중보 기도하심.

금요일(처음에는 (*)표시만 읽고 나중에 #[ ]와 비교하며 읽을 것)
- 눅 22:47-53=#[요 18:1-11]=#[마 26:47-53]=[막 14:43-50] 잡히시다.
- 눅 22:54-62=#[요 18:12-18/25-27]=#[마 26:57-58]=[막 14:53]베드로의 부인.
- 눅 22:63-65=#[마 26:67-68]=[막 14:65] 예수님을 희롱하고 때리다.
- 눅 22:66-71=#[요 18:19-24]=#[마 26:59-66]=[막 14:55-64] 공회 앞에 서시다.
- 눅 23:1-7=#[요 18:28-38]=[마 27:1-2/11-14]=[막 15:1-5] 빌라도가 예수께 묻다.
- 눅 23:8-12 헤롯 앞에 서신 예수.
- 눅 23:13-25=#[요 18:39-19:16]=#[마 27:15-26]=[막 15:6-15] 예수를 넘기다.
- 눅 23:26-43=#[요 19:17-27]=#[마 27:32-44]=[막 15:21-32] 십자가에 못 박히시다.
- 눅 23:44-49=#[요 19:28-30]=#[마 27:45-56]=[막 15:33-41] 예수님이

숨지시다.

- 요 19:31-37 창으로 옆구리를 찌름.
- 눅 23:50-56=#[요 19:38-42]=#[마 27:57-61]=[막 15:42-47] 요셉에 무덤에 묻힘.

토요일: 마 27:62-66 경비병이 무덤을 지킴


부활 주일(처음에는(*)표시만 읽고 나중에 #[ ]와 비교하며 읽을 것)

- 눅 24:1-12=#[요 20:1-10]=#[마 28:1-15]=#[막 16:1-8] 부활을 확인하는 사람들.
- 요 20:11-18=#[막 16:9-11] 막달라 마리아에게 나타나시다.
- 눅 24:13-35=#[막 16:12-13] 엠마오로 가는 제자에게 나타나신 예수님.
- 눅 24:36-49=#[요 20:19-23]=#[마 28:16-20]=#[막 16:14-18]=열한 제자에게 나타나심.
- 요 20:24-31 도마의 의심과 성경을 기록한 목적.
- 요 21:1-25 갈릴리 호수에서 너희가 나를 사랑하느냐 제자들에게 물으시다.
- 눅 24:50-53=#[막 16:19-20] 하늘로 승천하심.

**A) 사무엘 서를 축으로 역대상을 읽어라 [역대상]은 [사무엘상·하]의 보조서이다.**

1. 삼상 8-15장=대상 10:1-14=#사울 왕(1050년-1010년 집권)

   삼상 31:1-13=대상 10:1-14/사울 왕과 요나단이 죽다.

2. 삼상 16장-삼하 24장=대상 10:15-29장/#다윗 왕(1010년-970년 집권)

   1) 삼하 3:2-5=대상 3:1-4/다윗의 아들들

   2) 삼하 5:1-5=대상 11:1-3/다윗이 온 이스라엘의 왕이 되다.

   3) 삼하 5:6-16=대상 11:4-9, 14:1-2/다윗이 시온을 빼앗아 성을 쌓음

   4) 삼하 5:17-25=대상 14:8-17/다윗이 블레셋을 쳐서 이기다.

   5) 삼하 6:1-23=대상 13:1-14/대상 15:25-16:6/하나님의 궤를 다윗 성으로 옮김

   6) 삼하 7:1-17=대상 17:1-15/다윗과 다윗 왕국에 대한 하나님의 약속

   7) 삼하 7:18-29=대상 17:16-27/다윗의 감사 기도

   8) 삼하 8:1-18=대상 18:1-17/다윗의 승전 기록

   9) 삼하 10:1-19=대상 19:1-19/다윗이 암몬과 아람을 치다.

   10) 삼하 12:26-31=대상 20:1-3/다윗이 랍바를 함락 시킨다.

   11) 삼하 21:15-22=대상 20:4-8/블레셋의 거인들을 죽인 다윗의 용사들

   12) 삼하 24:1-25=대상 21:1-27/인구 조사

**B) 열왕기상·하를 축으로 하여 역대 하를 읽어라**

[역대하]는 분열 왕국 시대의 (남)유다 만을 다룬 [열왕기상·하]의 보조서이다.

3. 왕상 1-11장=대하 1장-9장. #솔로몬 왕(970년-930년 집권)

  1) 왕상 3:1-15=대하 1:3-12=솔로몬이 하나님께 지혜를 구하다.

  2) 왕상 5:1-18=대하 2:1-18=솔로몬이 성전건축을 준비하다.

  3) 왕상 6:14-38=대하 3:8-14=성전 건축 시작과 성전 내부 장식.

  4) 왕상 7:13-22=대하 3:15-17=놋쇠 대장장이 하람과 두 놋기둥.

  5) 왕상 7:23-51=대하 4:1-5:1=성전 안에 있는 물건들.

  6) 왕상 8:1-9=대하 5:2-6:2=언약궤를 성전으로 옮기다.

  7) 왕상 8:12-21=대하 6:3-11=솔로몬의 축복

  8) 왕상 8:22-53=대하 6:12-42=솔로몬의 기도

  9) 왕상 8:62-66=대하 7:1-10=성전 낙성식

  10) 왕상 9:1-9=대하 7:11-22=여호와께서 다시 솔로몬에게 나타나시다.

  11) 왕상 9:10-28=대하 8:1-18=솔로몬과 히람의 거래와 솔로몬의 업적

  12) 왕상 10:1-13=대하 9:1-12=스바 여왕이 솔로몬을 찾아오다.

  13) 왕상 10:14-29=대하 9:13-29=솔로몬의 재산과 지혜

  14) 왕상 11:41-43=대하 9:29-31=솔로몬이 죽다.

4. 왕상12장-16장=대하10장-16장 (남)유다와 (북)이스라엘로 BC 931년에 분열됨

  1) 왕상 12:1-20=대하 10:1-19=북쪽 지파들의 배반.

  2) 왕상 12:21-24=대하 11:1-4=스마야가 여호와의 말씀을 전하다.

5. (북)이스라엘 왕(A.B.C로 표시)과 (남)유다 왕(1. 2. 3으로 표시)과 선지서를 통합

  A. 왕상 11:26-14:20 (북)여로보암(930-910년)

    1) 왕상 14:21-31 (남)르호보암(930-913년)=대하 11:5-12:16.

    2) 왕상 15:1-8 (남)아비얌(아비야)(913-910년)=대하 13:1-14:1

성경이 해답이다

3) 왕상 15:9-24(남)아사(910-869년)=대하 14:2-16:14

B. 왕상 15:25-31 (북)나답(910-909년)

C. 왕상 15:32-16:7 (북)바아사(909-886년)

D. 왕상 16:8-14 (북)엘라(886-885년)

E. 왕상 16:15-16 (북)시므리(885년)

F. 왕상 16:17-28 (북)오므리(885-874)

G. 왕상 16:29-22:40 (북)아합(874-853년)

4) 왕상 22:41-50 (남)여호사밧(872-847년)=대하 17:1-20:37

H. 왕상 22:51-왕하 1:18 (북)아하시야(853-852년)

I. 왕하3:1-3 (북)요람(여호람)(852-841년)　　　#오바댜를 봉독

5) 왕하8:16-24(남)여호람(요람)((853-841년)=대하21:1-20

#요엘을 봉독

6) 왕하 8:25-29 (남)아하시야(여호아하스)(841년)=대하 22:1-6

J. 왕하 9:1-10:36 (북)예후(841-814년)

7) 왕하 11:1-20 (남)아달랴(841-835년)=대하 22:10-23:15

8) 왕하 12:1-21 (남)요아스(여호아스)(835-796년)=대하 24:1-16.

K. 왕하 13:1-9 (북)여호아하스(814-798년)

L. 왕하 13:10-13:25 (북)여호아하스(요아스)(798-782년)

9) 왕하 14:1-22(남)아마샤(796-767년)=대하25:1-24

M. 왕하 14:23-29 (북)여로보암2세(793-753년)

#요나/아모스/호세아

10) 왕하 15:1-7(남)아사랴(웃시야)(791-739년)=대하 26:1-23

N. 왕하 15:8-12 (북)스가랴(753-752년)

O. 왕하 15:13-15 (북)살룸(752년)

P. 왕하 15:14-22 (북)므나헴(752-742년)

Q. 왕하 15:23-26 (북)브가히야(742-740년)

R. 왕하 15:27-31 (북)베가(740-732)

11) 왕하 15:32-39(남)요담(750-731년)=대하 27:1-9

12) 왕하 16:1-20(남)아하스(735-716년)=대하 28:1-27

S. 왕하 17:1-6 (북)호세아(732-722년)      이사야 1-35장/미가서 봉독

T. 왕하 17:7-41(북)이스라엘 멸망-사마리아 함락(722년)

13) 왕하 18:1-20:21(남)히스기야(728-687년)=대하 29:1-32:33

#이사야 36-66장 봉독

14) 왕하 21:1-18(남)므낫세(697-642년)=대 하33:1-20

15) 왕하 21:19-26(남)아몬(642-640년)=대하 33:21-25

16) 왕하 22:1-23:30(남)요시야(640-609년)=대하 34:1-36:1

#나훔서를 봉독

17) 왕하 23:31-34(남)여호아하스(살룸)(609년)=대하 36:2-4.

#스바냐/예레미야 1-34장

18) 왕하23:35-24:7(남)여호야김 (엘리야김)(609년)=대하 36:5-8 #예레

미야35-52장

19) 왕하24:8-17(남)여호야긴(여고니야)(598년)=대하 36:9-10

20) 왕하 24:18-25:7(남)시드기야(맛다니야)(597-586년)=대하 36:11-21

21) 왕하 25:8-30 (남)유다 멸망-예루살렘 함락(B.C.586년)

(예레미야서 자체가 연대순으로 기록되지 않아 역사서인 왕하와 맞추다 보니 복

잡함)

11) 하박국을 읽고 예레미야 애가를 읽는다.

12) 다니엘 → 에스겔 → 에스라 → 학개 → 스가랴 → 에스더 → 느

헤미야 → 말라기를 읽는다.

1. 포로 이전 선지자 기록 순서: 오바댜(남), 요엘(남), 요나(북), 아모스(북), 호세아(북), 이사야(남), 미가(남), 나훔(남), 하박국(남), 스바냐(남), 예레미야(남)

2. 포로 중 선지자: 다니엘, 에스겔   3.포로 이후의 선지자: 학개 스가랴 말라기

# 부록 3. 묵상하며 암송할 성구 1,000구절

성구 120구절을 암송할 때, 주제별 순서(예:1. 성경 말씀-2.하나님……> 11.제자와 선교-12.지혜와 심판)를 숙지하라. 주제별 순서가 신앙 과정과 단계를 함축한 것이다. 밑줄 친 초급 60절(@표시)과 중급 60절(#표시)는 카드에 기록하여 매주 1-7개씩 암송한다. 암송하기 위해 암송하지 말고, 주제별 성구를 상고하고 묵상하고 하브루타 하면서 성구를 암송하고 성령의 일기를 기록하라. 암송이 안 되면 암송하지 말고, 암송할 말씀을 매일 반복하여 쓰면서 상고하고 묵상하고 하브루타하면서 성령의 일기를 기록하라.

묵상할 주제별 성구1000절(*표시)은 노트에 필사(筆寫)한 후 상고하고 묵상하면서 하브루타 하면 신앙 생활에 커다란 유익을 얻게 될 것이다.

## 1.성경 말씀

@벧후 1:21. @사 34:16. @벧전 1:23. @딤후 3:16-17 @요 5:39 #마 4:4. #신 8:3. #요 20:31. #히 4:12. #롬 10:17. *민 23:19 *수 1:7-9 *시 1:1-3 *시 18:30 *시 119:105 *시 119:147-148 *잠 25:11 *사 40:8 *암 8:11 *마 24:35 *눅 1:36-38 *요 1:1-3 *요 1:14 *요 20:30-31 *행 17:11 *히 1:1-3 *히 4:12-13 *벧전 1:23-25 *벧후 1:20-21 *계 1:3 *시 19:7-14.

## 2. 하나님

@창 1:1.@요 3:16. @삼상 2:6-7.@역상 29:12 @시 127:1. #요 4:24 #민 23:19 #롬 11:33. #창 1:26-28. #딤전 6:15-16 *창 1:1-2 *출 20:5-6 *신 6:4-5 *수 1:9 *시 18:1-6 *시 27:1-3 *시 46:1-3 *시 62:1-2 *시 62:11-12 *잠16:9 W*사 45:5-7 *사 55:6-9 *마2 2:32 *요 1:14 *요 1:18 *요 4:23-24 *고전1:25-

29 *고후 1:3-4 *약 1:19 *요일 4:4 *시 23:1-6 *시 103:1-7 *시 103:8-14


### 3.사단과 죄

@요 13:2. @벧전 5:8. @롬 3:23. @요 10:10. @롬 6:23. #요 16:9. #엡 6:12. #요일 1:9 #엡 1:7. #고후 5:21

사단  *사 14:12-14 *고후 4:4 *고후 11:3 *눅 13:16 *행 10:38 *눅 8:12 *계 20:2 *마 12:43-45 *눅 22:31-32 *창 3:1-6

죄  *롬3:10-12 *롬 3:20-24 *롬 5:12 *롬 5:18-20 *롬 6:10-13 *롬 14:23 *약 1:14-15 *골 1:13-14 *사 59:1-2

회개  *시 7:11-12 *사 1:18 *호 6:1-3 *욜 2:12-14 *눅 15:7 *눅 15:11-24 *고후 7:10-11 *벧후 3:8-9 *계 3:18-20

죄사함  *시 103:8-14 *사 1:18-20 *롬 8:1-2 *골 1:13-14 *요일 1:7-10

중생  *요 3:1-8 *롬 6:4 *고후 5:17 *엡 4:22-24 *벧전 1:23


### 4.예수님

@창 3:15 @사 7:14. @사 9:6. @요 14:6 @롬 4:25. #사 53:5. #사 53:6. #요 15:5 #요 1:14. #요 1:18. *마 1:21-23 *요 1:1-3 *요 3:16-17 *요일 5:12 *히 13:8 *시 68:19 *사 53:1-7 *요 1:29 *요 6:35 *요 8:12 *요 10:9 *요 10:14-15 *롬 4:25 *고후 4:7-11 *골 1:16-17 *딤전 2:5 *히 1:1-3 *요일 5:9 *계 22:13


### 5.믿음과 구원

@행 16:31. @행 4:12 @롬 10:9-10. @갈 2:16 @요 5:24. #롬 5:1. #롬 3:28. #요일 5:4-5. #약 5:15. *딛 3:5-7 *히 11:1-3 *롬 3:20-24 *마 6:24-34

믿음 *창 15:6 *잠 1:7 *마 10:32-33 *막 11:22-24 *요 20:28-29 *롬 1:16-17 *롬 5:1-2 *롬 10:17 *히 10:38 *히 11:6 *약 1:5-8 *약 1:27 *약 2:26 *약 5:13-18 *벧전 1:8-9 *요일 5:4-5

구원 *시 121:1-8 *막 8:35-37 *막 13:9-13 *막 16:15-20 *요 1:12-13 *요 6:44 *행 4:12 *행 16:31 *롬 10:13 *롬 10:17*딤전 2:4 *벧전 1:18-19 *계 3:20 *히 7:24-28


## 6.성령님

@요 16:7. @요 14:26. @요 16:13. @눅 24:49. @행 2:17. #행 10:38. #롬 8:11. #롬 8:26. #행 1:8. #엡 5:18. *요 14:12-17 *롬 8:13-16. *고전 2:9-12 *갈 5:22-26 *눅 4:18-19 *요 14:16-17 *요 15:26 *요 16:7-14 *행 2:16-18 *슥 4:6 *롬 8:13-16 *고전 12:3-13 *갈 5:16-18 *엡 4:30 *엡 5:15-18


## 7.성도의 신분과 삶

@창 2:7 @사 43:1. @벧전 2:9. @고후 5:17 @갈 2:20. #고전 3:16 #롬 8:16. #빌 3:20 #히 1:14 #창 1:26-28 *시 116:15 *엡 1:3-14 *딤후 2:3-6 *딤후 2:15 *딤후 2:20-21 *벧전 2:9-10 *요일 2:15-17 *요 1:12-13. *엡 2:1-10*롬 8:31-39 *딤전 6:6-10

가정 *창 2:20-25 *시 127:1-3 *엡 5:22-25 *엡 6:1-4 *골 3:18-21 *벧전 3:1-7

감사 *시 50:23 *시 100:1-5 *시 136:1-26 *시 139:1-24 *합 3:16-19 *엡 5:15-21 *골 2:6-7 *살전 5:16-22 *딤전 6:6-10 *히 13:15

교제 *시 133:1 *마 18:19-20 *히 10:24-25 요일 1:1-4

교훈  *잠 27:1-2 *고전 10:31-33 *고전 14:20 *골 3:23-24 *살전 5:1-10 * 딤전 6:10

기쁨  *합 3:17-19 *살전 5:16-22 *빌 4:4

능력  *대하 16:9 *사 40:27-31 *막 9:23 *롬 8:31-39 *고후 12:8-10 *빌 4:13 *딤후 1:7

두려워말라  *수 1:5-9 *삼상 17:45 *시 56:10-11 *잠 29:25 *사 41:10 *사 43:1-3 *요 14:27

봉사(충성)  *말 3:8-12 *눅 6:38 *눅 16:10-13 *요 12:24 *고전 4:1-2 *고후 9:6-8 *벧전 4:10-11 *계 2:10-11

성결  *레 19:1-2 *레 20:26 *고전 3:16-17 *고전 6:18-20 *히 12:14 *약 4:7-8 *벧전 1:13-17 *요일 3:3-10

삶  *전 4:9-12 *전 9:9-11 *마 5:3-10 *요 15:1-8 *롬 8:28 *롬 12:1-2 *롬 12:9-21 *롬 13:11-14 *고전 9:23-27 *갈 2:20 *엡 4:26-32 *딤후 3:1-5 *히 10:23-25 *약 1:27

소망  *시 42:11 *시62:5-6 *시 107:8-20 *시 121:1-8 *시 146:1-5 *겔 37:1-12 *롬 5:5 *롬 8:24-25 *엡 1:17-19 *빌 1:6 *빌 2:12-14 *살전 1:3 * 딤전 6:17-18

순종  *삼상 15:22-23 *막 8:35-38 *요 3:38 *롬 5:18-19 *히 5:8-9 *벧전 1:22-23

부활  *요 11:24-26 *롬 6:5 *롬 6:10-11 *고전 15:12-26 *고전 15:20 *고전 15:50-58

세례  *마 3:16-17 *고전 10:2 *고전 11:23-29

약속  *말 3:10 *고후 1:20 *빌 4:19 *히 13:5 *약 2:5 *계 3:5-6

어린이  *마 18:1-6 *막 10:13-16 *눅 2:40 *눅 2:52

염려 *마6:25-34 *빌4:6-7 *벧전5:7

영과 육 *시42:1 *마5:27-28 *롬8:5-8 *롬13:11-14 *고후10:3-5 *엡4:26-
27 *벧전2:11 *요일2:15-17

영 생 *요3:16-17 *요4:13-14 *요5:24 *요10:28-29 *요12:24-25 *요일5:12

의지 *시37:4-6 *시56:10-11 *잠3:5-7 *잠16:1-3 *마11:28-30 *벧전5:6-7

은혜 *롬8:31-39 *고전12:4-7 *고전15:10 *고후6:2 *엡2:8-9 *딤후1:9 *
히4:15-16 *약1:16-17 *약4:5-6

청년 *시110:3 *시119:9 *전11:9 *전12:1-2


## 8.교회와 사랑

@마 16:17 @엡 1:22-23 @롬 5:8. @롬 13:8. @롬 13:10. #엡 3:10-11 #
요일 4:16. #요일 4:20. #요일 3:18. #벧전 4:8

교회 *마16:13-19 *고전3:16-17 *엡1:22-23 *엡3:8-11 *골1:24

사랑 *시91:14-15 *아8:6-7 *요13:34-35 *롬8:35-39 *롬13:8-10 *요일
4:7-11 *요일4:7-10 *마22:37-40 *고전13:1-7


## 9.시험과 고난

@마 26:41. @약 1:2-4. @시 119:67 @히 12:11 @히 2:18. #히 4:15-16. #
시 119:71. #고전 10:13. #롬 8:17-18. #욥 23:10.

시험 *애 3:33 *히 2:18 *히 4:15-16 *약 1:2-4 *약 1:12-15

고난 *욥 1:20-22 *욥 23:8-10 *시 50:14-15 *요 16:33 *롬 5:3-4 *롬 8:17
*히 11:24-26 *벧전 1:3-7 *벧전 2:18-25 *벧전 4:12-14 *벧전 4:19 *
벧전 5:8-10 *고후 4:16-18

## 10.기도

@요 15:7. @렘 33:2-3. @요 14:13. @시 50:15. @마 21:22. #약 4:3. #요일 5:14 -15. #삼상 15:29. #엡 3:20. #삼상 12:23. *시 81: 10-12. *마 7:7-12 *렘 29:11-13 *출 32:32 *시 145:18 *잠 30:7-9 *마 18:18-20 *마 21:22 *막 1:35 *눅 6:12 *눅 18:1-8 *눅 22:39-46 *롬 8:34 *히 5:7 *빌 4:4-7 *골 4:2 *약 1:5-8 *약 4:2-3 *약 5:13-16 *요일 3:21-24

인내 *롬 5:3-4 *히 10:36 *약 1:2-4 *약 5:11

축복 *민 6:24-27 *신 10:14-15 *신 33:29 *고후 8:9 *고후 13:13 *요삼 1:2

치유 *시 39:13 *시 41:3 *말 4:2 *막 16:17-20 *약 5:13-16

평안 *시 119:165 *사 26:3 *렘 29:11 *요 14:27 *요 16:33 *롬 8:5-6 *엡 4:1-3


## 11.제자와 선교

@눅 9:23. @벧전 5:6-7 @마 28:19. @28:20. @고전 9:16. #딤전 2:4. #막 16:15. #단 12:3. #딤후 4:1. #딤후 4:2.

제자 *마 4:19-20 *마 9:35-38 *막 8:34-38 *요 12:26 *골 1:28-29 *딤 전 4:12-13 . *딤후 2:1-7 *막 10:43-45 *살전 5:16-22 *고전 9:24-27

선교(전도) *전 3:1-8 *전 3:11 *마 28:18-20 *막 16:1-18 *행 1:6-8 *롬 1:16-17 *롬 10:13-15 *고전 2:4-5 *고전 2:4-5 *고전 9:16 *딤 전 2:4 *딤후 4:1-2

제자의 고백 *행 20:24 *고전 4:10-13 *고후 4:7-11 *고후 11:22-27 *고후 12:7-10

영적싸움 *엡 6:10-20 *약 4:7-8 *벧전 2:11 *벧전 5:6-11

## 12.지혜와 심판

@잠 9:10.@약 1:17. @약 1:5. @잠 4:7-9. @히 9:27. #계 20:12. #살후 1:8. #살후 1:9. #고후 5:9-10. #딤후 4:7-8.

지혜 *잠 9:10 *잠 3:13-18 *전 9:1-12 *열상 3:4-15 *마 6:19-34 *약 3:13-18

심판 *롬 12:19-21 *고후 5:9-10 *살후 1:8-9 *딤후 4:1-2 *히 9:27 *계 20:1-13

장례 *살전 4:13-18 *딤전 6:7-8

재림 *요 14:1-3 *계 22:12-13 *계 22:20-21

상급 *대하 15:7 *사 40:10 *딤후 4:7-8

천국 *마 5:20 *마 7:21 *마 13:44 *딤후 4:18


## 책 별 성구 암송 실례(요한 복음과 로마서)

주제별 1000구절의 성구를 상고하고 묵상하고 하브루타하며 암송한 사람은 책 별 성구를 암송할 때 우선적으로 요한 복음과 로마서부터 암송한 후 다른 책 별 성구를 암송하라


요한복음  *요 1:1-2 *요 1:12-14 *요 1:17-18 *요 3:1-15 *요 3:16-18 *요 3:34 *요 3:35-36 *요 4:24 *요 5:24 *요 5:39 *요 6:29 *요 6:35 *요 6:40 *요 6:44 *요 6:63 *요 6:67-69 *요 8:12 *요 8:29 *요 8:31-32 *요 8:38 *요 8:44 *요 8:47 *요 8:56 *요 10:10 *요 10:17-18 *요 10:30 *요 11:25-27 *요 11:40 *요 12:24 *요 12:44-45 *요 13:1-2 *요 13:20 *요 13:34-35 *요 14:6 *요 14:8-11 *요 14:12-14 *요 14:16 *요 14:21 *14:26-27 *요 15:5 *요 15:7-8 *요 15:12 *요 15:16 *요 15:26-27 *요 16:7 *요 16:8-11 *요 16:13-14 *요 16:24

성경이 해답이다

*요 16:33 *요 17:3 *요 17:17-26*요 20:23 *요 20:28 *요 20:31


로마서  *롬 1:3-4 *롬 1:16-17 *롬 1:18-32 *롬 2:4 *롬 2:6-8 *롬 2:9-10 * 롬2:13 *롬 2:28-29 *롬 3:10-12 *롬 3:20-22 *롬 3:23-24 *롬 3:25-26 *롬 3:28  *롬 4:17 -24 *롬 4:25 *롬 5:1 *롬 5:5-6 *롬 5:8 *롬 5:12-16 *롬 5:17-18 *롬 5:19 *롬 5:20-21 *롬 6:5 *롬 6:6-7 *롬 6:10-11 *롬 6:12-13 *롬 6:16 *롬 6:23 *롬 7:5-6 *롬 7:15 *롬 7:17-18 *롬 7:19-20 *롬 7:21-23 *롬 7:24-25 *롬8 :1-2 *롬 8:5-7 *롬 8:8-9 *롬 8:11 *롬 8:13-14 *롬 8:15 *롬 8:16-17 *롬 8:18 *롬 8:26-27 *롬 8:28 *롬 8:29-30 *롬 8:31-34 *롬 8:35-37 *롬 8:38-39 *롬 9:7-8 *롬 9:10-13 *롬 9:14-16 *롬 10:9-10 *롬 10:13 *롬10:15 *롬 10:17 *롬 11:29 *롬 11:33-36 *롬 12:1-2 *롬 12:6-8 *롬 12:14-21 *롬 13:1 *롬 13:8-10 *롬 13:12-14 *롬 14:7-8 *롬 14:17-18 *롬 15:13

# 부록4. 성경을 입체적으로 봉독하는 실천 프로그램, 플랜A, B, C

## 일반 독서와 성경 봉독의 차이

일반 독서법에는 다독, 정독, 속독이 있다. 다독은 많은 책을 읽는 방법이요. 정독은 한 권을 천천히 자세히 읽는 방법이요. 속독은 책을 빨리 많이 읽는 방법이다. 사람마다 상황과 능력과 성격과 목적이 다르기에 각자의 취향에 맞게 읽으면 된다. 대부분의 성도들은 성경을 일반 독서처럼 다독 형식으로 독서한다. 그러나 성경은 반드시 다독(속독)과 정독을 병행하여 봉독해야 한다.

### 플랜 A: 성경은 다독해야 한다.

유튜브(예: 누가복음 듣기)속도에 맞추어 집중하여 성경을 읽어야 한다. 의사가 어떤 사람의 건강 상태를 진단할 때 신체의 어떤 한 부분만 보면 알 수 없다. 왜냐하면 신체는 서로 연결되어 있고 상호작용을 하기 때문이다. 성경은 한 권의 책이 아니라 66권으로 된 한 권의 책이다. 성경은 서로 연결되어 있기 때문에 어떤 책을 읽을 때는 모르던 것도 다른 책을 읽으면 알게 된다(예: 4복음서에 있는 예수님의 부활은 고린도전서15장을 읽어야 좀 더 알게 된다).

하나님이 삼위일체 하나님이심은 신 구약 전체를 읽어야 알 수 있다. 성경은 서로가 연결되어 있기에 어느 하나만 읽어서는 알 수 없다.

성경은 예언과 성취가 있고, 섭리의 과정과 단계가 있어 성경66권 다 읽어야 믿어지고 이해가 되기 때문에 성경 66권을 다 읽는 다독(多讀)을 해야 한다. 특히 계속 반복하여 다독해야 말씀이 연결이 되고 통합되어 어떤 말씀이 "레마(rhema)"가 되고 약속이 되고 위로가 되고 지혜가 된다.

성경이 해답이다

플랜B: 성경은 정독해야 한다.

성경 66권을 한 권 씩, 한 권의 장을 상고(詳考)하며 묵상(默想)하는 정독(精讀)을 해야 한다. 의사는 환자가 소화가 안된다고 위만 검사해서는 알 수 없을 때가 많다. 장도 알아보고, 먹는 음식도 알아보고, 생활 습관도, 성격도 알아보아야 소화가 안되는 이유를 알 수 있다. 더욱이 위 내시경 검사도 해야 하고, 피 검사, 초음파검사 등 다양한 정밀 검사가 필요한 환자도 있다.

의사가 환자를 다양한 검사와 정밀검사를 통해 환자의 상태를 정확히 알아야 하듯 성경66권, 각 권을 반드시 "상고(詳考)하며 묵상(默想)하고 하브루타" 하는 정독(精讀)을 해야 영안(靈眼)이 열려 삼위일체 하나님의 신실한 사랑과 권능이 보이고, 내 죄가 보이고, 보혈로 구속된 소중한 존재가 보인다. 인간과 사탄과 세상이 보인다. 정독을 통해서 하나님과 사탄과 세상과 인간과 자신을 자세히 보아야 한다. 그래야 예수의 절대적 은혜가 보인다.

플랜C: 성경을 속독한다.

유튜브(예: 창세기1.4배속 듣기) 속도에 맞추어 빠르게 읽는다. 의사가 환자를 자주 접촉하여 계속 점검해 왔다면 차트에 기록된 내용에 대해 쭉 알아보고 중요한 부분이나 꼭 점검해야 할 부분만 정밀검사를 한다. 성경을 30번 이상 봉독하였으면 성경을 계획에 따라 속독하면서, 상고하고 묵상하고 하브루타 해야 한다.

다니엘이 뜻을 정할 때"(단1:8) 하나님은 은혜를 주시기 시작하셨다. [매일 1시간씩] "성경을 입체적으로 봉독하기로 뜻을 정함"(단1:8)이 가장 중요하다. "뜻을 정할 때" 생각이 달라지고, 환경이 달라지고, 시간이 만들어지기 시작한다.

## 1) 성경 봉독 플렌A(봉독 30분= 6개월에1독/봉독1시간=3개월에 1독)

신약 "성경 듣기"로 마(145분) 막(90분) 눅(156분) 요(125분) 행(147분) 롬(65분) 고전(65분) 고후(43분) 갈(23분) 엡(21분) 빌(16분) 골(14분) 살전(14분) 살후(7분) 딤전(17분) 딤후(12분) 딛(7분) 몬(5분) 히(47분) 약(15분) 벧전(16분) 벧후(10분) 요일(16분) 요이(2분) 요삼(2분) 유(5분) 계(71분)=1216분=40일/20일에 한번 봉독

시가서: 욥(127) 시(326) 잠(104) 전(37) 아(19)=613분=20일/10일에 한번 봉독

8개월 동안 신약과 시편만 4번/8 번을 읽고, 구약은 4개월에1번/2번을 읽는다.

역사서 11권 순서: 창(240분) 출(191분) 민(191분) 수(117분) 삿(122분) 삼상(158분) 삼하(135분) 왕상(150분) 왕하(142분) 스(46분) 느(66분)=1558분=60/30일에 봉독

선지서 17권 순서와 역사서 비주류4권: 대상(144분) 대하(167분) 옵(4분) 욜(13분) 욘(9분) 암(28분) 호(35분) 사(242분) 미(20분) 나(9분) 습(10분) 렘(268분) 애(24분) 합(10분) 단(73분) 겔(240분) 학(8) 슥(39) 말(12)/1355분

레(135) 신(177분) 룻(17분) 에(31분)/360분+1355분=60일/30일에 한번 봉독

## 2) 성경 봉독 플렌B (성경 봉독1시간, 상고와 묵상1시간) 3개월에 1독

신약: "성경 듣기"로 마(145분) 막(90분) 눅(156분) 요(125분) 행(147분) 롬(65분) 고전(65분) 고후(43분) 갈(23분) 엡(21분) 빌(16분) 골(14분) 살전(14분) 살후(7분) 딤전(17분) 딤후(12분) 딛(7분) 몬(5분) 히(47분) 약(15분) 벧전(16분) 벧후(10분) 요일(16분) 요이(2분) 요삼(2분) 유(5분) 계(131분)=1216분=20일에 한번 봉독

시가서: 욥(127분) 시(326분) 잠(104분) 전(37분) 아(19분)=613분=10일에 봉독

처음에는 8개월 동안 신약과 시편만 8번을 먼저 읽고 구약은 4개월에 2번을 읽는다.

역사서11권 순서: 창(240분) 출(191분) 민(191분) 수(117분) 삿(122분) 삼상(158분)

삼하(135분) 왕상(150분) 왕하(142분) 스(46분) 느(66분)=1558분=27일에 봉독

선지서 17권 순서와 역사서 비주류4권: 대상(144분) 대하(167분) 옵(4분) 욜(13분) 욘(9분) 암(28분) 호(35분) 사(242분) 미(20분) 나(9분) 습(10분) 렘(268분) 애(24분) 합(10분) 단(73분) 겔(240분) 학(8) 슥(39) 말(12)/1355분

레(135분) 신(177분) 룻(17분) 에(31분)/360분+1355분=28일에 봉독

## #성경 전체를 상고하며 묵상하는 순서

월요일-금요일까지는 주제별 핵심 성구를 순차적으로 묵상하고, 토-주일은 성경 66권을 단계적으로 중요한 본문을 묵상한다

1단계: 4복음서(부록 1)를 참조하여 누가복음과 요한복음의 연대기적 순서로 4복음서의 중요한 본문을 상고(詳考)하고 묵상한다. 1단계의 사복음서를 철저히 하라.

1단계의 4복음서를 제대로 묵상하면 성경은 읽을수록 기쁨이 충만하게 될 것이다.

2단계: 서신서 7권의 중요한 본문을 순차적으로 상고하고 묵상한다.

A) 갈라디아서(믿음으로 의롭게 되는 이신득의를 논증함)

B) 골로새서(예수 안에 지혜와 지식의 모든 보화가 있음)

C) 에베소서(구원과 교회의 대서사시로 일컬어 짐)

D) 히브리서(구약의 모든 언약을 자신의 희생을 통해 성취하신 대제사장임을 논증함)

E) 로마서(구원의 절대적 필요성을 논증함)

F) 요한일서(진리의 변증서라고 일컬어 짐)

G) 사도행전(성령의 행전이라 일컬어 짐)

3단계: 신약 전체(1-2단계를 제외함)의 중요한 본문을 상고하고 묵상한다.

4단계: 구약 역사서 주류 11권의 중요한 본문을 상고하고 묵상한다.

5단계: 구약 시가서5권의 중요한 본문을 상고하고 묵상한다.

6단계: 사무엘서+열왕기서+역대기서+선지서의 중요한 본문을 상고하고 묵상한다.

**3) 성경봉독 플랜 C**(영적 지도자들의 성경 봉독 계획) **한달에 한 번 봉독**

성경을 30독 이상 한 영적 지도자들은 [1시간 속독, 1시간 상고와 묵상]해야 한다.

신약전체: 1.4배속(총443분) 7일//구약전체:1.4배속(총1660분) 23일 =30일에 일독

성경은 다독으로 많이 읽어야 하고, 반드시 정독(상고, 묵상, 하브루타)해야 한다.

신약: "성경 듣기"로 마(62분) 막(40분) 눅(68분) 요(56분) 행(63분) 롬(28분) 고전(27분) 고후(19분) 갈(10분) 엡(9분)/빌(7분) 골(6분) 살전(6분) 살후(3분) 딤전(7분) 딤후(5분) 딛(3분) 몬(1분)/ 히(21분)/ 약(7분) 벧전(8분) 벧후(5분) 요일(8분) 요이(1분) 요삼(1분) 유(2분) 계(32분)=443분=7일에 한번 봉독

시가서 욥(55분) 시(147분) 잠(46분) 전(16분) 아(8분)=272분=3일에 한번 봉독

역사서11권 순서: 창(95분) 출(81분) 민(83분) 수(49분) 삿(51분) 삼상(68분) 삼하(58분) 왕상(67분) 왕하(63분) 스(20분) 느(30분)=565분=9일에 한번 봉독

선지서 17권 순서와 역사서 비주류4권

대상(62분) 대하(75분) 옵(2분) 욜(6분) 욘(4분) 암(12분) 호(16분) 사(112분) 미(9분) 나(4분) 습(5분) 렘(127분) 애(10분) 합(4분) 단(34분) 겔(103분) 학(3분) 슥(17분) 말(6분)/611분+레(58분) 신(75분) 룻(7분) 에(14분)/154분=11일

성경이 해답이다

# 신앙성장에 큰 도움이 되는 기독교 고전

계속 성경을 입체적으로 봉독하면서 기독교고전과 인문 고전을 읽는 것이 좋다. 성경을 교과서로 비유하면 기독교 고전은 참고서와 같다. 참고서는 교과서를 이해하고 깨닫는데 큰 도움이 된다. 성경 봉독이 가장 중요하나 참고서도 필요하다.

한 번에 다 보려 하지 말고 일년에 8권 정도씩 꾸준히 정독(精讀)할 것을 권면한다. 기독교 고전과 인문 고전도 꾸준히 읽어 하나님과 인간과 세상과 자연에 대한 지혜를 얻어야 사람들을 잘 섬기고 사람들을 지도자로 훌륭하게 키울 수가 있다.

1년차: 1. 천로역정(존 번연)  2. 하나님을 아는 지식(제임스 패커)  3. 기본 진리(존 스토트)  4. 거듭남(존 파이퍼)  5.예수님이라면 어떻게 하실까(찰스 셸던)  6.쉽게 읽는 진정한 기독교(윌리엄 윌버포스)  7.천국의 열쇠(A. J. 크로닌)  8. 16.완전한 순종(앤드류 머레이)

2년차: 1. 놀라운 회심의 이야기(조나단 에드워즈)  2. 하나님의 사랑(성 버나드)  3. 그리스도인의 행복한 삶의 비결(한나 W.스미스)  4. 사람은 무엇으로 사는가(톨스토이)  5. 톨스토이 참회록(톨스토이)  6. 고백록(아우구스티누스 저)  7. 하나님의 임재 연습 (로렌스 형제) 8.죄인의 괴수에게 넘치는 은혜(존 번연)

3년차: 1. 하이델베르크 요리문답해설(자카리아스 우르시누스)  2. 겸손(앤드류 머레이)  3. 회심으로의 초대(리차드 백스터)  4. 부활(토스토에프스키)  5. 영적도움을 위하여(존 뉴턴)  6. 승리의 원리(찰스 피니)  7. 그리스도인의 완전(프랑소아 페넬롱) 8.성채(크로닌)

4년차: 1. 참된 목자(리차드 백스터)  2. 그리스도를 본받아,(토마스 아 캠피스)  3. 거룩한 전쟁(존 번연)  4. 예수의 보혈의 능력(앤드류 머레이)  5. 하나님께 가

까이(아브라함 카이퍼)  6.예수님처럼(앤드류 머레이)  7.경건한 열망(필립 슈페너)

8.팡세(파스칼)

5년차: 1. 기독교 강요(존 칼빈)  2. 섭리의 신비(존 폴라벨)  3. 연합과 친교(허드슨 테일러)  4. 거룩한 죽음(제레미 테일러)  5. 하나님의 도성(아우구스티누스)  6. 신학의 체계(토마스 왓슨)  7. 완전의 계단(월터 힐턴)  8. 성도의 영원한 안식(리차드 백스터)

_____ 성경이 해답이다